大学生心理健康教育与素质教育研究

胡春霞 著

北京工业大学出版社

图书在版编目（CIP）数据

大学生心理健康教育与素质教育研究 / 胡春霞著. — 北京：北京工业大学出版社，2020.7（2021.11 重印）
ISBN 978-7-5639-7557-0

Ⅰ．①大… Ⅱ．①胡… Ⅲ．①大学生－心理健康－健康教育 Ⅳ．①G444

中国版本图书馆 CIP 数据核字（2020）第 168531 号

大学生心理健康教育与素质教育研究
DAXUESHENG XINLI JIANKANG JIAOYU YU SUZHI JIAOYU YANJIU

著　　者：	胡春霞
责任编辑：	张　贤
封面设计：	点墨轩阁
出版发行：	北京工业大学出版社
	（北京市朝阳区平乐园 100 号　邮编：100124）
	010-67391722（传真）　bgdcbs@sina.com
经销单位：	全国各地新华书店
承印单位：	三河市腾飞印务有限公司
开　　本：	710 毫米×1000 毫米　1/16
印　　张：	18.25
字　　数：	365 千字
版　　次：	2020 年 7 月第 1 版
印　　次：	2021 年 11 月第 2 次印刷
标准书号：	ISBN 978-7-5639-7557-0
定　　价：	58.00 元

版权所有　　翻印必究

（如发现印装质量问题，请寄本社发行部调换 010-67391106）

前　言

生活节奏加快、就业压力增大、社会竞争激烈都给当代大学生的心理健康带来很大的冲击和挑战，深刻影响着大学生的身心。大学生作为社会建设的主要后备力量，肩负着建设国家的艰巨任务，他们面临的压力是巨大的，如思想观念多样、学习节奏加快、环境适应困难、自我意识淡薄、人际关系复杂、就业形势严峻、人才竞争激烈等一系列问题，对大学生的心理健康产生了很大的影响。

21世纪是尊重知识、注重人才素质全面提升的时期。高素质人才，既要有良好的思想道德素质、科学文化素质和身体素质，又要有良好的心理素质。随着我国改革开放和高等教育改革的不断深入，作为特殊社会群体的大学生正面临着新的机遇与挑战。一方面社会需要高素质的人才，为大学生提供了展现自我的平台；另一方面由于大学生正处在由幼稚走向成熟的转型阶段，他们的心理很容易受到社会上各种不良因素的影响，导致学生心理问题明显增多。他们在对新环境的适应、自我意识的形成、人际交往的完善、专业的发展、性与爱情的选择、职业生涯的规划等方面产生了诸多的心理困惑。这些心理困惑如果不能及时排解，日积月累便会形成心理问题，甚至导致心理障碍和心理疾病。这不仅会对学生的自身成长产生危害，而且会给家庭、学校，乃至社会带来不良影响。因此，如何适应时代发展的需求，培养出德才兼备、身心健康、全面发展的专业人才，是当前高等教育所面临的重要课题。

目 录

第一章　大学生心理健康导论 ... 1
  第一节　心理健康的含义和标准 ... 1
  第二节　大学生心理发展的矛盾、心理健康状况及影响因素 ... 6
  第三节　在高校开展心理健康教育的意义 ... 13
  第四节　开展大学生心理健康教育的有效途径 ... 15

第二章　大学生认知心理 ... 21
  第一节　认知概述 ... 21
  第二节　大学生认知心理的特点 ... 24
  第三节　大学生不良认知的类型 ... 25
  第四节　大学生认知心理的辅导 ... 33

第三章　大学生心理咨询 ... 43
  第一节　心理咨询概述 ... 43
  第二节　心理咨询的模式和形式 ... 45
  第三节　心理咨询的过程及原则 ... 50
  第四节　心理咨询的会谈技术 ... 59

第四章　自我意识与心理健康 ... 79
  第一节　自我意识概述 ... 79
  第二节　自我意识的产生和发展及大学生自我意识的特点 ... 82
  第三节　如何建立积极的自我意识 ... 85

第五章　人际交往与心理健康 ... 91
  第一节　人际交往概述 ... 91
  第二节　大学生人际交往中的困扰及心理效应 ... 99
  第三节　人际交往能力的培养 ... 105

第六章　情绪与心理健康 ·· 113
第一节　大学生的情绪特点 ·· 113
第二节　大学生常见情绪困扰及其调适 ······························ 116
第三节　大学生健康情绪的培养 ······································· 121

第七章　压力、挫折与心理健康 ··· 129
第一节　压力与身心反应 ··· 129
第二节　压力源与压力应对方式 ······································· 133
第三节　挫折与挫折承受力 ·· 137
第四节　大学生常见的挫折反应与挫折防御机制 ··················· 145

第八章　学习与心理健康 ·· 153
第一节　学习的概念及大学生学习的特点 ···························· 153
第二节　大学生常见的学习心理问题及其调适 ······················ 155
第三节　掌握学习方法 ··· 162

第九章　大学生健康人格塑造与健康心理 ···························· 171
第一节　人格概述 ··· 171
第二节　大学生常见的人格障碍、人格缺陷及其调适 ············· 179
第三节　健康人格的培养与发展 ······································· 186

第十章　大学生职业生涯规划与择业心理 ···························· 191
第一节　职业生涯规划概述 ·· 191
第二节　大学生择业常见的心理误区 ································· 201
第三节　大学生求职择业的对策与技巧 ······························ 203

第十一章　大学生心理障碍 ·· 209
第一节　心理异常概述 ··· 209
第二节　大学生常见的心理障碍 ······································· 211
第三节　大学生心理障碍的成因 ······································· 219
第四节　大学生心理障碍的调适方法 ································· 226

第十二章　高校心理素质教育模式研究 ······························· 231
第一节　心理素质概述 ··· 231
第二节　高校心理素质教育模式的内容 ······························ 237

第三节　高校心理素质教育模式构建的原则与方法 …………………… 241
　　第四节　心理素质教育与思想政治教育 ………………………………… 246
　　第五节　构建高校心理素质教育模式的策略 …………………………… 249
第十三章　高校心理素质教育活动研究 ………………………………………… 255
　　第一节　心理素质教育活动与大学生心理素质培养 …………………… 255
　　第二节　高校心理素质教育活动设计原则 ……………………………… 259
　　第三节　高校心理素质教育活动的类型 ………………………………… 262
　　第四节　高校心理素质教育活动的实施 ………………………………… 269
　　第五节　大学生朋辈辅导在心理素质教育活动中的运用 ……………… 274
参考文献 ……………………………………………………………………………… 281

第一章　大学生心理健康导论

大学生作为思想活跃、感受灵敏、对自己的期望较高、对挫折的承受能力不强的一个特殊群体，其心理健康承受着极大的威胁和考验。然而，许多大学生对心理健康存在误解，对自己的心理状态缺乏认知，对自己的发展更缺乏明确的规划，因而对大学生进行心理健康教育已成为高校教育的当务之急，而首要的问题就是要澄清对心理健康的误解，确立一个健康正确的观念。

第一节　心理健康的含义和标准

一、心理的含义

什么是心理？这是一个既简单又复杂、既古老又新鲜的话题。心理是指感觉、知觉、记忆、思维、意志、性格、意识倾向等心理现象的总称。人的心理并不是虚无缥缈、神秘莫测的东西，人们每时每刻都在体验着，经历着，只要处在清醒状态下，就会感到它的存在。但人的心理现象又是丰富多彩、错综复杂的，它看不见摸不着，很难把握和控制。为了了解人类自身的心理世界，探索其发展、变化的规律，也为了研究的方便，心理学把人的复杂多样的心理现象划分成相互联系的两大方面，即心理过程和人格心理特征。

（一）心理过程

心理过程是人的心理活动发生、发展的过程。具体地说，是指在客观事物的作用下，在一定时间内大脑反映客观现实的过程。根据心理过程的性质和形态的不同，可将其分成认识过程、情感过程和意志过程。

1. 认识过程

认识过程是人在认识事物时产生的心理活动，包括感觉、知觉、记忆、想象和思维。感觉是人脑对直接作用于感觉器官的事物的个别属性的反映;知觉是对作用于感觉器官的事物的整体反映;记忆是经历过的事物在人脑中的反映;想象是在原有感性形象的基础上创造新形象的心理过程;思维是人脑对客观事物本质属性及其规律的间接、概括的反映。

2. 情感过程

情感过程是人对客观事物是否符合自己的需要所产生的一种态度体验。人们在认识客观世界时,并不是无动于衷的,总是要伴有一定的态度体验,或喜或悲,或欢欣跳跃,或忧愁悲伤,这些都是情感(或情绪)的实际表现。

3. 意志过程

意志过程是人自觉地确定目的并克服困难去实现目的的心理过程。人不仅能够认识世界,而且能够改造世界,但是,在这个过程中会遇到许多困难和挫折,克服这些困难和挫折主要取决于人的意志过程。

心理过程的三种形式并不是彼此孤立的,而是一个相互联系、相互制约的整体。认识是情感和意志产生的前提,情感和意志随着认识活动的变化而变化;反过来,人的情感和意志也影响认识过程,对人的认识起着动力的作用。

(二)人格心理特征

人格心理特征是一个人身上经常表现出来的本质的、稳定的心理特点。它包括能力、气质和性格。

能力是直接影响活动效率、保证活动顺利完成的人格心理特征。能力总是和活动联系在一起,反映了个体具有完成某种活动的潜在可能性。

气质是一个人与生俱来的心理活动的动力特征,反映了个体心理活动的动力特征。

性格是一个人对现实的稳定态度和习惯化的行为方式,反映了个体对现实的态度和行为特征。

能力、气质和性格之间也是彼此联系、相互影响的,它们反映了人格心理特征的不同侧面。

心理过程和人格心理特征构成了人的心理现象的两大方面,两者是紧密联系、不可分割的。人格心理特征需要通过心理过程形成并表现出来,已经形成的人格心理特征又制约着心理过程的进行,因为没有客观现实的意志行动,人格心理特征就无法形成;反之,人格心理特征的差异又决定着对事物的认识程度、情感体验的深度。所以,人的心理是一个完整的统一体。

二、健康的含义

长期以来，人们一直认为"只要躯体上没有疾病、没有缺损、不虚弱就是健康"。也就是说，过去人们把健康与疾病看成两个非此即彼的概念，无病便是健康，健康就是无病。而现在人们更多地把健康看成一个连接体，在健康与疾病之间没有截然的分界点，在两个端点之间有一个很大的空间，既非健康又非疾病，人们把这一空间状态称为"亚健康状态"或"第三状态"。

从医学上讲，处于"亚健康"的人，虽然各项体检指标均正常，也无法证明有某种器质性的疾病，但与健康的人相比又显出生活质量差、工作效率低、易疲劳、食欲不振、睡眠不佳、腰酸背痛、疲乏无力等不适。

从心理健康的角度来看，处于"亚健康"的人，虽然没有明显的精神疾病和心理障碍，但却表现为工作、学习效率不高，注意力易分散，情绪烦躁焦虑，缺乏生活目标与动力，常常感到生活无聊，提不起劲，人际关系紧张等。

世界卫生组织提出。健康不仅局限于躯体没有疾病，没有缺损，不虚弱，还要有良好的生理、心理状态和社会适应能力。这明确地告诉人们，健康应该包括四个基本方面：一是生理方面，即躯体、器官方面；二是心理方面，即认识、情感、意志及人格；三是社会适应方面，即个体适应社会的调适能力；四是道德方面，道德健康也是健康新概念中的一项内容，主要指能够按照社会道德行为规范准则约束自己，并支配自己的思想和行为，有辨别真伪、善恶、美丑、荣辱的是非观念和能力。

三、心理健康的含义

对心理健康的概念，历来有不同的看法。美国心理学家马斯洛和密特尔曼提出过10条被认为是经典的标准：一是有充分的自我安全感；二是能充分了解自己，并能恰当地估计自己的能力；三是生活理想切合实际；四是不脱离周围现实环境；五是能保持人格完整；六是善于从经验中学习；七是能保持良好的人际关系；八是能适度地宣泄情绪和控制情绪；九是在符合团体要求的前提下，能有限度地发挥人格；十是在不违背社会规范的前提下，能适当地满足个人的基本需要。

中国学者马建青提出了心理健康的七条标准：一是智力正常；二是情绪协调，心境良好；三是具有一定的意志品质；四是人际关系和谐；五是能动地适应环境；六是保持人格完整；七是符合年龄特点。

结合专家学者的不同见解，我们认为，所谓心理健康，最概括的含义是指人的心理，即知、情、意活动的内在关系协调，心理内容与客观世界保持统一，并据此能促使人体内、外环境平衡和促使个体与社会环境相适应的状态，并由此不断地发展健全的人格，提高生活质量，保持旺盛的精力和愉快的情绪。

四、大学生心理健康的标准

大学生的年龄为18～25岁，从心理学的观点来看，正处在青春期的中后期。大学生的心理具有青春期中后期的许多特点，但作为一个特殊群体，大学生又不能完全等同于社会上的青年。根据我国大学生的实际情况，评判大学生的心理健康水平应从以下几个标准给予着重考虑：

（一）智力正常

智力正常是大学生学习、生活、工作的最基本的心理条件，是大学生胜任学习任务、适应周围环境变化最需要的心理保证，因而也是衡量大学生心理健康的首要标准。一般来说，经过高考的选拔，足以表明大学生的智商是正常的，且总体水平会高于同龄人。衡量大学生的智力，关键在于看大学生的智力是否正常地、充分地发挥了效能。大学生智力正常且充分发挥的标准是有强烈的求知欲和浓厚的探索兴趣；智力结构中各要素在其认识活动和实践活动中都能积极协调地参与，并能正常地发挥作用；乐于学习。

（二）情绪健康

情绪健康的主要标志是情绪稳定和心情愉快，这是大学生心理健康的一个重要指标。因为情绪在心理病变过程中起着核心的作用，情绪异常往往是心理疾病的先兆。大学生的情绪健康应包括以下内容：

第一，愉快情绪多于不愉快情绪，一般表现为乐观开朗，充满热情，富有朝气，满怀自信，善于自得其乐，对生活充满希望。

第二，情绪稳定性好，善于控制和调节自己的情绪，既能克制约束，又能适度宣泄，不过分压抑，使情绪的表达既符合社会的要求，又符合自身的需要，会在不同的时间和场合恰如其分地表达情绪。

第三，情绪反应是由适当的情境引起的，反应的强度与引起这种情绪的情境相符合。

（三）意志健全

意志是人在完成一种有目标的活动时所进行的选择、决定与执行的心理过程。意志健全者在行动的自觉性、果断性、顽强性和自制力等方面都表现出较高的水平。意志健全的大学生在各种活动中都有自觉的目的性,能适时地做出决定并运用切实有效的方法解决所遇到的各种问题;在困难和挫折面前,能采取合理的反应方式;在行动中,能控制情绪和言行,既不顽固执拗、轻率鲁莽、言行冲动,又不意志薄弱、优柔寡断、害怕困难。

(四)人格完整

人格,在心理学上是指个体比较稳定的心理特征的总和。人格完整,就是指有健全统一的人格,即个人的所想、所说、所做都是协调一致的。判断大学生人格是否完整主要有如下几条标准:

第一,人格结构的各要素完整统一。

第二,具有正确的自我意识,不产生自我同一性混乱。

第三,以积极进取的人生观作为人格的核心,并以此为中心把自己的需要、愿望、目标和行为统一起来。

(五)自我评价正确

正确的自我评价是大学生心理健康的重要条件。大学生是在现实环境与他人的相互关系中、在自己的实践活动中认识自己的。一个心理健康的学生对自己的认识应比较接近现实,有"自知之明"。对自己的优点感到欣慰,但又不狂妄自大;对自己的弱点不回避,也不自暴自弃,善于正确地"自我接纳"。

(六)人际关系和谐

人总是处在一定的社会关系中的,大学生也同样离不开与人打交道。和谐的人际关系,是大学生心理健康不可缺少的条件。人际关系和谐的表现主要有如下几点:

第一,乐于与人交往,既有稳定而广泛的人际关系,又有知心朋友。

第二,在交往中保持独立而完整的人格,有自知之明,不卑不亢。

第三,能客观评价别人和自己,善于取人之长补己之短。

第四,宽以待人,乐于助人。

第五,具有积极的交往态度。

第六,交往动机端正。

(七)适应能力强

较强的适应能力是心理健康的重要特征。不能有效处理与周围现实环境的关系是导致心理障碍的重要原因。心理健康的大学生,应能与社会保持良好的接触,对社会现状和未来有较清晰正确的认识,思想和行动都能跟上时代的发展步伐，与社会的要求相符合。这里所讲的适应，不是被动、一味地迎合，甚至与不良风气、落后习俗同流合污，而是在认清社会发展趋势的基础上，主动适应社会发展的要求。心理健康的大学生不会逃避现实，更不妄自尊大、一意孤行，做出与社会要求背道而驰的行为。

（八）心理行为符合大学生的年龄特征

大学生是处于特定年龄阶段的特殊群体，应具有与年龄和角色相应的心理行为特征。一个大学生若经常做出严重地偏离正常的心理特征的行为，则有可能是心理异常的表现。

第二节 大学生心理发展的矛盾、心理健康状况及影响因素

从发展心理学的角度看，在校大学生正处于青春期的中后期，这一时期，大学生在人格上将逐步完成从青少年向成年人的过渡和转变，从而建立起自己稳定的人格结构，在心理上和经济上逐步摆脱对家庭和父母的依赖，从而走向独立和成熟。在这一人生发展急剧变化的时期，在校大学生面临很多重要的人生发展课题，必然会遇到各种困惑和矛盾。在大学期间，有相当一部分大学生不能正确对待遇到的各种问题，从而感到困惑和迷茫，有的甚至发展成为心理障碍。

一、大学生心理发展的矛盾

个体的心理发展，从一定意义上看，就是指个体从出生到死亡，其间心理发生、发展和变化的过程。心理学将个体心理发展按其阶段性不同划分为以下几个时期，即乳儿期、婴儿期、幼儿期、童年期、少年期、青年期、成年期、老年期。其中，青年期又可具体分为三个阶段。

青年前期：相当于高中阶段，个体的生长发育进入"第二次生长高峰"，心理特征特别是人格心理特征变化明显。

青年中期：相当于大学阶段，生长发育、心理发展均趋于成熟。

青年晚期：相当于完成学业、选择职业、组建家庭、走向社会的初期阶段，生长发育和心理发展相对稳定。

处在青年中后期的大学生风华正茂，心理发展趋于成熟，但在其心理发展过程中依然存在各种不平衡和不协调的因素，由此导致大学生的心理活动呈现出矛盾的状况。

（一）独立与依赖的矛盾

大学生离家求学，脱离了家庭的约束，同时也摆脱了升学的压力，有更多的机会来观察世界、发现自我。他们想用自己的眼睛寻找真理，不再一味地遵从师长和世俗的要求，可是他们经济还不独立，经历还不丰富，思维还不深刻，他们想独立但又很难摆脱依赖，就像空中的风筝，既想自由翱翔，又不忍挣断风筝线，风雨来时，还想投入母亲的怀抱。

（二）闭锁心理与渴望理解的矛盾

由于拥有了人格化的自我，大学生无法把自己完全地融入他人之中。每个人都有了一片只属于自己的空间，别人无法涉足。但他们又处于渴望友谊、期待理解的年龄。一声赞许会令他们欣然，一丝微笑会使他们兴奋。他们把自己的心灵之门小心地锁上，又把钥匙挂在旁边。他们多么希望一个细心的人能开启自己的心灵之锁，然后推门而入。

（三）理想与现实的矛盾

大学生是天之骄子，是象牙塔中理想与梦幻的化身。他们有的是热情，有的是精力，总觉得自己是未来社会的撑船人，世界属于自己。可是一接触现实则会发现，社会并不完全按照自己的思维运转，他们的高谈阔论很少被别人采纳，一腔热血有时换来的是冷嘲热讽。理想的泡沫在现实面前破碎后，他们痛苦、愤怒、郁闷，找不到自己的位置、自己的路。这世界充满了成功的机遇，但挫折和失败却比成功更多。大学生还处在一个太容易欣喜和沮丧的年龄，还不知道如何面对成功和失败。

（四）求知欲强与鉴别力低的矛盾

上大学前，学生一直埋头于课本与题海中，一旦没有了升学压力，那处于巅峰的感知力和记忆力则令他们"胃口大开"，他们像饥渴的孩子一样涌向大学图书馆，哲学、文学、艺术……饥不择食。这种没有指导、没有鉴别的盲目阅读使他们吸收了许多营养，也吃进了许多"毒素"。各种各样的思想涌入他们缺乏鉴别力的大脑。读了一阵子书后，他们又陷入了新的迷茫与困惑。学海茫茫，不带着自己的指南针去读书，终究会在书堆里迷失。

二、大学生的心理健康状况

各方面的心理健康调查结果显示，目前我国大学生的心理健康状况令人担忧。在校大学生出现心理障碍倾向的比例在 30% 左右，而存在较严重心理障碍的约占10%。不过，大学生是否就是心理障碍的高危人群，目前下结论尚早。大体说来，目前大学生的心理健康状况主要表现在以下几个方面。

（一）环境适应不良产生的心理矛盾和困惑

环境适应不良主要发生在大学新生群体之中。从中学进入大学是大学生人生中的一个重要转折，在这个转折中，如果难以适应生活环境、人际环境，就会产生心理矛盾和困惑。例如，自豪感与自卑感的矛盾、新鲜感与恋旧感的矛盾、独立感与依赖性的矛盾、轻松感与被动感的矛盾，以及强烈的交往需求与孤独感的矛盾，因此极易产生苦恼和忧愁。如果这些矛盾过于激烈和持久，就容易导致心理压抑，甚至引发心理疾病。

（二）学习和考试的压力过重而导致高度紧张和焦虑

学习仍是大学生生活的主旋律。而学习进度的快慢、学习内容的简繁、学习难度的大小、学习成绩的好坏都会使大学生的心理状况发生变化。特别是当人才进入市场，学业的好坏成为影响就业好坏的主要因素时，有的学生因学习、考试的压力而出现一定程度的心理问题。例如，因过度的紧张、焦虑而出现自卑、厌学、注意力不集中、失眠、精神不振、思维钝化等心理障碍。这种心理状态在大学生心理问题中较为多见。

（三）人际交往的不适导致的烦恼和孤独

社会心理学的研究表明，人们的心理矛盾乃至心理疾病的产生大多是由人际交往不适造成的。由于大学生是处在一个特定阶段的特定角色，缺少社会生活经验和社会交往的阅历，然而随着环境的改变、生理和心理的逐渐成熟，他们产生对友谊和爱情的渴望，时代的发展也对大学生人际交往能力提出更高的要求，因此不少大学生常常因为沟通不良、人际冲突、人际关系失调而产生烦恼、自卑、压抑、焦虑、孤独和恐惧等情绪。严重者则会患生理、心理疾病。

（四）恋爱和性心理的发展导致心理困扰

伴随着大学生生理、心理的逐渐成熟，大学生性心理也有了较大的发展，产生性的欲望和冲动，有了强烈的结交异性的渴望。一般情况下，大学生通过学习、工作、文体活动和正常社交活动，可以使自己的生理能量得到正常的释放，保持生理、心理平衡。但一部分大学生由于缺少对性健康和性科学的正确认识，对性心理缺少良好的卫生知识和习惯，因而导致恋爱和性心理的困扰，如因单相思而痛苦、因热恋影响学业而烦恼、因失恋而萎靡、因多角恋而难以自拔、因性自慰而感到羞愧自责，等等。

（五）人生价值观上的消极取向导致认知上的偏执

大学生一向被认为是心理最为健康的一部分人。他们关心政治，思维敏锐，乐于进取。新形势下，社会价值观呈多元化，一部分大学生对人生态度和人生意义缺乏正确的理解。他们在价值取向上或过分强调自我价值的实现、过分夸大自我作用，或自我否定、自我拒绝。他们在处理个体与集体、个人与社会的关系上常常存在消极评价倾向和过激的心理状态。

三、影响大学生心理健康的因素

影响大学生心理健康的因素是多种多样的，既有个体发展过程中的家庭环境、教育环境、社会环境等因素，又有个体发展过程中自身主观的因素。

（一）社会因素

著名社会学家费孝通先生说："我国当前正处在一个大变革时期，这个变革包括几千年沿袭下来的文化、观念的变革，因此不可避免地会出现因适应不良而产生的各种心理障碍。"这都要求人们及时地进行自我调整，以便适应新的社会生活环境。然而，大学生正处于世界观、人生观的形成期，生理和心理处于不稳定阶段，心理还十分脆弱，容易造成价值观的混乱和情绪的起伏不定，致使他们心理复杂而动荡不安。加之大学生缺乏社会经验，心理承受能力和调节能力较差，因而在发展变化迅速、高效率、快节奏和激烈竞争的社会中出现各种心理困惑也就在所难免。

（二）家庭因素

家庭环境和教育对个体人格的形成具有重要的影响。家庭是每个人成长的第一环境，父母是孩子的第一任老师。父母的文化程度、职业特点、性格特征、价值观、人生观和教养态度、教养方式直接影响着孩子的人格特点和心理素质。父母的病态心理常常会引发子女的心理病态，父母心理不健康也成为家庭不安定的潜在因素，并直接影响到子女的心理健康。不正常的家庭内部关系会造成一个人不适当的心理行为。父母关系恶劣，家庭气氛紧张，尤其是父母离异，往往会使孩子形成不良的性格特征，如冷漠、孤僻、自卑、多疑等。这些不良性格特征使得大学生在人际交往方面出现障碍，表现为缺乏生活热情、缺乏关爱、人际关系淡漠、人际交往羞怯、恐惧等心理问题。

（三）学校因素

学校是大学生生活、学习的主要场所，对大学生的身心健康会产生直接影响。我们的中小学教育一直是围绕着高考的指挥棒而运转的，成绩的高低决定能否考上大学，使得教师和家长把目光死死地投向学生的分数，而几乎完全忽略了他们的身心是否健康。当这些没有接受过系统、正规的心理素质训练的学生进入大学后，面对新的环境、新的学习方式和人际交往时，便会出现各种各样的烦恼和困惑，如果得不到及时的调整和解决，就会产生心理问题或心理疾病。

（四）大学生自身因素

大学生个体自身因素是影响和制约大学生心理健康的主要内因，主要表现为以下几方面：

1. 个体的人格缺陷

有研究表明，大学生中有相当一部分人存在不同程度的人格发展缺陷，表现为孤僻、冷漠、多疑、悲伤、急躁、冲动、固执、好钻牛角尖、易偏激、骄傲、虚荣、以自我为中心等。近年来，在对学生进行心理健康教育和咨询时发现，不少心理障碍都与人格缺陷有关，如偏执型人格障碍导致固执、多疑、好嫉妒，难与同学相处；强迫型人格障碍具体表现为过分的自我束缚、自我怀疑，常常紧张、苦恼和焦虑；自恋型人格障碍的主要特点则是自负，不接受批评和建议，人际关系紧张。

2. 自我意识缺乏客观性和正确性

大学生的自我意识是大学生心理发展中具有突出特色的方面，是人格发展的最集中的表现之一。自我意识包括自我评价、自我体验和自我控制等。

大学生对自我评价有浓厚的兴趣，但却常常缺乏客观性。有时自我感觉太好，自我期望值过高，偏离实际水平；而一旦遇到挫折和不幸，又容易出现逆转，走向对立面，产生自卑情绪，自我评价过低，不能客观、正确地认识自己。

大学生的自我体验强度大，但不稳定。大学生对自己的发展和社会地位日渐关心，对自己的一切行为举止极易产生强烈的内心体验，但自我体验有着较多的情感性，故不够稳定。他们常常会因为自我目标和现实目标有差距而心灰意冷、意志消退，出现自卑、抑郁、悲伤、痛苦等负性情绪体验。

大学生的自我控制水平明显提高，但却缺乏持久性。大学生进入大学后，一般都能按照自己的理想和追求规范自己的行动，并能逐渐以社会标准和社会需求调节自己的行动。但同时，青年大学生的自我控制缺乏持久性，经常出现忽高忽低的起伏现象。例如，自由散漫、懒惰、沉沦、失落、迷茫、情绪过度高涨和过度低落等就是具体表现。

3. 缺乏科学的社会认知

在社会的急剧变革中，人们所推崇的价值体系和行为规范受到冲击，而新的道德行为规范尚未完全建立起来，人们普遍感到困惑焦虑、无所适从，甚至出现享乐主义、拜金主义和极端个人主义等非理性行为。这使处于敏感期的大学生出现种种心理不适，对社会的复杂性缺乏科学、全面、正确的认知，受社会消极面影响较多，产生悲观、失望、消沉、偏激等心理问题，甚至形成攻击型和反社会型人格障碍。

4. 缺乏人际交往能力

由于大学生面对来自不同地域、不同教育背景、不同经济状况、不同风俗和生活习惯、不同学业期待的新同学，建立协调、友好的人际关系是非常重要的。虽然大学生整天在一起学习、生活，交往的机会很多，交往的内容也非常丰富，但大学生之间的交往较中学时期要复杂、难处理得多，而大学生中不少人既缺乏应有的交往意识和能力，又缺乏良好人际关系所必需的人格品质，因此，许多大学生常常感到人际关系上的压力，一些人甚至陷入人际交往危机，主要表现在以下几方面：

第一，缺乏自信心。有的学生认为对任何事情如果不反复确认就放心不下；有的学生因缺乏自信心而害怕社交或不愿意参加社交活动。

第二，在社交场合十分拘谨，过多地考虑自己的形象。

第三，以自我为中心，过分地苛求别人。对他人的言行吹毛求疵、挑剔、猜疑，缺乏理解、尊重、同情心。

第四，不懂宽容，不会设身处地为别人着想。

第五，过分固执、任性、偏激，甚至喜怒无常。

5. 生活环境变迁

心理学研究表明，个体所处环境的巨大变迁会使个体产生心理应激。生活环境的变迁对新生是一个不小的挑战。由于环境的改变、角色的变化、生活方式的变更，再加上大部分学生要远离父母长期住校，他们的独立生活能力、适应能力、交往能力欠缺，以及缺乏必要的思想上、心理上的准备，便产生了程度不同的适应困难。强烈的失落感必然会引发思乡念旧的情绪，焦虑、恐慌、苦恼、不安也会在很长时间里影响着大学生的心理发展。

6. 理想与现实的冲突

在上大学之前,每一名大学生都在内心勾画着大学的轮廓:校园是那么温馨美丽,专业学习是那么得心应手,大学教授是那么超凡不俗……然而,到大学一看,与自己理想中的大学相差太远。理想与现实的差距越大,大学生的心理就越难以平衡。因此,在他们内心便会产生不满、失落、抱怨、自卑等心理困惑。

7. 情感、情绪上的困扰

情感、情绪上的困扰是大学生心理困惑最主要的表现形式。从调查中了解到,32.26%的学生认为自己的情绪起伏过大,28.43%的学生认为自己缺乏热情和积极性,29.96%的学生认为自己情绪易被破坏。这说明大学生情绪倾向性较高,而情绪控制能力较低,易受外界暗示和干扰。

8. 学习、考试的压力

有一部分大学生不适应大学的学习方式,仍然像中学时期那样依赖课堂,依赖父母、教师的监督,因此,学习效率很低。还有一部分大学生由于整天忙于娱乐、上网、谈恋爱、看小说,跟不上学习进度,产生考试焦虑。还有些大学生为了取得好成绩,整天埋头于书本,缺乏必要的放松和休息,长期处于紧张状态,导致心理疲劳。

9. 恋爱问题

处在青春期后期的大学生,由于身心发展逐渐成熟,非常渴望同异性接触,而大学自由、宽松的环境也为男女生交往提供了良好的机会。此外,受文学作品、电影、电视剧中男女恋爱桥段的影响,或在越来越多谈恋爱师兄、师姐的影响下,很多大学生入学后,在没有充分的心理准备、不加冷静思考的情况下便盲目地坠入爱河。但是,由于许多大学生缺乏对爱情的认识和情感的把握能力,当在恋爱中出现了矛盾、纠纷甚至失恋时,情绪低落,痛苦不堪。

10. 择业困难

随着社会主义市场经济体制的逐步建立和完善,以及高等教育改革的进一步深化,我国的就业制度由统一分配变化成面向市场、自主择业。大学毕业生经过四年的拼搏,开始进入择业阶段,这是决定自己前途和命运的关键时刻。大学生能否顺利择业,取决于择业的客观环境因素和择业的主体因素两个方面,包括家庭的背景和期望、学校教育的目标与质量、社会就业的形势与信息、个人的素质和人格特征等。由于现阶段我国仍处于经济转型时期,各个地区的经济发展不平衡,各种产业结构又处于调整和改革之中,原有教育体制下培养的毕业生往往在专业上、知识结构上不能适应新的产业结构和高新技术发展的需要,这样,就会在一个时期、一些地区出现大学毕业生供需脱节的现象,使大学生的就业遇到暂时的困难。另外,大学生在择业过程中,由于自身的择业动机、就业目标选择、自身实际情况等原因也影响了大学生的择业。据调查,择业中感到"很焦虑"的占6%,感到"焦虑"的占24%,认为能找到理想工作"很难"的占14%,"比较难"的占49.8%。由于大学生的就业形势不乐观,择业竞争日益激烈,就业压力日益增大,而相当一部分大学生在择业的经验上、心理上、技能上还有欠缺,因此,在择业过程中常常感到焦虑、无助、迷茫和自卑。这些问题如果处理不当,轻者影响就业选择,重者引发心理疾病,极大地影响个人的发展和身心健康。

第三节 在高校开展心理健康教育的意义

一、开展心理健康教育是社会发展的需要

21世纪对人才的心理素质提出了更高的要求,要想在21世纪取得成功,不仅要有良好的思想道德素质和科学文化素质,还要有创新的精神、进取的态度、竞争的意识、应变的能力、沟通的技巧、充分的自信、积极的思维、乐观的态度、健康的情绪、成熟的人格。因此,要想在未来的社会中生存和发展,没有良好的心理素质做保证是不行的。

大学生是承载着社会、家庭、自身高期望值的一个特殊的群体,他们的素质如何,将直接影响着社会的发展和进步。高校是为社会培养符合社会发展需要的高素质专门人才的场所,社会需要具有良好的思想道德素质、科学文化素质、专业技能素质、身体素质、心理素质的人才。高校责无旁贷地要为社会培养这样的人才。

二、开展心理健康教育是适应全面推进素质教育的需要

全面推进素质教育是党中央、国务院从我国社会主义事业兴旺发达和中华民族伟大复兴的大局出发做出的重大决策。高校作为培养社会主义建设者和接班人的重要阵地,全面推进素质教育是其必然的工作目标。

所谓素质教育是依据人的发展和社会发展的实际需要,以全面提高全体学生的基本素质为根本目的,以尊重学生主体和主动精神、注重开发人的智慧潜

能、注重形成人的健全人格为根本特性的教育。

"素质"是从心理学界定过来的一个概念，心理学认为，素质是指人的身体和心理发展的客观基础。人的发展，是从量的积累到质的变化连续不断的过程。每一个阶段新质的出现，都为下一个阶段的发展奠定一定的基础，进而促成其在新的水平上生长。人的可教育性，就是在不断提高基础水平的变化中体现出来的。素质是一个人身上处在发展中的"基础条件"。

个体的素质结构，主要包括生理、心理两大基本要素，无论是古希腊时期的"身心既美且善"，还是现代社会提出的"个体和谐发展"，无一不认为个体素质结构包含身心两个基本方面。

生理素质主要指人的身体发育、机能成熟和体质的增强。心理素质则指人的认识、情感、意志及人格的发展与完善。素质教育可相应地分为身体素质教育和心理素质教育。

心理素质教育通过有目的、有计划地对受教育者的心理施加影响，使其提高心理健康水平，全面发展人格，注重学生潜能的开发和各种优秀心理品质的培养和发展，同时预防各种异常心理和心理问题的产生。

近年来，我国大学生心理健康教育工作虽然得到较大的推进和加强，在推进大学生素质教育中发挥了重大作用。但是，还应该看到，我国大学生心理健康教育工作还远远不能适应新形势的发展，特别是还不能满足全面推进素质教育的需要，还存在着在新形势下对大学生心理健康教育的任务、对象、特点和规律认识不高、研究不深的问题，尤其还存在着对心理健康认识上的不到位，还远远没有把这项工作放到应有的位置上。因此，我们要通过开展大学生心理健康教育活动，引导和帮助大学生提高对心理素质在人的整体素质中的作用的认识，引导和帮助大学生正确处理好心理素质与其他素质的关系，引导和帮助大学生了解和掌握心理健康的必要知识，引导和帮助大学生优化人格品质、增强心理调适能力和社会适应能力，为大学生全面发展和协调发展创造相应的条件。

三、开展心理健康教育是适应新形势下学校德育工作的需要

心理健康教育作为德育工作的重要组成部分，不仅是因为教育部的规定和要求，更重要的是适应新形势下高校德育工作开展的迫切需要。

近年来，中共中央、国务院及其教育行政部门逐渐将大学生心理健康教育纳入学校德育范畴，使高校德育工作的外延和内涵有了新的拓展。教育部在《普通高等学校大学生心理健康教育工作实施纲要（试行）》中明确要求把大学生心理健康工作纳入学校德育工作管理体系中。中共中央、国务院《关于进一步

加强和改进大学生思想政治教育的意见》中进一步把大学生心理健康教育作为对大学生进行思想政治教育的重要内容，其明确提出，在高校"要建立健全心理教育和咨询的专门机构，配备足够数量的专兼职心理健康教育教师，积极开展大学生心理健康教育和心理咨询辅导，引导大学生健康成长"。由此可以看出，加强大学生心理健康教育不仅是德育的重要组成部分，而且是加强改进德育工作的重要保证。随着我国社会改革的深入开展，社会情况发生复杂而深刻的变化，高校德育工作面临的形势更复杂，任务更繁重，工作更艰巨。面对新情况、新特点，增强高校德育工作的时代感及针对性、实效性，不但迫切需要马列主义的强有力指导，也迫切需要包括心理健康教育在内的多方位、多形式的强有力的配合。

四、开展心理健康教育是自我发展的需要

开展心理健康教育是大学生自我发展的需要，大学生要想成为出类拔萃的人才，不仅要有良好的身体，还要有健康的心理，并且两者还要有机地结合在一起。

有人说"未来世纪的残疾人不再是肌体上存在某种缺陷的人，而是那些心理素质低的人"。大学生正处在迅速走向成熟但又未完全成熟的过渡时期，在这一时期，各种心理活动异常活跃，同时也充满了矛盾与困惑。在这一年龄阶段，自我调节能力还不完善，当面临新的环境、学习压力、人际关系等一系列问题的时候，常常会因为遇到挫折、困扰而引起情绪波动，心烦意乱。大多数学生在面临这些问题或冲突时，通过朋友的帮助、书籍的影响、教师的指导、家长的协助等能及时地进行自我调整而保持健康的心理状态，能愉快地进行生活、学习、交往。但是，也有一少部分学生无法依靠自己的力量改善这种状况，久而久之，就会发展为程度不同的心理困惑或心理疾病，以致影响正常的学习和生活。开展心理健康教育，可以使那些心理比较健康的学生尽快地缩短适应期，提高学习、生活的效率；也可以使有心理障碍的学生及时得到矫治，尽快恢复到健康的状态。

第四节　开展大学生心理健康教育的有效途径

大学生心理健康教育作为一种教育活动，同其他教育一样，有其自身的发展特点和规律。为了有效地开展心理健康教育活动，使大学生心理健康教育真正发挥"德育的重要组成部分""素质教育的重要举措""促进大学生全面发展的重要途径和手段"的作用,要在认真研究大学生心理健康发展特点的基础上积极地探索大学生心理健康教育的有效途径。

一、学习科学理论,树立科学的人生观和世界观

努力学习科学理论,牢固树立科学的世界观是开展大学生心理健康教育的核心内容。从社会心理学角度看,人生观是人们心理现象的最高层次,人生观对心理结构具有优化作用。人生观作为一种观念形态,它一经形成,就对人的思想起着巨大的反作用,对人的需要、动机、理想、信念及其对待现实的态度都将产生重大的影响和制约。如果有了正确的人生观和世界观,那么这个人就能对社会、对人生、对世界上的事物有正确的认识和了解,并能采取适当的态度;就能使人站得高,看得远,并正确地体察和分析客观事物,做到冷静而稳妥地处理事情;同时也能使心胸开阔,保持乐观精神,提高对心理冲突和挫折的耐受能力,从而防止产生心理障碍,有利于保持心理健康。

二、提高文化素质,塑造完美人格

对于大学生来说,提高综合文化素质,不仅是帮助大学生形成良好思想道德和专业素质的重要基础,也是帮助大学生开阔视野、活跃思维、升华人格、陶冶情操的重要条件。大学生通过提高综合文化素质,可形成正确的自我意识,有效地克服自卑或自傲的偏执心理,保持一种豁达的心态,形成自律、自强、自立的良好品格。

提高大学生的综合文化素质应以教育为前提,首要的是要加强对大学生的文化素质教育,把加强文化素质教育贯穿于大学教育的整个过程,实现教育的整体优化,最终达到教书育人、提高素质的目的。要切实抓好课程教育,开设提高文化素质的必修课和选修课。对理工科学生来说,应重点开设文学、历史、哲学、艺术等人文社会科学的课程;对文科学生来说,应适当开设自然科学课程。所开设的课程要在传授知识的基础上更加注重大学生人文素质和科学素质的养成和提高。

学校应组织大学生开展各种形式的社会实践活动,有计划地组织大学生去开展社会调查、参与社会服务工作等,引导学生投身社会、投身实践,在实践中提高自身的修养。

三、优化校园环境,营造健康氛围

加强校园文化建设,通过开设各种课外活动,营造积极、健康、高雅的

氛围，使大学生从中受到熏陶和感染，进而促进个体的和谐发展。共青团、学生会等社团组织可开展如演讲、辩论、知识竞赛、体育比赛等活动使学生的思维能力、语言表达能力、合作意识、意志品质等心理素质得到发展。通过"5.25"大学生心理健康宣传日、学校广播、电视、网络、校刊、校报、橱窗、板报等广泛宣传、普及心理健康知识，使学生能够经常地接受心理健康教育，积极主动、自觉地提高心理健康水平。

四、创造有利条件，建立健全教育网络体系

大学生心理健康教育工作是一项系统工程。要积极创造条件，建立健全以课堂教学与课外教育指导为主要渠道和基本环节，形成课内与课外、教育与指导、咨询与自助紧密结合的心理健康教育网络体系，确保大学生受到系统的心理健康方面的教育和指导。

（一）建好一个中心

学校要成立大学生心理健康教育咨询中心，负责大学生心理健康教育工作的整体规划、组织协调和运行工作；负责全校学生心理健康教育和相关的心理学科公共选修课教学大纲的制定，负责教学计划、授课任务以及各种规章制度的制定；开展心理普查，建立心理档案，进行团体训练、个体咨询、心理危机干预等工作。

（二）开好一组课程

构建合理的心理健康教育体系，充分发挥课堂教学在大学生心理健康教育工作中的主渠道作用，通过课堂教学向广大学生传授心理健康知识和心理调适方法，帮助学生提高适应社会生活的能力和养成良好的人格品质。在此基础上，开设着重于帮助大学生培养优良心理品质、提高心理调适能力和社会适应能力、培养综合素质方面的如社会心理学、交往心理、学习心理、成功心理等公共选修课。针对不同年级学生中带有普遍性的一些问题，开设系列专题讲座和报告。

（三）建设一支专兼结合的师资队伍

大学生心理健康教育工作是一项专业性很强的工作，对工作人员的专业素质要求较高，因此，培养一支专业化骨干教师队伍是做好大学生心理健康教育工作的关键。高校要结合教育部办公厅印发的《普通高等学校学生心理健康教育工作基本建设标准（试行）》的通知，按学生比例配备专职及兼职教师，并加强师资培训，保证专职和兼职教师每年接受不低于40学时的专业培训，或参加至少2次省级以上主管部门及二级以上心理专业学术团体召开的学术会议，适时安排从事心理咨询的教师接受专业督导，使他们不断提高理论水平，丰富专业知识，积累教育经验。

（四）建立大学生心理健康教育三级工作网络

大学生的心理问题具有不同的层次，从一般的适应问题到严重的心理障碍或精神疾病都可能存在，因此，帮助大学生解决心理问题要建立一个分层次的工作网络。

第一级工作网络：在每一个教学班选一名对心理学感兴趣、有热情、愿意帮助同学的学生作为心理委员，通过培训，使他们对心理健康知识有基本的了解，掌握一定的心理辅导方法和技能。学生心理委员来自不同系别，共同的生活环境使他们易于与同学沟通，并容易发现同学中的各种问题，特别是危急事件。他们发现问题后可及时向学生干部报告。

第二级工作网络：重视发挥学生干部在心理健康教育工作中的作用。学生干部是与学生打交道最频繁的，他们对学生的人格特点、家庭状况、学习情况和人际关系状况等都比较清楚，因此，在大学生心理健康教育工作中扮演着重要的角色。他们经过一定的心理咨询培训，再根据自身丰富的思想教育工作经验，对于学生面临的一般性心理问题和发展性问题，在日常思想教育过程中就能全部或部分解决。对于有较为严重的心理问题的学生，由他们介绍到心理健康教育咨询中心，由心理咨询专业人员来处理。

第三级工作网络：发挥心理健康教育咨询中心专业人员的专业优势，解决学生中较为严重的心理问题。对于个别学生较严重的神经性障碍，由他们拿出诊断及处理建议报告，或休学或转到专业医院进行治疗。

学生心理委员、学生干部和心理健康教育咨询中心专业人员三级工作网络的建立，为更好地落实大学生心理健康教育工作提供了有力保证。

（五）进一步搞好大学生心理普查工作

通过科学的方法和手段，有效地将大学生中可能存在心理问题的学生筛查出来，并根据其严重程度进行分类，对问题较为严重的学生进行跟踪、控制和帮助，实现对大学生心理问题的及时发现、早期干预和有效控制的目的，从而提高大学生心理健康教育工作的科学性和针对性。通过开展大规模的心理普查，有效地扩大大学生心理健康教育工作在学生中的影响，同时为制订大学生心理健康教育计划和建立大学生心理档案提供有力支持，形成筛查、干预、跟踪、控制一体化的工作机制，切实做好筛查出的可能有心理问题学生的后期支持工作。

（六）积极开展有效的心理辅导和心理咨询工作

心理辅导和心理咨询是大学生心理健康教育中必不可少的辅助性工作。心理素质教育面向的是全体学生，而心理辅导和心理咨询则是有重点地针对少数有心理困惑和心理问题的学生进行帮助的一项工作。心理健康教育工作者可充分利用咨询室、心理信箱、心理热线、网络等进行心理辅导和心理咨询，及时解决学生的心理困惑和心理问题。

（七）心理健康教育要全面渗透到整个学校教育过程中

把心理健康教育与学校的德育工作、教学及日常管理工作有机结合起来，通过各项工作渗透心理健康教育。辅导员、班主任、"两课"教师和党政工团干部要有加强学生心理健康教育的明确意识，能够基本掌握有关心理辅导的理论和方法，在日常思想政治教育工作及日常的教育和管理工作中，能将学生的心理问题与思想问题区分开，及时、主动地与学校从事心理健康教育工作的教师合作，以给予学生及时的辅导和帮助。学校医疗保健机构应与学校心理健康机构相结合，为学生开展心理健康教育和咨询服务。共青团、学生会和其他学生社团还可举办丰富多彩的活动，以便更好地提高学生的心理健康水平。

第二章 大学生认知心理

第一节 认知概述

在生活中，心理健康的人与不健康的人在面临同一个问题时所产生的心理活动是截然不同的。如两个到沙漠旅游的人，在他们最饥渴的时候分别在沙漠中发现了半瓶水，心理健康者庆幸"还有半瓶"，而心理不健康者却抱怨"只有半瓶"。有的人智商不低，但常常聪明反被聪明误；有的人学富五车，但日常生活却处理得一塌糊涂。这涉及一个与智力无关的因素，那就是我们的思维方法、我们的认知模式。

一、认知的含义

认知是指人脑反映客观事物的特性与联系，并揭露事物对人的作用和意义的心理活动。从心理活动的类型来说，认知包括感觉、知觉、记忆、想象、思维等心理现象。它是心理活动的高级的、完整的形式。

认知一般由三部分组成：接受和评价信息的过程；产生应付和处理问题方法的过程；预测和估计结果的过程。

认知理论认为，认知（C）是刺激（S）、反应（R）的中介，反应并不是由刺激直接引起的，而是通过认知引发的。例如，面对同样的挫折，有的大学生垂头丧气、不思进取，甚至怨天尤人，得过且过；有的大学生却能找到失败的原因，乐观向上，争取更大的成功。这两种截然不同的反应（R）是大学生对挫折、刺激（S）的想法和评价不同产生的。

存在于刺激（S）和反应（R）之间的认知（C）是一个复杂的变化过程：刺激（S）通过感觉器官成为感性材料，经过记忆中存储的经验和人格结构折射，再由思维过程为感性材料赋予意义，构成了知觉过程，通过这一知觉过程，大学生可对过去的事件做出评价，对当前事件加以解释，对未来可能发生的事件做出预测。这些评价、解释、预测激活了情绪系统和运动系统，产生各种情绪和行为。如果认知发生错误，就会导致错误观念，继而产生不良情绪和行为。

二、健康认知的表现

（一）积极，不消极

任何事物总有黑和白两面。拥有健康认知的人总是积极地看待一切事物，不健康的人恰恰相反。

有一个故事，讲的是一个老太太有两个女儿，大女儿嫁给了洗衣店老板，小女儿嫁给了卖雨伞的老板。结果无论晴天雨天，老太太都发愁，晴天担心小女儿家的雨伞卖不出去，雨天担心大女儿家的衣服晾不干。后来，有人提醒老太太，晴天大女儿家的生意好，雨天小女儿家的生意好，你应该晴天雨天都高兴才对。

像故事中的老太太，当我们面临失恋、考试落选等生活事件时，我们常常采用自我否定的思考方式，陷入不健康的认知模式之中。我们应当培养自身健康的认知，积极地处理生活中的难题。

（二）客观，不自欺

客观是心理健康的一个重要标准。生活中许多人常常把想象当事实，沉溺于空想，无法认清真实的自己。他们或者沉溺于理想化，追求完美主义，从而想入非非、好高骛远、眼高手低；或者夸大别人对自己的厌恶，造成自卑、猜疑的心理。

（三）独立，不依赖

健康的认知具有独立性，能摆脱外在无关因素的干扰。相反，不健康的认知常常受无关因素干扰，产生"心理眩惑"现象。

心理学家威特金通过实验研究，将人们的思维方式区分为两种，即场依赖型与场独立型。所谓场依赖型是指其认知依赖于周围环境，容易被无关因素干扰，而场独立型则能抓住本质。

许多学生都认为自己缺乏主见，人云亦云，因此决策常常失误，经常后悔。只要面临选择，大至专业的选择，小至买件衣服或人际交往中的应对，都显得优柔寡断，犹豫不决。所以，大学生一定要培养独立的心理意识。

（四）灵活，不僵化

健康的认知具有灵活性，在不断地与新人、新事和新思想接触时，人的基本感受和观念会不断更新。这需要克服思维固着与习惯定式，需要举一反三、触类旁通，将所学的知识不断迁移。

能够迁移的知识就是能力。在心理学家安德森与梅耶等人的研究基础上，我国学者提出了一个广义的知识分类模型。广义的知识包括三种形式，即陈述性知识、程序性知识、策略性知识。知识的这三种类型随着学习阶段的变化而动态地发生变化。第一阶段习得阶段为单纯的陈述性知识，是一种以"命题网络"形式表征的知识，也就是传统意义上的知识本身。到了第二阶段保持阶段，知识一分为二，除了原有的陈述性知识经重建与改组，新的意义得到巩固以外，经过变式练习，部分命题转化为程序性知识，这是一种以"if-then"的产生式表征的知识，它往往以这样的形式存在：在什么样的条件下，将产生什么样的活动或得到什么样的结果。这时的知识已具有了很强的可迁移性，这实际上已经是一种能力。到了学习的第三个阶段提取阶段，知识一分为三。陈述性知识回答比较简单的"是什么"的问题，而程序性知识则分裂为对外办事的智慧技能与对内监控的元认知两部分，它们要解决的是比较复杂的"怎么办"的问题。所以知识认知，先有知后有认，认是动态的知识，是活化的知识，是可迁移的知识，是程序性知识，也就是能力，它包括智慧技能和元认知。在学习的三个阶段，广义的知识认知需要克服思维固着与习惯定式。一个人太多地受制于习惯定式，便会使思维僵化，抑制创造性。

（五）本质，不幼稚

健康的认知能够超越表面现象，深入事物本质。

人的认知有一个逐渐成熟的过程。比如，心理学家柯尔伯格通过研究发现，人的道德判断经历了三个发展阶段，即前世俗水平、世俗水平、后世俗水平。

健康的认知不仅要考虑个人的感觉、社会的需要，还应该深入事物的本质。许多人在家中胡搅蛮缠、撒娇任性，实质是停留在前世俗水平，即以自我为中心，是赤裸裸的利己主义，这是简单的感性水平上的判断，虽然用对了时间、地点，这种行为偶尔也显得很可爱，但从认知发展来看，它毕竟是最低水平的。

第二节 大学生认知心理的特点

青年期的大学生的认知心理具有以下特点:

一、独立性与依赖性并存

自我意识的进一步发展强化,知识经验的日益增加,逻辑思维的不断发展,使得大学生认知独立性大大增强,喜欢用批判的眼光看世界,不轻信,不盲从,凡事总要问问"为什么";喜欢且能够独立提出并坚持自己的观点,也能对自己的认知进行一定的检验评价。

但是,大学生的认知独立性和批判性还不够成熟,带有一定的依赖性。这主要表现在两方面:第一,对自己的主张、见解信心不足,希望得到别人的理解和支持,容易动摇;第二,在对事物的认识评价上,容易接受暗示,常受外界舆论、观念、思想的左右,迷信书本,崇尚权威。

二、现实性与理想化并存

随着活动领域的拓宽,大学生与客观实际接触范围扩大,独立思考能力提高,在经历了现实与理想、理论与实际、个人愿望与社会要求的种种矛盾冲突后,他们深刻领悟到原来过于天真、理想的认识和想象是那么不切实际。这使得大学生逐渐变得注重实事求是,从现实出发去观察、分析、解决问题,使得认知更具有现实性。

富于想象是大学生的一大特点。想象力的发展、兴趣的广泛、对未来的憧憬,使大学生的认知倾向于主观化、理想化,常常脱离实际,沉湎于幻想世界。

三、全面性与片面性并存

大学生在分析和处理问题时,已经显露出辩证的特点,喜欢全面、综合地去评价人和事。但是,由于大学生自身还有许多弱点,在全面、辩证认识事物、他人和自我时,不可避免地存在片面性,以点概面、以偏概全的晕轮效应时时存在。过于主观想象、思维活动的局限性以及大学生常有的认知上的偏激现象是产生这种片面性的主要原因。

四、深刻性与肤浅性并存

大学生的抽象思维能力显著提高,辩证逻辑思维逐渐占主导地位,不仅能感知事物的外部特征,而且能找到事物的本质规律,从而更深刻地认识世界。

尤其是高年级学生，其认知的深刻性、自觉性已达到了较高水平。

但也应看到，大学生的抽象思维能力还未达到成熟水平，观察事物容易表面化，思考问题常被具体、直接的感性经验支配，常就事论事，停留在一点一面，在认知上带有肤浅性。

五、稳定性与波动性并存

大学生在学习、生活、人际交往的认知实践中，对情绪、情感的控制和调节能力增强，情感具有稳定的特点，有了明显的心境化趋势。但这只是相对的成熟，大学生心理仍具有易波动的特点。一是因为青年期正是内分泌系统中与情绪兴奋有直接关系的肾上腺激素分泌旺盛阶段，使人容易兴奋、激动，情绪体验强烈，常出现"疾风暴雨"式的激情状态；二是因为影响大学生情绪的各种因素大量存在，其情绪易受外界干扰；三是大学生辩证逻辑思维发展水平不高；四是人格还不健全、不稳定；五是世界观、人生观还处于发展时期。

综上所述，大学生的认知水平较中学时期有了明显的提高和发展，但尚不成熟完善，这是大学生不良认知产生的重要原因。

第三节 大学生不良认知的类型

任何的心理问题和心理障碍的产生都有其认知的根源，不健康的心理常常来源于不健康的认知。生活中的许多问题，小至同学反目、朋友误会、恋人吵架、家人间发生的矛盾冲突，其认知系统都有或多或少的不合理之处。我们常常看到这样的情景，两个人为了某事吵得天翻地覆，每个人都认为自己有理，对方在胡搅蛮缠，在故意与自己作对。而真实情况往往是两个人都像是坐在两口井里的青蛙，或像是"盲人摸象"中的两个盲人。

所谓不良认知，是指由认知错误所产生的歪曲的、不合理的、消极的观念、信念。大学生中常见的不良认知较多地体现在对自我、挫折、人际交往等方面的评价上。这会影响其学习、生活和工作，甚至导致心理障碍，应予充分重视，加强调适。

一、对自我的不良认知

进入青春期，大学生的自我意识有了较大发展，但还不成熟。所谓自我意识是指人对自己各种身心状态的认识以及对周围事物关系的各种体验，包括自我认识、自我监督、自我评价、自我调节及控制等。大学生对自我的不良认知，主要表现为自我评价过高或过低。

（一）高估自我

高估自我表现在对自我做出过分肯定的评价，肯定自我往往有过之而无不及，夸张地看待自己的长处，而对短处则缺乏应有的认识，甚至视缺点为优点；对他人总是过低评价，看不起别人，过分地看到别人的不足，无视甚至贬低别人的长处。这些学生常常自傲自大、自以为是、盛气凌人、自我欣赏，表现出过度的自信心和自尊心。这部分学生在现实生活中容易与人产生冲突，也容易因为愿望和要求不切实际而导致失败。失败又往往使这部分学生对原先的自我评价产生过激的否定，从而走向低估自我的另一极端。

大学生对自我的过高评价与他们的成功体验有关。跨进大学校门，成为令人羡慕的大学生，无论期间是一帆风顺还是几经挫折，但毕竟是经历了一次激烈的竞争和严格筛选后最终的"胜利者"。这种成功的体验，往往使一些大学生对自己的现状非常肯定，觉得自己了不起，对未来也充满了自信。高估自我也是大学生强烈的优越感使然。社会、家庭、亲朋好友的期待、赞誉、羡慕提高了大学生的优越感、自豪感，使部分大学生产生自负的心理，以致对自己不能进行全面的认识和客观的评价。

对自我的不恰当评估也与大学生认识水平不足有直接关系。思考问题的片面性、肤浅性导致大学生认识问题时表现出偏激和固执的特点，他们往往不善于准确无误地对来自各方面的信息进行分析，从而得出正确的结论。尤其是在对社会现实、对自己和他人的看法方面更为突出。他们容易以消极方面去看待别人，以积极方面认识自己。

（二）低估自我

低估自我表现在看不到或很少看到自己的优点和长处，在审视自我的同时又总是仰视他人，常常拿别人的优点和长处比自己的短处和不足。因此，他们看不起自己，不喜欢自己，不容忍自己，一味地抱怨、指责、否定自己。例如，越来越讨厌自己，认为自己在性格、风度、能力方面简直一无是处，不善言辞，不会处理事情，又傻又笨，无才无貌。这就是典型的自我否定、自我拒绝。

一个人如果看不到自己的价值，只看到自己的不足，觉得自己什么都不如别人，处处低人一等，就会丧失信心，产生厌恶自己并否定自己的自卑感。这类人在学习、生活、工作中显得自信心严重不足，对有利条件估计不足，对困难估计过高，视成功为机遇好，将失败归因于自己的无能。自卑的学生或表现为缺乏进取心；或为掩饰自卑而表现出过强的自尊心、虚荣心。他们情绪压抑，心烦意乱，做事既希望成功，又不指望成功，缺乏勇气，优柔寡断，屡屡坐失良机。

大学生低估自我，产生自卑心理，或是因为自身客观条件不理想，觉得自己身材不高，体型不美，相貌平平或有生理上的缺陷；或是因为家庭经济条件不好；或是认为自己的父母不如其他同学的家长有"地位"，有"门路"，有文化；或是感到自己没什么特长，没能力，在校园活动中默默无闻。

也有学生因为遭受挫折导致自我评价不足。其挫折源大体可分为三类：一是以往的挫折经历，如过去在考试、升学中的挫折等；二是现实的挫折，如进大学后来自中学时代的优越感陡然丧失、学习成绩不如意、恋爱受挫、班干部落选、评优落榜等；三是缺乏应有的社会评价和期待，如不被重用、被人轻视、受人贬斥、遭人嘲弄、在集体中没有地位等。

当然，自身客观条件不理想，有挫折感不一定导致自我否定，产生自卑心理。而认知上的某些弱点才是内在根源。研究发现，自卑感严重的大学生有以下心理特点。

第一，自我形象不稳定。他们往往喜欢封闭自己，向周围的人展示某种"虚假的面貌"（伪装的自我），以掩饰自己所谓"不言而喻"的弱点。

第二，对一切事物都异常敏感，因而特别容易受挫折。

第三，倾向于超脱现实而陷入幻想世界，缺乏社会活动的积极性，有严重的孤独感。

第四，缺乏竞争意识。尽管他们给自己提出了正确的目标，但往往并不指望取得成功，因为他们认为自己不具有这方面的条件。

第五，对世界、对人生的科学认识不足或是没有真正内化为稳定的心理结构，因而对自己的认识容易受一些消极认识和态度的影响，产生自我否定的心理。

二、对挫折的不良认知

（一）挫折和挫折承受力

挫折，一般包括挫折情境和挫折感受两层意思。

挫折情境也称挫折源，是指阻碍人满足需要、实现目标的情境或事物。由此而产生的心理感受和情绪状态称为挫折感受或心理挫折。

现实中存在两种挫折情境：一种是在人的意识之外客观存在的挫折情境，称为实际挫折；另一种是人主观想象、并非客观存在的挫折情境，称为想象挫折。

一个人遇到挫折后，就会产生挫折体验，而这种挫折体验同他原来的理想程度有关。一个原来期望在考试时考100分的学生，现在考了95分，他感到挫折；一个原来只期望及格的学生，现在得了70分，他却感到心满意足。这就是人们平常所说的"希望越大，失望越大"的道理。

最初使用"承受力"这一概念的是美国心理测验专家罗森茨威格。他给挫折承受力下的定义是"抵抗挫折而没有不良反应的能力"，即个体适应挫折、抗御挫折和对付挫折的能力。

萨托拉斯提出三条精神健康标准，其中一条就是能够经受生活的挫折，及时地调适自己的情绪，不仅要适应环境，而且能有效地改造环境。由此可见，培养挫折承受力对精神健康的意义重大。

每个人对挫折的承受力是不同的。有的人承受挫折能力强，虽历尽坎坷，仍百折不挠，继续奋斗；有的人稍遇挫折便心灰意冷，一蹶不振。人对挫折的承受力既与身体状况有关，又与个人的心理素质，如认知水平、原有经验及意志力等有关。见多识广、眼界开阔的人，能正确认识挫折的意义和估量挫折的分量，提高承受挫折的水平；经历过种种挫折和磨难的人，则有承受挫折的经验与信心；而意志力强的人，承受挫折的能力也更强。

不同的人对挫折的承受力不同，同一人对不同的挫折情境承受力也不同。有的大学生能够忍受学业上的失败，却不能忍受恋人的背弃；有的人能从容对待人际交往中的不合群、孤独，却丝毫不能忍受自尊心受到伤害。

大学校园里发生的个别极端事件都与挫折承受力有关。之所以出现过激行为，关键在于他们不能正确认识挫折，忍受和排解挫折的能力有待加强。

（二）大学生对挫折的不良认知的主要表现

1. 不应发生

"不应发生"是指由以主观意愿为依据的不合理认知方式所产生的"不应该是这样的""不可能是这样的"等错误观念。一些学生总是采取否定、拒绝和逃避的态度，认为"我从来未失败过"，因此"失败不应属于我""我从未有过挫折"，所以"我不该有挫折"。他们不懂得成功和失败、顺境与逆境同在，而这就是多色多味的生活，就是生活的辩证法。大学校园里强手如云，竞争激烈，学习紧张，纪律严格，对于每一个大学生都是严峻的考验，都要有一个不断适应的过程。失败与挫折是正常的。实际上，貌似偶然的背后存在着必然性：放松学习势必造成成绩的下降；不注意与人相处的方式，必然影响在同学中的威信。正是这种种的"不懂得""不理解""意识不到"使一些学生不能用正确的认知方法对挫折做出清醒、理智的预测和评价。

2. 非常可怕或不以为然

部分学生把挫折情境及其后果想象得非常可怕。这种想象中的挫折远远超出了实际挫折的程度，其引起的心理挫折（即挫折感受）往往更加严重，"非常可怕"的不合理观念与"任意夸大"的认知方式有直接的关系。

有的学生把生活中的困难想象得十分严重，认为这是"极大的不幸""简直糟糕透了"；有的学生过分评价某些事物、挫折的影响和后果，如一句话没说妥，一件事没办好，便担心别人对自己有看法，会失去他人的信任。事实上，这种担心主要是自己想象出来的，情况远远没有那么复杂、糟糕。

"非常可怕"的不良认知，不仅把事实上暂时的、局部的甚至是根本就无所谓的损失看成永久的、全面的丧失；而且只把注意力放在无限度地想象挫折的后果上，没有看到挫折中孕育着成功的机会。为了克服不良认知，要把注意力集中到如何做出积极调整、切实把握时机，争取成功上来。

3. 我无能

大学生中还有一种对挫折的歪曲认知，即因某些挫折和失败而否定自己，认为自己"没用""无能"，是个"失败者"。比如，学习成绩不好就认为自己笨，不是读书的料；与同学产生矛盾就觉得自己人缘差，缺乏交际能力；求爱不成，就断定自己对异性没有吸引力。在这种错误认知的影响下，一些学生遭受挫折后变得自卑起来，甚至自暴自弃。这些学生犯了一个严重的认知错误，即过度引申（或过度泛化）在单一事件基础上不适当地做出关于能力、价值的普遍性结论。

三、对人际关系的不良认知

渴望建立和谐的人际关系，期盼真诚友好的人际交往，这是大学生的共同心理需要。然而，这种需要却因人际关系障碍而得不到满足。造成大学生人际交往障碍的原因很多，主要原因是大学生在对人际关系问题的认识上存在以下种种不合理的观念。

第一，人际交往无非是一种为了达到个人目的而利用别人的手段。因此别人对我好，无非是想利用我或想占我的便宜，人与人之间都是钩心斗角，不可相信的，没有真诚可言。

第二，人际关系是一种庸俗的关系，是拉关系、走后门、搞不正之风，是一种不良风气，善于交往的人是危险的，是"交际花"。

以上两种不良认识，往往与他们对人际关系的感知错误、以偏概全的思维方式有直接关系。在这些非理性信念的支配下，大学生对人际交往产生了不健康的心理和错误行为。有的凡事从个人利益出发，斤斤计较，常常为蝇头小利大动干戈；对人常怀防范之心，生怕自己的利益受到侵犯；缺乏真诚，不愿表露自己的真实思想；对同学采取"用得着则交，用不着则不交"的态度，在交往中只是贪婪地获取，不肯真诚地付出，把别人给予的帮助认为别有用心。持这种观点的学生虽然有交往的需求，但不愿广泛交往，缺乏交往的热情和积极性，在交往中常常自我约束。

第三，有学生认为必须与周围的每个人建立亲密的关系，只要有一个人对自己不好，就说明自己的人际关系有问题。别人都应该待自己好。这是一部分学生在人际关系上的求全求美观念。在人际交往中他们往往显得积极主动，希望与每一位同学都保持良好的关系，他们乐于付出，舍得花大量的时间和精力，而同时他们又以苛求的心态关注着每一位交往伙伴对自己的态度和感情的变化，常常为人际交往中一些难以避免的矛盾和冲突、为同学对自己的意见和冷淡而焦虑不安、伤心苦恼。因此，人际关系带给这些学生的与其说是情感需求的满足，不如说更多的是因困惑而导致的惶惶不安。

第四，只有顺从他人，才能保持友谊；或他只有听自己的，与自己有同样的想法和行为，才说明他对自己是真心的，友谊才牢固。以上这两种观点的一个共同的认知特点就是能"求同"不能"存异"。因此在交往中，尤其是朋友之间，总是以此作为衡量关系深浅的尺度。为了维持友谊，他们不得不顺从别人的兴趣和意向，不惜牺牲自己的选择权利和自主性；或者是强求别人与自己保持同一，否则就怀疑对方的情感，否定彼此的关系。持这种观点的学生在交往中不能保持应有的人格独立，因而貌似牢靠的关系恰恰是最脆弱的。

第五，朋友之间应该坦诚，不应有所保密和隐瞒。有些学生由于错误地理解人际"坦诚"，因此推导出这种不合理的论断。他们过于强调别人对自己开放，不能容忍有所保留，即便是对方的隐私，也坚持认为自己有权了解。在他们面前，对方没有安全感，常常因被"剥"得无遮无掩而感到羞耻和气愤，最终因为忍受不了这种"强取豪夺"而不得不逃避、疏远。这种现象多见于朋友和恋人之间。

第六，既然我俩是好朋友，就不应该再与别人交朋友。持有这种观点的学生把爱情排他性、专一性的道德要求错误地转嫁于友情关系中，自己"忠实"于对方不再与别人交朋友，也不允许对方"用情不专"，更不能容忍有第三者"插足"。

第七，以他人为中心，把人际交往的可能性被动地建立在别人的态度上。他们与人交往的目的似乎只是使别人高兴、满意，害怕自己不受欢迎。于是担心说话做事得罪别人或有什么地方让人不满意，谨小慎微、畏畏缩缩、顺从别人；与学生交往时缺乏主动性；他们不轻易接受他人的帮助，即使偶尔接受了哪怕是微不足道的帮助，也会受宠若惊、惶惶不安，并设法尽快给予回报。他们关心别人，但在群体中往往缺乏威信；人际关系良好，但对自我满意度较低，常有压抑感，易受人际焦虑的困扰，感觉活得很累。

第八，那些得罪过自己的人，有机会一定要报复他们；或希望看到这些人遭到报应，并且不再与他们来往。这种认知中以偏概全的思维方式（因为别人的一点过失而忽视了其优点）与狭隘的性格有关。他们对冒犯过自己的人和事耿耿于怀，缺乏"严于律己、宽以待人"的气度，希望对方倒霉、遭殃，并以此为满足。因此，这些人往往容易发生人际冲突、树敌过多、人际关系紧张，内心更是常为仇恨所占据。

四、大学生不良认知产生的原因

（一）极端思维

极端思维是一种认知失真。生活中所说的以偏概全、超概括化、过分夸大或缩小、糟糕至极、乱贴标签、诅咒等都是极端思维。在大学生的人际交往中，极端思维的表现是非常明显的，无论是对自己的评价，还是对他人的评价都容易走向极端。

（二）心理过滤

由认知的选择性而带来的心理过滤，往往使人不能客观地、全面地看待现实。例如，所谓的左眼跳财，右眼跳灾。左眼一跳，我们一整天都会特别关注有什么好事发生，只要有蛛丝马迹，就会欣喜若狂。其实，每一天都会发生很多事，有好有坏，我们要刻意去验证，找出几个证据并不难。只是有可能在左眼跳的那一天，筛选出了三件好事，而忽视了七件坏事；而在右眼跳的那一天里，可能筛选出了三件坏事，而忽视了七件好事。通过这样的心理过滤，有可能会大大地歪曲现实。

许多人在人际交往中总觉得自己吃亏，总感到自己委屈，总觉得别人在欺负自己，因此，常常牢骚满腹、求全责备，其实，这完全可能是由认知失真导致的错误结论。

另外，我们也会发现，在我们的周围有这样一种人，无论对他们多好，给予他们多大的帮助，可是他们似乎永远也不懂得感激，实际上，这些人也许并不是知恩不报，而是由于他们的认知失真，他们根本就不知恩。

当我们因认知失真而只看到事物的一个侧面，只看到自己为别人做了许多事情，而看不到别人为自己做的时候，我们就会理所当然地向别人进行索取，因此就犯了心理过滤的错误。

（三）瞎猜测

瞎猜测就是把想象与主观推测当成事实，主观臆断，想当然。自我失败性质的瞎猜测在大学生中是非常普遍的。比如，某一天某个学生被教师叫到办公室责问为什么总逃课到网吧打游戏，被责问的学生在脑子里就想了："老师整天也不到教室来，他怎么知道我逃课去打游戏？肯定是我班XXX告诉老师的。"正是这种瞎猜测可能使我们大大歪曲了事实，从而产生了不良的情绪或行为体验。

（四）虚拟陈述

心理学的研究表明，人的认知加工包括两个过程：一个是自下而上的加工过程，也就是直接对外在刺激所做出的反应；另一个是自上而下的加工过程，也就是利用自己的知识经验对外在刺激做出解释。由于知觉具有恒常性的特点，也就是说，许多现象司空见惯、习以为常后就成为一种"成见"，一种"图式"，一种"刻板印象"，一种"虚拟陈述"，从而影响了自上而下的加工。这种成见常常在不知不觉中成为一种独断专横的内心指令，表现为"应该""必须"等毫不留情的强迫性指令，如"我必须得把这件事办好，否则别人会瞧不起我""我必须得到所有人的喜爱""你既然和我交朋友，那就应该和其他人保持一定的距离""我为他付出了那么多，他必须得给予回报"等。如果自己的"应该""必须"的内心指令得不到满足，那么必然会产生不良心境，从而产生各种各样的心理困惑或心理障碍。

（五）人格化

人格化是一种使外在事件与个人发生关系的倾向。典型的人格化表现就是找替罪羊。例如，有的学生在毕业的时候没找到工作，由此便埋怨父母，埋怨学校；有的学生学习不好，但他不从自身找原因，而是抱怨学校的学习环境不好，学习气氛不浓，自己所报专业不好等。另一种形式的人格化就是宿命论。例如，有的学生在考试的时候因作弊被监考老师抓住，受到了处分，便抱怨"别人作弊那么多次都没有被老师发现，而自己刚刚把纸条拿出来，还没抄呢就被抓了，我点真背、运气不好"等。

第四节　大学生认知心理的辅导

一、不良认知的调适

大学生心理存在的各种不良认知（非理性观念），会严重影响他们的学习、生活和工作，因此必须对其加强调适，以理性观念取而代之。

（一）不良认知的表现与校正

1. 人应该得到自己生活中每一位对自己重要的人的喜欢和赞许

这是一个无法达到的目标，即使是得到了所有重要的人的喜欢和赞许，在这种观念的指使下我们一定还会进一步地考虑：别人赞许自己达到了什么程度，这种喜欢能维持多久，他除了喜欢我以外是否还喜欢别人……一个人为什么非要得到每个人的喜欢和赞许呢？每个人都有其存在的价值，别人的评价也必然存在褒贬的不同，更何况我们无法要求别人没有误会和偏见，大可不必因为别人的非议而伤心失意。人应该关注别人的评价，但这种关注是为了从中吸取对自己发展有益的东西，因此无论是表扬还是批评对我们都是有用的。人更需要关注自己"应该怎样去做"，应该把精力用在尽力做得更好的积极实在的行动上。

2. 一个人应该能力十足，在各方面都有成就

这也是一个不切实际的要求。事实上没有人能在各方面都能力十足，成就卓著。大多数人甚至在一个小的方面也无法比别人更突出。一个人想通过努力学习、工作来充实自己，希望做事成功、有成就，这种想法是合理的。所得，必有所失。人不可能万事顺利，失败在所难免。人也不可能面面俱全，事事比人强，毕竟"尺有所短，寸有所长"。

3. 事情应该按自己喜欢和期望的发展，否则便是很糟糕、很可怕的

客观事物的发展有其规律性，它不以人的意志和愿望为转移。主观要求事物这样或那样发展，否则就闷闷不乐甚至暴跳如雷，这是不明智的。理性的做法是自觉地认识规律，按规律办事。当事情有可能改善时努力改善它，不能改善时则理智地去接受事实。

4. 担心危险或可怕的事情会随时发生

考虑危险事情发生的可能性并设法避免，或一旦发生该如何减轻其后果，是明智之举。"人无远虑，必有近忧。"但如果过分担忧和焦虑，反而会使人在事情发生时不能有效地面对。更何况有些天灾人祸是难以控制和预防的，担

忧既无必要,又无好处。要预防"万一",但不要把"万一"变成"一万"。这会使人变得谨小慎微、不敢作为、不思进取。理性的人总是既有充分的准备(包括心理准备),又保持积极乐观的态度;既考虑各种不利情况,又不故步自封。

5. 不愉快的情绪是由外界引起的,因此自己无法控制这种情绪

很多人相信不愉快的情绪是由外部事物引起的,并且觉得如果外在因素改变的话,便不会如此不愉快。因此,他们一般不去主动控制、调节情绪。事实上,人的情绪大部分是由自己的知觉、想法和评价引起的。人应学会控制、调节自己的情绪。理智的人能对自己的情绪负责,做自己情绪的主人。

6. 对有错误的人应给予严厉的惩罚和制裁

每个人难免犯错误。不加分析,一味地严厉制裁某人是缺乏理性的。人犯错误有各种原因(主观的、客观的),错误有大有小,性质有好有坏,犯了错误不等于不可救药。对待同学、同志的错误,明智的想法是"他犯了错误,我不能歧视他,要帮助他不再犯同样的错误"。这并不是主张纵容恶行,也不是提倡做"老好人"。因为一味地责备和惩罚往往无助于行为的改善。相反,常常会导致逆反心理、对立情绪,以致引起更严重的后果。所以在人际交往中,对待犯错误的人大可不必一心想着如何去惩治。即便是必要的惩罚、制裁也不是最终目的,而是将其作为帮助人、教育人的手段。理性的人际交往态度是宽容待人、以诚待人、以善待人。

7. 逃避困难、挑战与责任,要比面对它们容易得多

逃避可以带来片刻的轻松,却不能获得长久的安宁,还会带来更多的困扰,造成更大的损失。因为这些困难、挑战与责任并不因为自己的躲避而消失,它仍然存在。逃避只会使人变得胆怯,而且永远得不到行动的经验和成功的机会。理性的人是现实和积极的,首先能够直面困难、挑战和责任,并且总是全力以赴地战胜困难,迎接挑战,承担责任。

8. 人应该依赖他人,并且依赖比自己强的人

在社会生活中,人与人之间相互依赖,又相互独立。只强调独立而拒绝别人的帮助并不可取,但过于依赖别人则更不应该。太依赖别人的结果必然是自己变得不会处理问题,不敢做决定,没有自信心,缺乏安全感,一旦离开别人的帮助便一筹莫展。明智之举应该是争取外援但不依附外援,信赖别人但不依赖别人。

9. 一个人往往被历史所决定，因此一切都是无法改变的

持有这种观点的人相信事情和现状已被历史决定了，虽然不好也没办法，改变不了，他们宁愿忍受历史和现实带来的不幸或以怨报德，平衡心理。过去的经历对现在固然有影响，但并不能主宰人的未来。过去的消极影响可以通过努力来削弱，现实的状态可以通过努力来改变。因此，理性的人往往更注重对现实的把握，他们总是以积极的姿态去改变现实，他们不抱怨过去而是着眼将来，用实实在在的行动去创造明天。

10. 任何问题都能够而且应该有正确、完美的答案

许多人相信任何事情都有正确、完美的答案。遗憾的是，我们生活的这个世界并不存在完美或绝对的事。企求绝对的完美是不实际、不明智的，会使人忽视甚至放弃那些切实可行的解决问题的途径和方法，从而丧失成功的机会。正像哲学家罗素所说"不绝对确定是理性的基本成分之一"。我们需要学会进行软性思考，而不仅仅是用一种把事物看成非黑即白、非此即彼的硬性思考。理性的人面对问题时总是设法寻求各种可能的答案，采用其中相对好的或尽可能利多弊少的方式，而不幻想着去追求完美。

（二）自我调适

1. 不良认知的自查与发现

根据认知理论，人的情绪、行为反应是对刺激认知的结果。自查应从认识不良情绪和行为入手，然后自问"怎么会产生这种情绪（或行为）？"经过分析，可以发现是因为某（些）事件（即刺激）。进一步自问"我对这件事是怎么看的？"如此可以发现对此事件的不良认知。

2. 不良认识的调整

调整的目的在于识别其错误，并在此过程中确立起相应的合理观念。具体方法很多，下面以调整对自我的不良认知为例进行介绍。

（1）对比调整法

低估自己的人往往与片面地比较有关。这种片面比较表现在两方面：一是与比自己强的人比；二是只拿自己的短处与他人的长处比。对比调整法是全面地进行比较，以确立对自己的正确评价。对比调整法包括横向比较和纵向比较两方面。横向比较是指与比自己强、与自己差不多和比自己差的人进行比较。纵向比较就是和自己的过去比较。在比较中，要客观、公正、合理，既不夸大，也不缩小事实；既比较各自的长处，也比较彼此的不足。坚持实事求是、一分

为二的原则。此外，为了实现比较以及使比较的结果对自己有说服力，横向比较所选取的对象应是客观条件同自己差不多的（如同班、同系、同校、同种职业），且是自己比较了解的人。

（2）调查调整法

调查调整法即向别人了解他们对自己的评价和看法，以此来修正自我评价。调查调整法的要领包括以下几点：

第一，以现实生活中真实的自我表现为基础。不能为获得期望的调查结果而有意地伪装自我，如有的学生为了得到教师、同学的好评，在一段时间内有意识地积极表现，以掩盖自己的不足。虽然他人的评价一般以我们一贯的表现为基础，但"近因效应"是存在的，人们的评价容易受我们最近表现的影响。

第二，调查的对象应是了解我们并值得我们信任的人，不了解我们的人往往难以做出客观的评价；我们不信任的人，其评价对我们也难以有效。此外，可以将调查范围扩大一些，以获得较全面的评价效果。

第三，调查的方法有两种。一是坦率说明意图，希望对方如实相告，我们的诚意以及宽松的气氛、恰当的时间和场合会使对方坦率地说出自己的看法；二是以隐蔽的、不易被对方察觉的方式征询对方对我们的看法，如在娱乐的时候、谈工作的时候、讨论某个问题的时候，或将自己的疑虑假借到别人身上，请对方谈谈对此的看法等。这时我们应表现得随便和不经意，以使对方表露真实的看法。

第四，在对方做出评价后，我们可以把自己的评价诚恳地说出来与之讨论。在讨论中对方会提出许多理由说明我们的自我评价是不合理的，给我们劝导，从而帮助我们改变看法。

（3）列举调整法

自己通过列举与自我评价相悖的事实和理由来改变错误的自我认知。不是认为自己不行吗？那么就绞尽脑汁想自己的长处。比如，我很诚实，我会关心人，我脾气好，我比较冷静，我学习很认真，我乒乓球打得好……事无巨细，一一列在纸上，越多越具体越好，随时想到，随时补充。然后，反复查看列出的内容，我们会发现"哦，我原来有这么多优点呀！"同时，在现实生活中尽量去表现自己的长处，通过实践进一步发现、认同这些优势。表现自己的长处会获得周围人的肯定性评价，这也有助于我们进一步肯定自己。

（4）反诘调整法

对自己的不合理观念进行挑战式的追问、质疑，以找出破绽，改变这些信念。如对"我是全校最丑的女孩子"可进行这样渐次递进的发问，如"有什么证据证明我是全校最丑的女孩子""我有调查依据吗""做过多大范围的调查""有谁说过我是全校最丑的女孩子""如果有,有多少人,是我亲耳听到的吗""美有绝对的标准吗""相貌是衡量美丑的唯一尺度吗""相貌能代表一个人的价值吗""相貌是决定一个人前途和幸福的必要条件吗"。

(5)重新归因调整法

归因,是指人们对他人或自己行为的原因加以解释和推测的过程。有人曾通过实验调查人们如何估量自己成功与失败的原因,结果发现:有的人把失败归因于外部因素,如运气的好坏;有的人将其归因于内部因素,如个人的能力和努力;而旁观者的解释又与当事人大不相同。这说明,人们在对成败归因时往往容易出现单一性、片面性的错误,正是这种错误归因,导致自我认知的偏差。重新归因调整法就是对成败的原因用全面客观的归因方法重新解释,从而达到调整自我认知的目的。以"失败"为例,一般既有个体的原因,又有外界的原因。在个体原因中,既有个人的主观态度、主观努力、方式等因素,又有个人身心发展水平等因素。我们必须在全面客观分析的基础上做出合理归因:哪些是主要原因,哪些是次要原因,哪些不是原因。这样就不会因盲目把失败归因于"脑子笨,能力差"而产生自卑心理。同时,又可以针对失败的现实采取理智、有效、切实可行的措施。

自己重新正确地归因对有些学生来说可能是困难的,这时可求他人帮助自己对失败进行归因,从中获得启发。

调整不合理观念,应视具体情况灵活运用上述方法。为了收到理想效果,这些方法可合并使用。

3. 巩固合理信念

通过第二步工作,达到了破"旧"(原来的不合理观念)立"新"(新的合理观念)的目的。因为已有的观念具有很强的顽固性,难以一下子清除,因而第三步巩固阶段是必不可少的。这一阶段要做的工作主要包括以下几项:

第一,总结不合理的观念错在哪里,确定相应的合理观念,以达到强化的目的。

第二,以新的合理观念去面对现实的刺激,认真体会情绪反应并与原来观念引起的情绪反应进行比较,最好能用书面的形式表达比较的心理体会。

第三,在现实生活中有意识地运用已经获得的合理观念(并体会良好的心理感受),使之逐步习惯化、自然化。

第四,可进一步探查是否还有与原有的不良情绪和行为相关或与原有不合理观念相近的心理存在。若有，再重复第二、第三步骤进行调整和巩固。

有些学生的不良认知是长期形成的，对此又深信不疑，因此，依靠自我调适往往难以奏效。这时，求助心理咨询师才是明智之举。

二、发展理性认知

人的认知活动并不是某个因素单独发生作用的结果。事实上，影响认知的因素很多，从客观方面看，有认知对象的特征、认知发生时的客观情境等因素。从主观上看，有认知者的知识经验、价值观、思维水平、人格特征、自我意识等。知识经验是认知活动的基础；价值观对认知具有定向和识别功能；思维水平是认知活动的最高级形式；人格特征制约、调节认知过程；自我意识是对自我与他人、社会关系的认识和把握。因此，发展理性认知、提高个体认知水平必须从提高大学生的上述素质入手。

（一）丰富知识

丰富知识是大学生的基本任务，它是满足大学生的求知欲、提高认知水平的基础。第一，大学生应重视学习知识，用人类创造的一切文明来武装自己的头脑。第二，注意摄取知识的深度和广度，拓宽知识面。第三，利用多种途径学知识，既向书本学习，也向社会学习，更向实践学习——在实践中观察总结，积累经验。接受是一种学习，运用更是一种学习，只有运用之时才能使知识真正成为自身认识世界、改造世界的武器，也才能在运用知识的过程中扩展知识，积累经验。第四，在向书本、他人、社会、实践学习的过程中，既虚心好学，又善于思考，辨别真伪，去伪存真。

（二）面对挫折，适当运用心理防卫机制

人在遭受挫折后，挫折情境对人的心理压力会使人产生紧张、焦虑、不愉快的情绪体验，并导致心理不平衡，影响人的正常行为和活动。主体为减轻挫折造成的心理压力，常常有意无意地运用心理防卫方式，称为心理防卫机制。

常见的心理防卫机制有以下几种：

1. 文饰作用

为个人的挫折寻求一种合乎逻辑的理由，以掩饰挫折的真实原因，保持心理的平衡，如把考试不及格说成是教师评分不公平，把体育竞技失败归罪于场地不好，把没有朋友说成是个人喜欢清静，等等。这实际上是一种自欺欺人的方法，但对缓解心理压力却有一定的作用。

2. 投射作用

将个人的缺点和错误投射到他人身上,以减轻自己的心理压力。例如,考试作弊的学生认为别人也都在作弊。文饰作用是为自己的挫折寻求理由,为自己的失败辩解;而投射作用则是在否认自己的缺点,而将错误归罪于别人。

3. 补偿作用

用一种取得成功的活动来补偿遭受失败的活动。例如,数学考试失败,就用英语考试成绩来弥补,以减轻自己心理上的痛苦。

4. 转移作用

把本人受挫的情绪转移到别的对象身上,"迁怒"就是最典型的表现之一。人们在受到挫折时,通过音乐、舞蹈和体育活动等发泄情绪,也是转移作用。有的人在情绪低落时移情于文字创作,有的人在失去亲人以后就献身于亲人所从事的事业。这些都属于转移作用。

5. 幻想作用

对在现实中所遭受的挫折,通过幻想加以实现。例如,失恋以后,就幻想他(或她)重新回到了自己身边,用幻想来弥补未实现的愿望。

心理防卫机制对于缓解人因挫折而产生的痛苦,防止攻击行为的产生无疑具有积极作用。因此,面对挫折,我们可以适当采取某些积极的心理防卫措施,如补偿、转移等方式以抵御外来伤害,减轻内在压力,而不至于引起太大的痛苦和不安。

(三)合理的思维方式

人在进行思维活动时,容易犯一些错误,改正这些错误,可以使我们的思维更加科学、更加合乎理性。这些错误具体表现如下:

1. 过分概括化

过分概括化是一种以偏概全、以一当十的不合理的思维方式。就像以一本书的封面来判断一本书的好坏一样,过分概括化是不合逻辑的。这种思维常见于对人的评价中。一方面,表现在对自身的不合理评价上,以自己做的某件事或几件事就认定了自己"一无是处""一钱不值"。另一方面,表现在对他人的不合理评价上,别人稍有过错,就认为他"很坏""无一可取",对人全盘否定。以一件事的成败、某个行为的好坏来评价其整个人,是一种错误的做法。合理的思维方式是只针对单一的某件事或某个行为做出评价,而不是轻率地对整个人的价值做结论,如"他上次打架的行为是愚蠢的"(而不是因为他打架就断言"他这人很愚蠢")、"我这次考试是失败的"(而不是因为考试失败就下结论"我不是读书的料")。这样的方式才是理性的。

2. 绝对化要求

从主观意愿出发对客观事物的发展进行推理和判断是又一种常见的不合理思维。它常与"必须""应该"之类的词联系在一起,如"我必须成功""他应该这么做"。这种思维方式忽视了一个基本事实,即客观事物的发展有自身的条件和规律,是不以人的主观意志为转移的。我们"希望"客观事物是这样而不是那样发展,这是可以理解的,也合乎情理,但我们不能把"希望"变成"要求"和"命令"。合理的思维方式是宽容的,即虽然"希望成功"但也接受可能有的失败;"我不希望他那样做"但也尊重他按自己的方式行事。

3. 极端化

要么全对,要么全错;要么全盘肯定,要么全盘否定,把生活看成非黑即白、非此即彼的两个极端。这类现象在人群中并不少见。把某件事情看成糟糕至极就是这种思维方式的结果。而事实上,世界上并不存在糟糕至极的事,没有一件事是百分之百糟透了的。一方面,对任何一件事情来说都存在比之更好(或坏)的情况;另一方面,任何一件事不管我们认为是好的或坏的,客观上都存在与之相反的因素,只是在一定的条件下有矛盾的主次之分。我们应该学会软性思考,即看到黑白之间存在许许多多的中间色,事物可能是较好或较坏的,但绝不会是最好或最坏的。用辩证的思维去认识和把握事物,既看到有利的一面,也看到不利的一面。认识事物是发展的,在一定条件下,矛盾的双方是可以相互转化的。这种思维方式才是科学、合理的。

三、伯恩斯的三栏目技术

在心理治疗中,使用美国心理学家伯恩斯的三栏目技术调整人的认知失真,效果是非常好的,而且简便易行。具体做法如下:

当我们在生活中有了烦恼或心理困惑时,请坐下来,拿出一张纸将其一分为三,从左至右分别写"随想",也就是针对心理困惑想到什么就写什么,怎么想的就怎么写。

"认知失真",对每一种随想进行分析,找出我们认知失真的原因,准确地揭示我们对事实的歪曲。

"合理反应",对失真的思想进行无情的反击,以更客观的思想取代失真的思想。例如,一名女同学因感冒发烧开会时迟到了,被教师当众批评,她感到非常委屈和气愤，事后她通过伯恩斯的三栏目技术进行了认知矫正。

使用伯恩斯的三栏目技术时应注意以下两点：

第一，不要只在头脑中想，而是要实际动手做，因为动手较之动脑能获得更客观的认识，更具有条理性。

第二，调整认知失真不可能一蹴而就，需要我们有耐心，有信心，长期练习。

四、塞利格曼的 ABCDE 记录

美国心理学家塞利格曼的 ABCDE 记录具体做法是，在一起不愉快的事件发生后，我们坐下来，仔细倾听由不愉快的事件而产生的想法，观察这样的想法会给我们带来什么样的后果，然后无情地反驳这些想法；再观察自己成功地处理悲观的想法后所获得的激励，并将这些都记录下来。

例如，一名男同学不敢到有认识人的环境中学习。只要在图书馆、阅览室看到自己认识的人，就立刻在头脑中产生"别人以他为榜样照着他的样子学习"的想法。这名男同学做了这样的记录：

A（Adversity）代表不愉快的事件：不敢到有认识人的环境中学习。

B（Belief）代表想法或念头：别人以他为榜样照着他的样子学习。

C（Consequence）代表后果：感到委屈、气愤，马上离开学习场所。

D（Disputation）代表反驳：通过观察、了解，发现每个人的学习内容都是不一样的，如自己在做高数，而对方在看外语。

E（Energization）代表激励：在学习中，如果不受外界因素干扰的话，自己的学习成绩一定会更好的。

在塞利格曼的反驳记录中，最难做的是与自己辩论，因此，我们应该想方设法地为自己的想法找证据。当找不到证据来证明自己的想法是正确的时，就说明我们的观念和想法是错误的，就需要调整。只要我们能充分地去找证据，就会发现其实许多想法都是由思维过度引起的。

第三章 大学生心理咨询

适应与发展是人生的两大任务。由于种种原因，大学生在适应与发展过程中难免会遇到困难，产生心理问题与障碍。心理咨询和心理治疗的职能就是帮助个体克服各种心理问题与障碍，使其成为人格健全、身心健康、快乐、幸福的人。

通过对本章的学习，学生应了解心理咨询的含义、特点，以及心理咨询的模式和形式；理解心理咨询的过程和原则；掌握心理咨询的理论和操作模式；使大学生能够运用心理咨询理论和心理咨询技巧预防心理困惑和心理障碍的发生。

第一节 心理咨询概述

保持平稳的心情只是一种相对状态，情绪不断地波动才是绝对的，当我们的心情波动到一定程度时，代表应该去进行心理咨询了。

心理咨询与治疗有着不同的历史渊源，发展到今天，两者的关系已难以分清。在实际工作中，一些心理咨询工作者做了一些心理治疗工作，一些心理治疗师也在做心理咨询工作。为此，我们有必要首先对什么是心理咨询进行探讨。

一、心理咨询的含义

在汉语的解释中，咨是商量，询是询问，咨询就是找人商量和询问。那么何为心理咨询呢？

20世纪50年代，美国心理学会的咨询心理学分会把心理咨询定义为"帮助个体克服其个人成长中的障碍——不管这些障碍出现在什么地方，并帮助他们最大限度地开发其个人潜能"。

心理学家泰勒指出，心理咨询是一种给予心理上帮助的活动，它强调按照个人意愿进行选择和做出行动。帕特森认为，咨询是一种人际关系，在这种关系中，咨询人员营造一定的心理气氛，使咨询对象的心理发生变化，做出选择，解决自己的问题，并且形成一种独立个性，从而成为更好的人和更好的社会成员。里斯曼则认为，心理咨询乃是通过人际关系而获得的一种帮助过程、教育过程和成长过程。

国内学者对心理咨询的含义也提出了各种不同的看法。张人骏等在《咨询心理学》一书中提出，心理咨询是通过语言、文字等媒介，给咨询对象以帮助、启发和教育的过程。通过心理咨询可以使咨询对象的认识、情感和态度有所变化，解决其在学习、工作、生活、疾病康复等方面出现的心理问题，从而更好地适应环境，保持身心健康。马建青在《辅导人生：心理咨询实务》一书中认为，心理咨询是运用心理科学的理论和方法，通过解决咨询对象（来访者）的心理问题（包括发展性心理问题和障碍性心理问题），来维护和增进身心健康，促进个性发展和潜能开发的过程。钱铭怡在《心理咨询与心理治疗》一书中则认为，心理咨询是通过人际关系，运用心理学方法，帮助来访者自强自立的过程。她提出，良好的人际关系是达到帮助来访者目的的前提；心理咨询是在有关心理学理论指导下进行的活动；咨询是一个过程，往往不是一次会谈就能解决问题；咨询是帮助来访者自强自立，而不是包办解决来访者的各种问题。

综上所述，我们把心理咨询定义为，来访者就自身存在的心理不适或心理障碍，通过语言、文字等交流方式，向有专业素养的咨询员进行诉说、询问和商讨，在其支持和帮助下，通过讨论找出引起心理问题的原因，分析问题的症结所在，进而寻求摆脱困境与解决问题的条件和对策，以便来访者恢复心理平衡，提高对环境的适应能力，增进身心健康的过程。

二、心理咨询的特征

心理咨询具有以下特征：

第一，心理咨询解决的是来访者心理或精神方面存在的问题，而不是帮助他们处理生活中的具体问题。例如，一位考试焦虑的大学生，希望咨询师替他和学校交涉缓考的问题，这个问题不是心理咨询师的工作范围。

第二，心理咨询是一种职业化的助人行为，而不是一般的帮助活动。心理咨询有特定的目的和任务，解决问题有专门的理论与方法，它是一种有目的、有意识的职业行为，它重在帮助人分析内心的矛盾冲突，探讨影响其情绪和行为的原因，协助他们进行自我改变，而不是人与人之间一般的社会交往。

第三，心理咨询强调良好的人际关系。在这种良好的人际关系中，来访者可以向咨询师袒露自己的隐私，咨询师则可以将来访者意识不到的思想和感受反馈给来访者，帮助来访者重新认识自己和接纳自己。因此，这种良好的人际关系氛围是有治疗功能的。

第四，心理咨询的保密性。来访者不希望将咨询内容和咨询关系公开化，咨询师有责任为来访者保守秘密，这是咨询师必须遵守的职业道德。咨询师和来访者的良好人际关系，通常只限定在咨询室和咨询时间内，不能将这种关系引向咨询活动以外。

第五，咨询是一种学习和人格发展的过程。通过心理咨询，来访者从不能自立自强到能够自立自强；从不能正确对待自己和他人到学会正确对待自己，减少内心矛盾和冲突；从不善于交往或具有交往焦虑的困扰到学会怎样与他人和睦相处，以致最终使自己在生活的各个领域发挥其最大的潜能。这些都是在心理咨询过程中人格方面的发展。

第六，心理咨询是来访者的自愿行为。即使来访者有明显的心理问题，但他并没有主动来求助，咨询师一般也不可主动上门。这样做只能使当事人产生戒备心理，不可能有好的效果。

第二节　心理咨询的模式和形式

一、心理咨询的模式

心理咨询的模式是指导高校心理咨询工作的基础，它既与整个心理科学的理论发展有密切联系，又与学校心理咨询自身的需要息息相关。

一般认为，心理咨询模式主要包括发展模式、教育模式、社会影响模式和医学模式四种。

（一）发展模式

发展模式是指心理咨询应当遵循个体心理发展的一般规律，针对学生在不同发展阶段所面临的任务、矛盾和个别差异，促使其心理矛盾得到妥善解决，心理潜能得到有效发挥，个性品质实现和谐发展，任务得以顺利完成。

发展模式的基本特征是注重对学生发展历程、发展障碍和发展规律的了解，强调咨询师的间接咨询功能。具体来说，发展模式包括下述三方面的特征：一是不仅要求在一个时间横断面上了解学生心理发展的性质与状态，还强调在时间延续性上考查学生心理发展的潜力与水平；二是注意对学生发展障碍的早期发现和预防，尤其重视心理危机的早期觉察和干预；三是试图使学生在日常生活情境中就能从教师、家长等成年人那里获得科学的辅导和帮助。

（二）教育模式

教育模式也称为指导模式，是指咨询者在全面了解学生素质、专长、兴趣、性格和其他人格特质的基础上，对来访学生学习、适应、升学、就业等方面问题所进行的综合性指导。

教育模式的基本特征是强调对学生心理特点和心理问题的了解，充分发挥咨询师对学生成长的理性导向功能。具体来说，教育模式具有以下几个特征：一是强调来访学生的稳定特征（如遗传因素、智力、经验、人格特质、行为习惯等）对当前行为的影响；二是强调发挥咨询师的指导作用；三是重视对来访学生解决问题和做出决定的技能训练，并使其将学到的技能迁移到实际学习和生活中，以促进来访学生的适应；四是注重信息收集，尤其是有关职业指导方面的信息收集。

（三）社会影响模式

社会影响模式是指在心理咨询中，咨询师依据社会心理学的有关原理，注重咨访双方的社会角色、性别差异、文化素养、价值观念、个性倾向、社会习俗等多种社会因素及社会环境对咨询效果的影响，以提高咨询的成效，巩固咨询的结果。

社会影响模式的基本特征是从人际交往和社会因素方面探讨有关咨询的条件与途径。其具体特征包括以下三个方面：一是注意不同社会文化背景对咨询过程的影响；二是重视个体社会化结果（如咨访双方的价值观念、个性倾向、角色心理、方式等）对咨询过程的影响；三是注重社会环境对咨询结果的影响。

（四）医学模式

医学模式也称为治疗模式，是指在咨询过程中，咨询师站在医师的角度，对求助的心理偏常者给予严格的心理诊断和耐心的心理治疗，并发挥治疗对象在治疗过程中的积极作用，以减轻来访者的心理压力和精神痛苦，促进其心理功能的恢复和协调。

医学模式的基本特征是把咨询看作咨询师和患者之间的治疗关系，采用各种临床心理手段解决来访者的心理偏常问题。其具体特征包括以下三个方面：一是医学模式中的咨询师比一般的心理咨询师更多地考虑临床心理学的使用；

二是注重来访者的自我选择和自我矫治;三是强调咨访双方的体谅、信任、合作和坚持精神。

二、心理咨询的形式

心理咨询的形式多种多样。根据咨询的性质,心理咨询可分为发展心理咨询和健康心理咨询;根据咨询的规模,可分为个别心理咨询与团体心理咨询;根据咨询的时程,可分为短程心理咨询、中程心理咨询和长期心理咨询;根据咨询的形式,可以分为门诊心理咨询、电话心理咨询、信函心理咨询、专栏心理咨询、现场心理咨询和网络心理咨询等。

(一)按咨询的性质分类

1. 发展心理咨询

在个人成长的各个阶段,都可能产生困惑。为了适应新的生存环境,为了选择合适的职业,为了个人事业的成功而进行的心理咨询就是发展心理咨询。

2. 健康心理咨询

当一个精神正常的人,因各类刺激引起焦虑、紧张、恐惧、抑郁等情绪问题,或者因各种挫折引起行为问题时,也就是说,当发现自己的心理健康遭到破坏时进行的心理咨询就是健康心理咨询。

(二)按咨询的规模分类

1. 个别心理咨询

个别心理咨询的形式,是咨询师与来访者建立一对一的咨询关系。咨询活动与来访者所处的社会、集体及家庭环境无直接关系。在内容上,着重帮助来访者解决个人的心理问题。

2. 团体心理咨询

团体心理咨询是在团体情境中向来访者提供心理帮助和指导。它是通过团体的人际交互作用,促使个体在交往中观察、学习、体验、认识自我、探讨自我、接纳自我、调整和改善与他人的交往、学习新的行为模式,以促进个人良好发展的助人过程。团体心理咨询的适用范围相当广泛,可以用于治疗各种神经症,也可用于发展性目标的实现。

（三）按咨询的时程分类

1. 短程心理咨询

短程心理咨询是在相对较短的时间内（1~3周）完成的心理咨询。资料收集和分析集中在心理问题的关键点上，就事论事地解决来访者的一般心理问题。这类心理咨询追求近期疗效，对中、远期疗效不做严格规定。做好这类咨询，要求咨询师思维敏捷、果断，语言要准确、明快，有丰富的临床经验。

2. 中程心理咨询

中程心理咨询是在1~3个月内完成的心理咨询。可涉及较严重的心理问题，要求有完整的咨询计划，追求中期以上的疗效。

3. 长期心理咨询

在遇到严重心理问题或神经症的心理问题时，可采用长期心理咨询，一般用时在3个月以上，应使用标准化咨询方法，要求制订详细的咨询计划，追求中期以上疗效，并要求有疗效巩固措施。对资历较浅的心理咨询师，除要求有详细的咨询计划外，还要求写出案例评析报告。

（四）按咨询的形式分类

1. 门诊心理咨询

门诊心理咨询是在专门的心理咨询机构进行的，包括精神病院、综合医院、学校、科研机构所属的或私人开设的心理门诊和咨询、治疗中心。门诊心理咨询的对象主要是各种神经症、心身疾病、人格障碍、性障碍、情绪失调的病人和存在心理困扰的正常人。门诊心理咨询工作的承担者为心理学家、受过心理咨询训练的医生、心理咨询师、社会工作者等，主要采用和来访者直接面谈的方式。这种方式首先有利于消除来访者的顾虑和心理屏障，咨询可以进行得比较深入、彻底，咨询师也可以根据来访者的具体情况，调整咨询或治疗的策略。门诊心理咨询也可以进行团体咨询，如近二三十年来某些西方国家出现的自助咨询小组，通常由一位或两位心理学专家主持，由六至十二名成员参加，定期进行聚会，经过十几次治疗会谈，借助团体的形成与关系的建立，进行团体的咨询与治疗。团体治疗成员的背景、年龄、性别及所属心理问题可以相似，也可以不同。团体咨询和治疗的最大好处是让团体成员在与人相处过程中消除心理病症和困惑，团体的情感支持、群体的相互学习和正性体验在咨询与治疗中发挥着有益的作用。

门诊心理咨询因具有较好的隐蔽性、系统性，成为心理咨询中最为主要的和最有效的方法。

2. 电话心理咨询

电话心理咨询也是心理咨询的一种常见形式，它利用电话通话的方式对当事人给予劝告、安慰或鼓励、指导。由于电话心理咨询具有方便性、快捷性，故而深受当事人的喜爱。这种形式在国外的主要功能是心理危机干预，故被称为"希望线""生命线"。在我国，由于人们对心理咨询还没有深入理解、公开接纳，电话心理咨询隐蔽性、保密性强的特点便使它成为心理咨询的一种重要形式。电话心理咨询始于20世纪50年代在国外开设的热线电话，旨在防止心理危机所导致的恶性事件，如自杀、暴力行为等，由此，也出现了"危机干预"一词。这类服务的电话号码像火警、匪警电话一样有专用号码，人人皆知。电话中心有专门的咨询人员24小时值班，有条件的还设有流动的急诊小组。另外，近年也出现了一些以心理咨询为名义的收费电话服务。对于这些服务形式，还应做进一步的规范，那些通过电话聊天、解闷或传授一些知识的形式不能算作心理咨询。

3. 信函心理咨询

顾名思义，信函心理咨询是通过书信的形式进行的，多用于距离较远或不愿暴露身份的求助者。帮助者根据求助者来信中所描述的情况和提出的问题，进行疑难解答和心理指导。信函心理咨询的优点是较少避讳，缺点是不能全面地了解情况，只能根据一般性原则提出指导性的意见。求助者的来信往往杂乱无章，所述问题往往过于宽泛，有些甚至超出了心理咨询的范围。因此，一些心理咨询机构在接到求助者的信件时，往往给求助者寄去心理咨询的专用病史提纲，或者相应的心理或行为自评量表，让求助者按规定的形式填写后寄回，这样，可以使信函心理咨询更加规范。由于方法学上的困难，对于信函心理咨询的效果不太好做统计研究，但是实际工作表明，信函心理咨询对于某些求助者还是很有帮助和益处的。对于比较严重的问题，帮助者可以在书信中建议求助者前来当面咨询。

4. 专栏心理咨询

专栏心理咨询是通过报纸、杂志、电台、电视台等传播媒体，介绍心理咨询、心理健康的一般知识，或针对一些典型问题进行分析、解答的一种咨询方式。目前，国内有许多报纸、出版物都开辟了心理咨询专栏，包括一些专门的心理咨询和心理卫生的刊物、医学杂志、科普读物等。许多电台、电视台等也有相关的节目。严格地说，这种形式的心理咨询的作用更多的是普及和宣传相关的知识，而非真正的心理咨询，其优点是覆盖面大，科普性强，缺点是所涉及的对象针对性不强。

5. 现场心理咨询

现场心理咨询是指心理咨询工作者深入学校、家庭、机关、企业、工厂、社区等地方，现场接待来访者。这种形式对于一些有共同背景或特点的心理问题有较好的效果。现场心理咨询发展最深入的是家庭心理治疗，它已经逐渐发展为一种独立的咨询治疗形式。家庭心理治疗把重点放在家庭各成员之间的人际关系上，通过角色扮演等方式了解这个小群体，以整个家庭为对象，发现和解决问题。

6. 网络心理咨询

网络以其极强的保密性、隐蔽性、快捷性及实时性，为心理咨询提供了无限发展的空间。通过网络，当事人能够真正毫无顾忌地倾诉自己的隐私，暴露自己的问题，从而使心理咨询师能够在尽可能短的时间内掌握当事人的基本情况，做出适时的分析判断，并可以通过实时交谈，不断矫正其分析判断，做出切合实际的引导及处理。随着网络技术的不断发展和互联网的迅速普及，网络心理咨询将具有十分广阔的前景。声频、视频咨询特别适合在监狱等场所使用。

第三节　心理咨询的过程及原则

一、心理咨询的过程

心理咨询的过程一般分为开始阶段、指导与帮助阶段、巩固与结束阶段。

（一）开始阶段

开始阶段是心理咨询的第一步，是整个心理咨询的基础。良好的开始是成功的一半，美国咨询心理学家沃尔斯指出，不好的开头会阻碍有效的相互影响。的确，如果开头实在不佳，也就意味着咨询双方关系的终结。一个成熟的咨询师总是非常重视心理咨询的开始阶段，机智慎重地完成这个阶段的工作的。

开始阶段需要完成的任务有三项，即建立咨询关系、掌握来访者的资料及进行分析、诊断。

1. 建立咨询关系

咨询师与来访者必须建立起信任、真诚、接纳的咨询关系。这是心理咨询的起点和基础,这种关系有助于咨询师真实了解来访者的情况,准确确定咨询目标并有效达到目标;对学生而言,基于这种积极的关系,才会与心理咨询师积极合作,对心理咨询抱有热情和信心,从而有助于提高咨询效果。此外,这种积极的关系也给来访者提供了一种良好的人际关系的范例,使其能在咨询环境之外加以运用,提高人际交往的能力。

建立起积极的咨询关系,咨询师担负着重要责任。为此,要求咨询师做到以下几点。

第一,在初次会谈时,咨询师要向来寻求指导和帮助的来访者进行简明扼要的自我介绍。在简短的自我介绍后,可以允许有短暂的沉默,主要目的在于给来访者一个整理思绪的机会,使他能完整地表达自己想说的话。

第二,在初次会谈时,咨询师可以就咨询的性质、限度、角色、目标及特殊关系等向对方做出解释。解释的内容包括时间的限制、会谈的次数、保密性、正常的期望等。对这些问题进行说明,可以减少对方的困惑,消除因此而引发的焦虑,也使对方不致对咨询产生不当或过高的期望。在初次会谈中,有必要澄清保密性的问题:对咨询过程中必要的记录给予说明,对所谈内容和隐私权的保密与尊重做出肯定性承诺,以此消除来访者的戒备心理。

第三,对来访者要热情有礼、耐心慎重,装束整洁得体,行为举止落落大方。初次会谈,来访者往往比较紧张、局促,因此咨询师的态度会对其心理产生很大的影响。热情友好的态度给人以亲切感,可有效拉近双方的距离,特别是他们在受心理困扰时,热情友好的态度本身就是一种力量、一种希望、一种安慰,能在很大程度上降低其焦虑水平。

第四,要建立并保持积极的咨询关系,还需要咨询师掌握一些有效的方法,如无条件的积极尊重、准确的共情和真诚。

2. 掌握来访者的资料

收集与来访者有关的各种资料,通过会谈、观察、倾听、心理测验等方式,了解对方的基本情况及存在的心理问题。

(1)来访者的基本情况

来访者的基本情况包括姓名、年龄、班级、家庭及社会生活背景、自身的生活经历、兴趣爱好、学习生活近况及有无心理咨询经验等。通过对基本情况的了解,掌握其过去、现在等各方面的活动及生活方式。对来访者基本情况的掌握,有助于对其主要心理问题的把握。

（2）来访者的心理问题

认识来访者的心理问题是确定心理咨询目标的基础。这一般比收集基本情况要复杂得多，因为来访者一般心存顾虑，往往不愿直截了当地把面临的心理问题如实暴露出来，或是他们自己也弄不清问题的实质，只是感觉到困扰，希望改变现状。需要了解的心理问题涉及多个方面，咨询师要通过收集有关资料弄清心理问题的性质、持续时间及产生原因。

3. 进行分析、诊断

在收集资料的同时，分析、诊断就已相伴出现；分析、诊断是在收集资料的基础上，进一步明确心理问题的实质、程度及原因，并对其做出正确的评估。分析、诊断包括下列内容。

（1）确定心理问题的类型及性质，考虑心理咨询的适应性

咨询师首先要确定心理问题的性质，是属于学习问题，还是人际关系问题，或者是其他方面的问题；是属于发展性问题、适应性问题，还是障碍性问题。考虑心理咨询的适应性对于心理咨询的实施是十分必要的，这是因为有些问题不属于一般心理咨询能解决的，如器质性疾病，应及时到医院就诊；如精神疾病，应及时转送精神病院接受治疗；如障碍性心理问题，应到综合医院开设的心理咨询门诊接受心理治疗。

（2）分析心理问题的程度，以区别对待

心理咨询的对象有的存在适应性问题，有的存在发展性问题。虽然这两类来访者的心理都正常，但仍然有程度上的差别。前者在学习、生活等方面出现了心理上的不适应，可以通过个别心理咨询等方式予以必要的指导；而后者可能并未对自身的心理问题产生自觉的意识，因此，可以通过心理咨询讲座、课程等方式予以指导与训练。

（3）寻找心理问题产生的原因

寻找原因是诊断来访者心理问题的重要组成部分。造成来访者心理问题的原因是多方面的，需要从两个不同侧面入手，即一般原因分析和深层原因分析。一般原因分析就是针对心理问题形成的生物学因素和心理社会因素进行全方位的搜索。深层原因分析是对产生心理问题的主要心理原因进行剖析。不同的心理咨询理论和方法往往从不同的角度寻找并发现心理问题的根源。例如，精神分析理论重视从无意识的矛盾冲突、幼年生活经历中寻找根源；行为主义理论重视通过对行为的分析发现原因；认知理论认为不良情绪、反应是由认知错误造成的，来访者的非理性认知是其心理问题产生的原因；人本主义理论认为人

有各种需要，而造成心理失调的原因是人的需要不能得到满足，从而自我意识发生扭曲，内在潜能不能发挥出来。如果能够把握住心理问题产生的深层原因，将为心理问题的解决奠定基础。

（二）指导与帮助阶段

经过开始阶段，心理咨询进入了解决问题阶段，即指导与帮助阶段。这一阶段主要完成的任务有三项，即制定咨询目标，选择咨询方案，实施指导与帮助。

1. 制定咨询目标

心理咨询的目标就是心理咨询所追求的结果与所要达到的目的，咨询目标的确立，在咨询过程中有重要的价值。首先，它使咨询双方都清楚地意识到努力的方向，从而不仅能详细制定实施方案，而且可以在实施过程中根据目标对实施方案进行必要的调整。其次，它有助于咨询双方的积极合作。有了明确的目标，可使来访者看到希望，增强咨询信心与动力。由于方向明确，来访者成为主动参与者，使咨询双方能积极合作，协调一致。最后，它使心理咨询的评估成为可能。通过制定咨询目标，来访者可以清楚地看到自己的变化，从而认识到心理咨询在自我成长中所发挥的作用。咨询双方也可以借此评价咨询方案的适用性及确定心理咨询的进展程度。为保证心理咨询的顺利进行，制订咨询目标应遵循一些基本的原则。

（1）必须由咨询双方共同制定目标

制定咨询目标，必须要由咨询师和来访者共同配合、互相交流并最终达成一致。这样制定的咨询目标才比较客观、真实，才能使双方共同努力去实现。共同制定咨询目标，首先要求咨询双方在心理问题的把握和原因分析上取得一致意见，为此咨询师要鼓励并引导来访者全面、深入地倾诉和反映，同时咨询师也必须将自己的认识、看法、结论反馈给来访者。其次，咨询师要引导和鼓励来访者思考和提出自己的要求，坦诚提出对咨询目标的看法。若双方意见有分歧，应认真分析，是表述上的不同还是内容上的差异，是掌握材料不够还是看问题角度不同，是不是局部目标与整体目标存在差异等，在此基础上逐步达成一致。

（2）保证心理咨询目标具有针对性

咨询目标的针对性，即解决心理问题而不是其他问题。在学校心理咨询中，经常会遇到一些不属于心理方面的问题，如学生经济上存在困难、考试不及格等。这些问题虽然使来访者感到不安，但心理咨询的目标只能是帮助来访者调整认知和心态而不是直接解决这些问题本身。

（3）中间目标与终极目标相统一

中间目标是心理咨询过程中所要达到的具体目标，而终极目标则是实现人的心理健康、潜能的充分发掘和人格的完善。实现终极目标的前题是实现中间目标。确定心理咨询的目标，应强调中间目标与终极目标的辩证统一，即咨询双方不仅要解决来访者当前所面临的具体问题，更应该从提高心理健康水平、充分发掘潜能、促进人格发展着眼，把终极目标融于中间目标，以终极目标引导中间目标，通过中间目标的实现达到终极目标的完成。在心理咨询的实践中，要实现两种目标的统一，咨询双方不仅要发现具体的心理问题及引发原因，还要就此发掘其人格特点、心理素质等方面的不足；不仅要使来访者在具体问题上掌握心理调节的技能与方法，而且能使这些技能迁移到类似的情境中去。

（4）心理咨询目标必须具体、可行

来访者的表述有时比较具体、明确，如考试焦虑、失眠问题等，但有时比较笼统、抽象，如希望有较强的学习能力、善于交往等。笼统、抽象的目标大而空泛，既难以操作、落实，又无从对咨询效果进行评估，因此，心理咨询很难进行。这就需要咨询双方经过商讨，共同将抽象的目标具体化，将模糊的目标清晰化。总之，咨询目标必须具有可行性。

2. 选择咨询方案

咨询方案包括咨询方法及为实施这些方法而制订的具体计划。解决来访者心理问题的方法是多种多样的，有许多咨询方法可供利用，如"支持与安慰""内省与领悟""训练与学习""疏导与宣泄""暗示"等。每种咨询方法对解决心理问题均有一定的针对性，并有其相应的实施过程。选择咨询方案，首先要根据心理咨询的目标选取相应的咨询方法，然后按其实施过程的要求制订具体的操作计划。选择咨询方案应明确下列内容。

第一，所采取的咨询方法的目标。

第二，该方法的实施要求，即该做什么，如何去做，以及不做什么。

第三，该方法是否能达到预期的目的。

第四，告诉来访者必须对心理咨询的过程抱有足够的耐心，这些方法不可能立即产生效果，所有的改变都是循序渐进的。

3. 实施指导与帮助

实施指导与帮助，不同的咨询方法有不同的要求与做法。例如，可灵活运用鼓励、指导与解释，对来访者的积极方面给予真诚的表扬、鼓励和支持，增强来访者的自信；可以直接指导来访者做某件事、说某些话，或以某种方式行动；可以通过解释，使来访者从一个全新、全面的角度面对自己的问题，重新认识自己及周围的环境，从而提高认识能力，促进其人格的完善和问题的解决。

（三）巩固与结束阶段

经过前两个阶段咨询双方的共同努力，基本达到既定的咨询目标后，即进入心理咨询的巩固与结束阶段。这一阶段心理咨询的工作主要是巩固效果和追踪调查。

1. 巩固效果

巩固已取得的咨询效果是结束咨询之前必须完成的一项任务。具体工作有以下几项：

第一，咨询师应向来访者指出其已经取得的成绩与进步，说明已基本达到既定的咨询目标。咨询师和来访者对此应达成共识，使来访者认识到自己的进步，对他不仅是巨大的鼓舞，也是一种暗示，即预示着心理咨询的过程即将结束，使来访者对此做好心理准备。为此，咨询师应耐心、具体地分析来访者所取得的成绩，指导来访者真正认识到自己的进步。

第二，咨询师应和来访者一同就其心理问题和咨询过程进行回顾总结，重新审视来访者心理问题的前因后果，以及据此确定的咨询目标、咨询方法和咨询过程中出现的问题等，对前两个阶段进行总结，这有助于帮助来访者加深对自己问题的认识，总结咨询经验，了解努力的方向，获得有益的启示。这种总结本身就具有巩固、优化咨询效果的意义。总结最好通过咨询师的启发由来访者做出。

第三，指导来访者巩固已有的进步，将获得的经验运用到日常生活中去，并逐步内化为来访者的观念、行为方式和能力，使之能独立有效地适应环境。应指出从学习"经验"到运用"经验"尚有一段距离。通常来访者在咨询师的指导下，在特定条件下能表现其习得的经验，但当其独立面对实际生活环境时，又显得难以应付。这既有经验掌握尚未牢固的原因，也有其自信心不足的心理因素。能否顺利完成这一过渡，是能否实现"结束"咨询的前提条件。

2. 追踪调查

为了了解来访者能否运用获得的经验适应环境，进而最终了解整个咨询过程是否成功，咨询师必须对来访者进行追踪调查。追踪调查应在咨询基本结束后的数月至一年间进行。时间过短，调查结果的真实性难以保证；时间太长，亦不能及时了解情况，发现问题，同时也增加了调查工作的难度。在心理咨询中，追踪调查可采用以下方式进行。

（1）填写信息反馈表

信息反馈表一般是由心理咨询机构统一印制的，咨询师应嘱咐来访者定期填写并反馈给咨询师。

（2）约请来访者定期前来面谈

咨询师与来访者面谈是直接了解咨询效果的有效方式。这种方式获得的信息量大，容易深入，也便于咨询师及时察觉问题，并适时予以进一步指导。

（3）访问他人

向了解来访者学习、生活等情况的人，如其父母、同学、关系密切的朋友等了解来访者现在的适应状况。这种做法一般比较客观。如果能将这种方式所获得的信息与其他方式反馈的信息综合起来考虑，得出的结论将更全面、真实。运用这种方法时，必须注意维护来访者的利益，保护其自尊和隐私，注意保密原则，因此，有时需要以间接、委婉的方式进行。

经过追踪调查，可能会有几种不同的结果：一是咨询效果显著，即来访者的问题已经解决，此时可结束心理咨询；二是咨询有效果，但问题尚未完全解决；三是咨询效果不佳，问题基本没有解决。若是后两种情况，则应继续咨询。

二、心理咨询的原则

心理咨询的原则是咨询工作中应遵循的根本要求，是有效地为来访者排忧解难，帮助来访者自助自强的基本保证。心理咨询的基本原则可以从以下三方面来界定：

（一）职业要求的原则

心理咨询是一项专业性很强的工作。它既是一门科学，又是一种特殊的职业，在伦理道德等方面有着严格的要求。咨询人员必须恪守有关原则，这是心理咨询的首要前提。

1. 保密原则

心理咨询是人与人之间心灵的沟通，也是人际交流的艺术。当来访者将自己埋藏心底的困惑与苦恼讲述给咨询师时，他希望对方理解他的心境，分担他的痛苦，还希望对方不要将自己的隐私和心事告诉他人，以防被人嘲笑。因此，保守秘密既是职业道德的要求，也是咨询能有效进行的最起码、最基本的要求。这是心理咨询与一般朋友之间交流的重要差别，也是专业心理咨询与非专业心理咨询的分水岭。对此，应注意以下事项：

第一，来访者的资料绝不能当作社会闲谈的话题。

第二，咨询师应小心避免自己有意或无意将个案举例，来炫耀自己的能力和经验。

第三，咨询师不应将个案记录档案带离服务机构。至于在工作场所，亦要小心保管，避免放错地方，遗失或置于他人可翻阅的地方。

第四，咨询师所做的记录不能视为公开的记录而任人查阅。

第五，若必需，资料传阅之前，必须经当事人同意。如果来访者可能危及他人或危及自己的生命（自杀、他杀等），必须与有关人员联系，采取保护措施。此外，由于教学与研究的需要，咨询内容需要公开时，必须隐去全部可辨认的来访者的信息。

2. 中立原则

咨询师在心理咨询中应始终保持不偏不倚的立场，确保心理咨询的客观与公正，不得把自己私人的情感、利益掺杂进去，保持冷静的、清晰的头脑，咨询过程中，不轻易批评对方，不把自己的价值观强加于对方。

3. 信赖原则

咨询师应以满腔热情、真诚的态度，从正面、积极的角度来审视来访者的问题与错误表现。它是信任与接纳的化身，若要尊重与接纳每一个来访者，则必须相信每个个体都具有独特的潜能，重视每个个体的价值，这样才能采取正面、积极的审视态度引导来访者的转变与成长。

（二）心理咨询活动中应遵循的原则

心理咨询过程中咨询师应坚持一些基本原则，是否遵循这些原则直接影响心理咨询是否有效。

1. 理解与支持原则

此项原则要求咨询师设身处地地去感受来访者的内心体验，以深刻了解其精神痛苦和行为动机。从专业角度来看，这种真诚理解是同感的基础。咨询师对来访者的自我反省与转变的努力予以及时的肯定与支持，可使他们深受鼓舞，改变对自我的认识，这将有助于来访者解除心头的郁结，从而获得鼓励和自信心。

2. 疏导与启发原则

咨询师应该对来访者的失调情绪进行合理疏导，给予适当的安慰，对咨中来访者表现出的积极因素及时给予肯定。同时强调启发性，引导来访者正视自己面临的问题，启发他从多种角度思考问题，自觉采取适当的态度，提高独立性。

3. 耐心细致原则

耐心细致原则要求咨询师对来访者的行为转变做长期的思想准备，不因一时一刻的挫折与反复而失去对来访者的信心。由于心理咨询难度大，收效慢，来访者的自我反省与转变会因各种内、外界的因素而出现反复。因此，心理咨询不可能是一日一时之功，需要咨询师采取积极的态度与来访者沟通。

4. 非指示原则

人本主义流派认为心理咨询主要不是一种外部指导或灌输关系，而是一种启发与促进内部成长的关系。相信每个人都有成长的巨大潜力，通过咨询激发潜力，不能对来访者的行为简单地进行解释，明确地告诉他应该怎么办，不应该怎么办。非指示原则要求咨询师在咨询过程中对来访者绝对尊重、接纳，竭力推动对方去独立思考，从而强化其自助能力，避免直接出谋划策。

5. 预防性原则

当发现来访者的心理矛盾可能向心理疾病发展时，咨询师应加以提醒，提早预防。

（三）应用咨询方法应遵循的原则

目前世界上心理咨询的方法达 400 种。至今各种理论流派仍层出不穷。一般认为，按心理咨询与治疗的方法所依据的理论分类，大致有三大类，即精神分析法、行为主义疗法和人本主义疗法。其他的方法可视为这三大类的派生物或结合物。因此，在运用心理咨询的方法时应遵循以下基本原则。

1. 综合原则

在实际心理咨询实践中，至今还没有任何一种方法能取代其他方法，因为所有咨询方法各有长短，各自适用于不同的情况。部分学者认为咨询师需要多种方法结合运用，在了解多种方法的各自特点之后，根据来访者的具体情况，选择合适的方法。也有人主张在咨询的初期多用人本主义疗法，咨询中期多用精神分析法，咨询后期多用行为主义疗法。

2. 发展性原则

人的心理活动始终处在动态过程中，心理咨询也是不断发展变化的过程。

咨询师要用发展变化的观点看待来访者，选择和运用的方法要有助于来访者的成长发展，根据实际情况随时调整方法。

心理咨询和心理治疗虽有区别，但本质上是相通的。咨询过程本身就有一定的治疗意义，而治疗也离不开必要的咨询过程。因此，在咨询中，咨询师不仅要帮助来访者分析心理问题产生的原因，使其有所领悟，同时也要采取必要的措施，使心理咨询更加有效。

第四节　心理咨询的会谈技术

一、倾听技术

（一）专注与倾听

专注与倾听技术是指在咨询过程中，咨询师的语言与非语言行为反映出咨询师正全神贯注地聆听来访者的语言表达，细读来访者的非语言行为，关切、同情与重视来访者的遭遇，愿意伴随来访者了解问题的始末。

咨询师的专注与倾听可分为两个层面：第一个层面是指咨询师身体的专注与倾听，第二个层面是指咨询师心理的专注与倾听。咨询师身体的专注与倾听包括五个基本要素，即面对来访者，身体姿势开放，身体稍微倾向来访者，良好的目光接触，身体放松。

1. 专注与倾听技术的适用时机与注意事项

在咨询过程中，不管在哪种情况下，咨询师都需要表现出身体与心理的专注与倾听。所以，专注与倾听技术适用于整个咨询过程。咨询师使用专注与倾听技术时，必须跟随来访者语言与非语言行为的变化，随时调整自己的语言与非语言行为，以表明咨询师的专注与倾听。

2. 专注与倾听技术的功能

咨询师的专注与倾听能建立良好的咨询关系，鼓励来访者放开自己、坦诚表白，通过聆听与观察来访者的语言与非语言行为，深入其内心世界。

（二）询问与追问

咨询过程中询问与追问是必要的，不仅可以加快咨访关系建立的进程，而且可以让来访者来不及掩饰和撒谎。虽然会谈中倾听非常重要，但适当的提问会让来访者感受到咨询师的认真负责。对于情绪激动或思维混乱的人来说，探索与提问还可以帮助他们稳定情绪，整理思维和内部语言。

使用询问与追问技术应注意以下几点：

1. 多用开放式提问，少用封闭式提问

通过开放式的提问，咨询师可以了解与问题有关的具体事实，来访者的情绪反应、看法及推理过程等。

2. 开放性的问题要慎用"为什么"

因为有时来访者对问题的原因并不很清楚，或感到难以表达；有时对问题原因的解释可能会触及其秘密和隐私，这时的咨询关系还不够成熟，就不能保证其回答的真实性，反而会为以后的咨询或治疗带来困难。

3. 封闭式提问不可连续使用

一连串的"我问你答"，易使来访者感到对方主宰着会谈，而把解决问题的责任转移给咨询师；来访者往往变得沉默，不问就不说话，停止自主探索，甚至降低对咨询师的信任度。

4. 使用"轻微鼓励"

轻微鼓励是指在谈话过程中，咨询师借助一些短语或复述来访者谈话中的一两个关键词或语气词，或用点头、注视等表情动作来支持对方往下说。

5. 不要连续提问

如果提问后来访者说出一些重要的信息，咨询师应该做出同感反应，而不要再接着提问，因为同感能促使来访者进一步探索自己。

6. 要善于运用积极性提问

积极性提问是指能使来访者以积极心态进行回答的提问。

7. 避免判断性提问

带有判断性的提问往往包含着咨询师本人对来访者的某种评价，来访者就会认为咨询师不理解他。

（三）重复

所谓重复，就是咨询师就来访者描述的内容，选择重要的部分将该部分重复一次，让来访者就讲述的部分做进一步说明，或是顺着重复内容的方向继续会谈。

来访者叙述的内容开启了一个谈话的方向，咨询师的重复可以将谈话引导到某个关键的问题上，并且深入探讨。

1. 重复技术的适用时机及注意事项

重复技术可以用于咨询过程的任何阶段。咨询师重复的内容，必须是来访者的话而不是咨询师自己的重复，是来访者叙述中的关键主题和来访者此时此刻的感觉及想法。通常而言，来访者叙述中最后面的信息，一般是最重要的，咨询师可以选择那部分进行重复。

2. 重复技术的功能

第一，协助咨询师进一步了解来访者。

第二，协助来访者进一步了解自己。

第三，决定谈话方向。

（四）面质

面质，也称为对峙或对立，是指咨询师当面指出来访者自身存在的情感、观念、行为的矛盾，促使其正视这些矛盾的一种语言表达方式。咨询师实施面质的目的并不在于向来访者说明他说错了什么话或做错了什么事，不是"指出错误"，而是"反射矛盾"。前者的重心落在纠正错误上；后者的重心则落在讨论问题、帮助当事人上。由于心理防御机制的作用，有些来访者不愿意承认自己的无能或失败，在谈及自身的问题时显得躲躲闪闪，不肯正视现实。面质的目的就在于协助来访者认识自我，鼓励他们消除过度的焦虑，正视自己的问题，从而使问题得到妥善的解决。

礼貌、适时地指出来访者提供的虚假信息会让来访者感到咨询师的真诚、负责和良好的职业技能。面质有点类似日常所说的"揭穿"。

美国心理辅导专家伊根指出，面质已日益成为心理辅导的核心部分，它促使来访者发现其言行中的种种自我挫败表现，并努力加以克服。面质的意义不在于否定对方、贬低对方、教训对方，而在于启迪对方、激励对方，使对方学会辩证地看待当前所面临的问题。因此，在心理咨询中运用面质是非常必要的。

1. 面质的意义

第一，有利于澄清来访者情感、观念及行为上的矛盾，使咨询师把握来访者真正的感受。有些来访者存在防卫心理或者对自己的情感、观念比较模糊，因此，可能出现前后的言行或情感不一致。这时咨询师需要使用面质，使来访者明确自己的言行或情感。只有这样，才能进行下一步的咨询。

第二，有利于来访者认识自己对他人和事物的理解、要求及与现实的差距，促使其自我思考，勇敢面对现实，从而做出行为或认知上的改变。有些来访者在认知上存在误区，他不愿承认现实，不愿承认自己的不足，经常在自己的精神世界里，这样做虽然使他的自尊心免受打击，但是从长远来看，有可能会给他带来更大的伤害。因此，这个时候需要面质，使他能够正视现实。

第三，有利于来访者认识到自己认知方式与思维方法的误区，消除其认知方式中的某些片面性与主观性。正如认知疗法的主要代表人物贝克所说："适应不良的行为与情绪，都源于适应不良的认知，因此，行为矫正疗法不如认知疗法。"可见，来访者在认知方式与思维方法上存在的误区，会造成行为及情绪上的问题，但是来访者却认识不到这种误区，这时就需要应用面质来使其意识到这种误区的存在，从而进行调整。

2. 使用面质的注意事项

第一，面质必须以良好的咨访关系为基础，以充分接纳来访者为前提。因为面质所涉及的问题对来访者来说可能具有刺激性，有一定程度的威胁，有可能伤害来访者的自尊心，甚至导致危机的出现。有了良好的咨访关系，来访者在理智上就不会把面质理解成咨询师对他的一种攻击。只有充分接纳来访者，咨询师才能在面质中充满真诚，降低或避免面质可能造成的伤害。

第二，面质要有事实根据，事件必须具体、明确。面质之前，必须仔细倾听来访者的叙述，充分把握各种信息，明确来访者的矛盾之处，这样才能做到有的放矢；避免对事实了解不充分时使用面质，否则容易给对方造成小题大做、专门找碴儿的误解，从而会影响咨访关系，影响咨询效果。

在使用面质时，必须具体明确地指出语言与非语言信息、前后看法差异或矛盾之处。若咨询师不能明确指出差异或矛盾，则来访者可能会认为咨询师刁难而产生抗拒或争辩。咨询师应审慎觉察差异与矛盾症结，以便让来访者心服口服。

第三，以尝试、试探的态度进行面质，且应避免辩解。用尝试、试探的态度进行面质，会给来访者留有余地，使他在心理上容易接受，不至于产生逆反心理。比如用"不知道我的感觉对不对，你好像把责任都推给了她，自己是不是在整个事件当中一点责任都没有"这种语气去面质要比用"我认为，你在这个事件中也应负一定的责任"这种语气要委婉得多，从而使来访者更容易接受，进而反思。

咨询师面质以后，来访者可能会寻找种种借口拒不承认，这时候咨询师不应辩解，而应该倾听来访者的叙述，寻找机会进行下一次面质。

第四，面质不宜一步到位，而应循序渐进地进行。咨询师在充分地发现来访者心理上存在的矛盾或误区之后，如果直接指出他的矛盾所在，就会令来访者措手不及，无法从心理上接受，并产生防御心理，矢口否认。如果循序渐进、一步步地使他接受，到最后就会水到渠成。

第五，澄清也是一种技巧。咨询师对已经发现的破绽要及时予以澄清，切忌自圆其说。从事心理咨询的新手总是不敢澄清事实，担心来访者觉得自己没有被充分尊重，这也是有一定道理的。如果在澄清前问"你介意我这样理解吗"等一类的话，就可以较好地消除误会和减轻彼此之间的压力了。

（1）澄清的目的

澄清是让来访者表达的信息更加清楚，并确认咨询师对来访者知觉的准确性。澄清的目的如下：

第一，鼓励来访者更详细地叙述。

第二，核查来访者所说事情的准确性。

第三，澄清含糊、混淆的信息。

（2）澄清的基本步骤

第一，要确认来访者的言语和非言语信息的内容——来访者告诉了咨询师什么。

第二，确认任何需要检查的含糊和混淆的信息。

第三，确定恰当的开始语，要使用疑问（不是反问）的口气。

第四，要通过倾听和观察来访者的反应来评估澄清反应的效果。

二、反应和参与技术

（一）内容反应技术

内容反应，又称为释义、简述语意，是咨询师简单扼要地用自己的话将来访者所表达的内容回应给来访者，以确定他是否能正确地理解来访者，是否抓住了来访者关注的重点，以及引导谈话至重要方向。

1. 内容反应技术的适用时机及注意事项

内容反应技术可以用于咨询过程的任何阶段，但是适当的时机才是最重要的。咨询师所简述的内容，不要过多也不要太少，同时尽量使用自己的语言，不要重复来访者的话。

2. 内容反应技术的功能

第一，协助建立良好的咨询关系，激发来访者咨询的动机。

第二，协助来访者了解自己。

第三，将谈话转移到重要的方向上。

（二）情感反应技术

情感反应技术是指咨询师辨认来访者语言与非语言行为中明显或隐含的情感，并且反映给来访者，协助来访者觉察自己的感觉。

在咨询过程中，情感常被视为咨询的重要因素。以情感为取向的咨询治疗学派认为，协助来访者觉察感觉和表达情感是促使来访者产生顿悟、解决问题的关键因素。

1.情感反应技术的适用时机及注意事项

情感反应技术可以用于咨询过程的任何阶段，但是适当的时机才是最重要的。咨询师使用情感反应技术时，首先要辨别来访者的情感，然后将该情感反映给来访者。如果来访者的叙述包含一种以上的情感，咨询师必须将不同的情感反映给来访者。

2.情感反应技术的功能

第一，促使来访者觉察情感。

第二，协助来访者重新拥有自己的感觉。

第三，使咨询师正确地了解来访者，或使来访者了解自己。

第四，建立良好的咨询关系。

（三）通情达理技术

通情达理技术就是聆听来访者叙述，深入来访者的内心世界，以感同身受的方式体验来访者主观的想法与情绪，把关切的理解传递给来访者。这里的通情达理也被称为同理心或共性。

通情达理技术分为两类：一类为初层次通情达理技术，另一类为高层次通情达理技术。咨询师使用初层次通情达理技术时，回应的内容是来访者"明确表达"的感受与想法。咨询师使用高层次通情达理技术时，回应的内容是来访者叙述中"隐含"的感受与想法，所以高层次通情达理技术可以协助来访者了解自己未知或逃避的部分。

1.通情达理技术的适用时机

（1）初层次通情达理技术的适用时机

初层次通情达理技术的回应，是顺着来访者的思考方向，反映来访者的感觉与想法，让来访者感到被支持、被了解，所以能够帮助咨询师与来访者建立良好的关系。由于在咨询初期，咨询重点放在与来访者建立良好关系上，所以初层次通情达理技术虽然适用于咨询的任何阶段，但是更适用于咨询初期。

（2）高层次通情达理技术的适用时机

高层次通情达理技术适用于咨询的中、后期，即当咨询师与来访者已有良好关系时。在咨询中、后期，咨询的重点在于协助来访者探讨问题的根源，这时候咨询师的回应目的在于协助来访者觉察未觉察或逃避的想法和感觉。如果咨询师与来访者没有良好的关系，来访者在高层次通情达理技术的挑战之下，必然穿上防卫的盔甲，让咨询陷入僵局。

2. 通情达理技术的注意事项

第一，咨询初期，咨询师必须尽量使用初层次通情达理技术，以帮助自己与来访者建立良好的关系。即使咨询师已看到来访者问题的症结，或是觉察到来访者的逃避、隐瞒行为，仍然只能使用初层次通情达理技术。

第二，在咨询的中、后期，咨询重点放在协助来访者探讨问题的根源上，通常以高层次通情达理技术为主。但是有时为了配合来访者认知情绪与行为的改变状况，仍然可以配合使用初层次通情达理技术。

第四，咨询师使用通情达理技术时，回应的内容必须反映来访者语言与非语言行为中蕴含的信息。

三、影响与引导技术

（一）解释

解释是指咨询师运用有关的心理学理论来说明来访者思想、情感和行为的实质、发展过程及原因、影响因素等，促使其从一个新的角度，借助理论知识来加深对自身的认识和理解，进而做出积极的改变。解释的内容主要包括是否有心理问题及其性质，心理问题的主要原因及演变过程，心理咨询的过程、方法和效果等。

解释被认为是一种非常重要的影响技术，是面谈技巧中最复杂的一种，是一项富有创造性的工作。咨询师解释水平高低在很大程度上取决于理论联系实际的程度。运用解释时要注意以下几个方面：

第一，咨询师在进行解释时，首先应了解情况，把握准确，否则解释势必偏离方向。如果咨询师对来访者的问题还没有足够的把握，就不宜随便地发表看法，更不能做缺乏科学性的随意的解释，而只能采用咨询技能来进一步把握问题。

第二，咨询师应明了自己想解释的内容是什么，若自己也模糊不清或前后矛盾，则效果就差，甚至起反作用。有些咨询师凭感觉和经验知道来访者的问题所在，但难以从理论的高度给予系统的分析解释，他们的解释或过于表面化，或叙述不清，或缺乏说服力。这就需要咨询师提高理论修养，否则会影响咨询效果。

第三，做解释是必要的，但应该是必要的解释。咨询师应视情况而做出合适的解释。也就是说，咨询师掌握的信息并不一定都要告诉来访者，因为有些解释会增加来访者的心理负担，或导致来访者更加不能很好地理解问题的实质，或增加与来访者信奉的理论的矛盾，或不利于来访者面对现实。解释的原则是要有利于咨询的顺利进行，有利于来访者问题的解决。解释不宜多用，一般来说，一次会谈中运用得当的解释不应超过三个，这是因为解释过多往往会使来访者感到难以接受。

第四，要灵活地运用解释技巧。这里应考虑的因素有文化程度、理论修养、个性特征、领悟能力、问题特征、理论特点。解释应因人而异。例如，对受教育程度较高的来访者，解释可以系统、全面些，而对受教育程度较低的来访者，解释则应尽量通俗、浅显。

第五，咨询师的解释不能强加在来访者身上。一方面不能在来访者还没这种心理准备的时候就匆忙地予以解释，过早解释往往会使来访者不知所措，难以接受；另一方面不能把来访者不同意或有怀疑的解释强加在他的身上。即使解释合理，但如果对方一时不能接受，咨询师也应分析其中的原因，不能以权威自居，强迫来访者接受解释。

（二）潜能激发

潜能是指人具有的但又未表现出来的能力。正是因为潜能的隐蔽性，许多人并不能够有效地认识和开发自己的潜能。

潜能分为生理潜能和心理潜能。潜能的发掘和发挥都存在着心理因素。人通过提高认识，掌握学习技巧，培养感受力、领悟力及坚强的意志等方法都能够发挥人的生理、心理潜能。因此，从广义角度上讲，任何潜能都属于心理潜能。

对于心理潜能，人们一般都狭隘地理解成意志的激发。的确，意志最能够体现人的意识能动性，有恒心、有毅力、有信心的人往往能够做到很多看起来不能做到的事情。但是，心理潜能不仅仅是意志的激发，任何心理活动都还有相当多的能量没有被挖掘。这也就是说，在一般情况下，任何心理活动都存在着潜能，这些潜能往往能够通过特殊的训练逐步释放出来。例如，某人记忆力不好，经常丢三落四，特别是对人名、电话号码等很难记住，在记忆力测试中得分远不如一般人。但是，由于采用系统学习法，尽可能以整体模块打开记忆通道，学到的东西或用心记忆时记住的东西就比别人多得多。

世界是广泛联系的，可以把广泛联系作为心理潜能激发的第一步。联系是人的需要，心理学中著名的感觉剥夺实验并不是完全的感觉剥夺，但已经让人无法忍受，足以证明这一点。

对于绝大多数人来说，能力发展是不均衡的，潜质也不均衡。每个人发挥自己能力的前提就是开发自己的潜能。

既然每个人都有潜能，咨询师在咨询过程中就可以想方设法地激发来访者的潜能，最终达到帮助来访者成长的目的。

（三）指导

指导被人们认为是最具有影响力的技巧。指导，简而言之，就是告诉来访者做某件事。指导最直接的形式是咨询师让来访者做某些事或说某些话，或以某种方式行事。咨询师还可以引导来访者进行想象（人本主义的治疗），指导来访者进行放松训练（行为治疗），教以某些特定的行为方式（决断训练）或使来访者进行自由联想（心理分析理论），等等。这些都是咨询师的指导行为，甚至让来访者完成一定的家庭作业也可归入指导行为的行列。

指导技巧与解释一样，与各学派的理论联系紧密，不同的理论可能会运用不同的指导技巧。咨询师可在掌握了基本的倾听技巧和各种理论模型之后进一步研究这些影响技巧。

由于指导技巧繁多，又与理论密切相关，现仅列举几种不同类型的指导方式，使大家对指导技巧有个大致了解。

1. 指导的改变

如咨询师对来访者说"请把你所说的'我应该怎样'改为'我希望怎样'，把'我干不了'改成'我可能干不了'"。这里所举的例子与认知疗法理论相联系，认为来访者所说的是与其想法、认知相关联的，改变其认知才能改变其行为；从行为入手进行改变，就会对其认知产生影响。这里是从改变言语行为入手的。如把"我应该"换成"我希望"，在程度上有明显不同。如一个大学生认为"我的学习在班里应该是最好的"，这种想法导致其走向极端，当现实情况与其想法不符时，极易产生心理问题。而在咨询师的指导下，把这句话改为"我希望自己的学习在班上是最好的"，目标未变，客观效果却大不一样。当一个人说自己什么事情也干不了时，很可能放弃尝试的努力，而说"我可能干不了"时仍有努力尝试的积极含义在。这种言语改变的指导在行为学派的"决断训练"中也常见到。如有的人怕说一些会使别人可能远离自己的话,但不说自己利益又会受损,像有些人借了钱一直不还,而自己急需用钱又不敢去要,咨询师就可用指导技巧教其怎样去说。

2. 特殊的建议或指示

特殊的建议或指示在我国的心理治疗工作中常常采用。如来访者有考试焦虑,咨询师可能会建议其修改每日复习功课的计划,不要过度疲劳,每天坚持体育锻炼等。或者有的来访者喜欢把每天的事情拖到第二天才做,这时咨询师就会要求来访者今日回去做一件事,做完就奖励自己,没做则给自己以某种形式的惩罚。

3. 自由联想式的指导

"带着这种情绪进行联想,回想一下你儿童时代的经历""保持这种情绪进行联想。现在告诉我,你最先想到的是什么"这可能是咨询师的常用话语,以指导和帮助来访者按心理分析的理论模型寻找问题的根源。

4. 角色性指导

角色性指导有角色扮演、角色颠倒练习和固定角色练习等。角色扮演在行为治疗中很常见,让来访者扮演自己当时的情况,咨询师再进一步给予指导。咨询师会要求来访者,"现在我们来重演一下当时的情景"。角色颠倒的情况与角色扮演类似,但来访者不是演自己而是扮演另一个与自己有关的人。固定角色则是人本主义心理治疗中的技术之一。咨询师让来访者在一段时间内,以不同于他原来的情况的角色出现,以此让来访者获得不同以往的新体验。

5. 训练性指导

训练性指导种类极多,如放松训练、决断训练、系统脱敏训练等。在训练之前和训练过程中,咨询师都会对来访者提出要求,指导他们做什么,不要做什么等。这种指导多见于以行为治疗理论为指导的心理治疗。

对指导的上述介绍仅是挂一漏万的举例而已。指导技巧对来访者影响很大,适当运用定会有收效。但采用指导技巧一定要注意,要在与来访者建立良好关系的基础上进行,否则将会事倍功半,收效甚微。有许多咨询师重视来访者提出的问题,而不重视来访者本人,这就容易形成在消极的基础上进行指导的局面。另外,我国的咨询师在采用特殊建议与指示性指导时,对某些思想活跃的青年人应特别注意,不要以权威身份强令对方执行,以免引起对方反感而中断治疗。

6. 提供忠告与信息

提供忠告与信息是一个非常有用的影响技巧。咨询师借助为来访者提供建议给予指导性的信息，或为其提供具有指导意义的思想观点等来帮助来访者。这样做起到了为来访者提供新的信息的作用，对来访者的思维与行动具有潜在的影响。

提供忠告与信息等在职业心理咨询中更为重要。此时作为咨询师，就必须为来访者提供有益的忠告，因为咨询师所具有的有关信息正是来访者所需要的。我国职业咨询由于社会需求将会逐步兴起，有关职业需求等方面的重要信息将是咨询中咨询师帮助来访者的基本依据。

为来访者提供忠告与信息等在心理治疗会谈中是必要的，但这些技术却可能给会谈带来潜在的危害。例如，为来访者提供忠告与信息要完全以其利益为出发点，并且尽可能使对方了解咨询师提出有关忠告的根据。如果对方不以为然，咨询师应重新检查自己对对方的问题和想法的理解，帮助其另立解决方案。切不可认为自己所提忠告就是最好的。有时咨询师可能是站在自己的立场上看问题的，并未真正了解对方的苦衷；还有一些时候，咨询师提供的忠告对方一时不能体会其中的好处，因而并不接受。不论属于何种情况，咨询师都应冷静对待，仍以对来访者负责的态度继续进行会谈。

在提出忠告的措辞方面也应注意，可以采用这样的词句，如"如果那样的话可能会对你更好，如果我是你的话，我可能会……"等。措辞生硬可能会使来访者产生抵触心理，而委婉的话语易于被对方接受，进而可能对其产生影响。

另一点需要注意的是，忠告或建议可能会因使用过多而失效。因此，使用这些技术时应持慎重态度。在大多数情况下，要在对方询问咨询师的意见时再给予忠告和建议，一般不应主动提出过多的建议。即使咨询师是出于好心，为对方好，但如果对方没有这种要求就可能像送的钥匙对不上对方的锁一样无用。此时对方可能会说"你说的是对的，但是……"，在这种情况下，咨询师就应该检查一下自己会谈的方式了。如果问题真的出在自己提了过多的建议上，那么可以马上改用倾听技巧，向对方提出问题或做一说明以给对方进一步解释的机会。例如，咨询师可以这样发问"你觉得这种方法对你起不了什么作用，那么你觉得什么方法可能更适合于你呢"，或者"你认为这样不行，解决不了你的问题，那么你希望我们给你些什么样的帮助呢"。

（四）自我袒露

咨询师适当的自我袒露是一种行之有效的诱导技术，来访者会因为咨询师的坦诚而减轻压力，作为回报他会在会谈中述说真情。自我袒露有利于来访者获得安全感，降低防范，减少他们的焦虑情绪，同时也表明咨询师的真诚。但不失时机地自我揭露反而会让来访者觉得咨询师浅薄无知，不值得自己信任。咨询师过多地自我揭露也会占用会谈时间，这不利于当事人继续倾诉。一般来说，当来访者讲述一段自认为非常"隐私"的案由后，咨询师应当做出回应，这样就有利于来访者继续讲出真实的情况。

有些人在与别人交往时，总喜欢把自己的真实思想、情感和需要掩盖起来，在他们看来，一切是那么无聊，令人厌倦。他们往往持一种孤傲处世的态度，只注重自己的内心体验，他们的行为和习惯有时令人难以理解。这种人与外界交往的失败就在于他们在心理上建立了一道屏障，把自己封闭起来，不与别人沟通。因此，他们只有增加自己的"透明度"，敞开自己的心扉，才能用热情、坦诚去赢得别人的理解。

（五）影响性摘要或总结

1. 总结的目的

第一，把求助者的信息连接在一起。

第二，确定一个共同的主题或模式。

第三，打断多余的陈述。

第四，回顾整个过程。

2. 总结的步骤

第一，关注和回忆求助者表述的信息，并在心中复述这些信息。

第二，通过向自己提问题来识别信息中存在的明显模式、主题或多种元素。

第三，使用所选择的语句和词汇描述信息中的主题，把多种因素联系起来，将总结告知求助者。

第四，通过倾听和观察求助者对结论是肯定还是否定等来评价总结的效果。

四、非言语技术

会谈，顾名思义就是会面和谈话。在这里，会谈中的双方不仅仅通过谈话交流，会谈双方视线的接触和身体的姿势等也成为会谈中交流的要素。

（一）目光接触与身体语言

在会谈中，咨询师与来访者视线的接触及咨询师的身体姿势动作所构成的身体语言，是区别一个咨询师是否成功的重要因素。一旦咨询师要参加某个会谈，就应注视着自己的会谈对象，一直保持与会谈对象视线的自然接触，表示出对他的关注。

我们常听到这样的一句话"眼睛是心灵的窗户"。当我们注视着对方时，我们可以了解到对方更多的情况，反之亦然。当来访者在讲话时，咨询师注视着对方的双眼，对方同样也可以了解咨询师。他们可以得到这样的信息，即自己的话是否被咨询师认真听取，是否能被接受，是否可以被理解。咨询师对对方的共情与理解、尊重与关注等信息均可以从其目光中传达给对方。视线接触就是要求咨询师注意自己的目光。如果对方在谈话，咨询师却在那里看着不相干的东西，或者东张西望、目光散漫，这给对方的信息一定是消极的。

那么，在会谈中咨询师的目光怎样安排比较合适呢？我们的建议是，当咨询师倾听对方的谈话与叙述时，目光可直接注视着对方的双眼；当咨询师在讲话解释时，这种视线的接触可比听对方谈话时少些。也就是说，对方讲话时，一定要用目光表示自己的关注；咨询师谈话时，有时视线可以短时间离开对方。

人类的身体语言是极为丰富的，如站立的姿势、坐着的姿势、举手投足都可包括其中。人们在各自的生活经历中，可能会形成一些自己独特的习惯，如习惯双手抱臂而立，或谈话时爱在室内走动，或坐在自己的办公桌上，或坐下时习惯跷二郎腿，或想问题时经常颤动双脚，或解释说明时喜欢用各种手势，等等。

作为咨询师，在来访者面前，应使自己的身体语言融入咨询过程中去，以有利于顺利咨询为准。这样，有些咨询师的习惯动作可能是需要改变的。例如，颤动双腿，这可能会使来访者感到压抑与不安；坐在办公桌上与人交谈，在自己的同事与朋友面前也许是适当的行为，但对来访者就有不利影响，这会产生一种咨询师"居高临下"的感觉。比较适宜的行为表现也许是这样的：当来访者初次到来时，可以与对方握手表示欢迎和接纳之意。若有的咨询师不习惯这种方式，也可以不用握手的方式，但需起身招呼来访者坐下。在整个咨询过程中，要使自己坐得舒适自如，同时又要表示出对对方的关注，可使自己面对对方，身体略微倾向于来访者，并用点头等方式表示自己对来访者谈话的注意。在说明问题时，可借助某些手势加强谈话效果，但要注意运用适度，不能显得过分夸张，以免使人感到有"取宠"之嫌。在每次会谈结束时，咨询师应起身将来访者送出门外，这不仅被看作一种礼节，也表明咨询师对来访者的主观态度。

在咨询师说话时，对方也在观察咨询师。新手咨询师往往表现拘谨，常常会出现只坐椅子的一半、身体向前倾斜很大、双手紧紧地拧在一起等现象。对方如发现这一点，也许他自己会放松，但其后可能对咨询师说出的话大打折扣。

纠正的办法是咨询师要靠椅背而坐，找到一种使自己感到舒适的姿势，手中可拿笔纸做出准备记录的样子。当然这只是一种矫枉过正的办法。咨询师在会谈中，要既能真正表现出自如，又能表现出对对方的关注，这就需要多进行实践锻炼。

（二）其他非言语性技巧

除了目光的接触与身体语言之外，还有其他一些非言语性的技巧。说话的语气、语调及速度就是其中之一。在日常生活中我们可以注意到，有时有人以冷淡的语气说出一些欢迎的话，那实际上说明其内心并不真的欢迎对方。在开展心理咨询的过程中比较多地依靠咨询师的言谈话语来影响对方，这就需要咨询师能在咨询过程中很好地运用自己的语音、语调。来访者在听咨询师讲话时，咨询师所说的话语对他来说是理性化的东西，而他从声调与语气中感受到的是某种态度与情绪，这种态度与情绪并不是到此为止了，它还会诱发来访者的感情。那么，作为一个咨询师，其声音是否能让对方感到温暖、顺耳，让人有兴趣听下去，这也是需要注意的。每个人的声音都是独一无二的，但关键是他要带着对对方的共情、理解与关切去讲话。这样，他的声音就有了灵魂，讲出的话语才会有扣人心弦的效应。

咨询师谈话时还有一些需要注意运用的技巧。例如，发音不能太平，这会使人感到平淡无奇，枯燥无味；讲话时要有些抑扬顿挫、变速与停顿，这会使咨询师的话语变得有生机、有吸引力；讲话时要尽量发出明确的声音，使对方能够听清楚，含混不清易使对方产生疑惑；语速不要过快或过慢，过慢会使对方感到拖沓、不精练，过快会使对方跟不上节奏，一般以中等速度较为适宜。因此，掌握谈话中的停顿技巧有助于对方思考。停顿并非留下谈话的空白，停顿有两个作用：第一，求得批准；第二，使来访者集中注意力，这实际上是让对方参与其中。

座位的角度也是其他非言语性技巧之一。若是面对面地摆放椅子，来访者会感觉有压迫感，不理想。椅子并排，则被称为情侣坐法，咨询师与来访者会谈时应保持一定的专业关系，故这种方式也不理想。亦有人促膝而谈，但若遇到激动的来访者，会很危险。90°为较适宜的方式，在医院，医师与病人也是这样坐的，因为这种坐法容易看到对方，记录也方便。若咨询师的座位较来访者高，会产生权威性过高的感觉，使来访者觉得卑微，从而影响晤谈，所以视线应等高。

五、其他通用技术

（一）结构化技术

1. 结构化技术的含义

所谓结构化技术，是指对心理咨询的性质、限度、角色、目标及特殊关系所做的解释，包括心理咨询时间的限制、晤谈的次数、保密性问题、可能出现的其他问题和应有的期待等，也包括理论构架、咨询关系、咨询环境及相关程序。在心理咨询之初，就将这些情况向来访者说明和解释，减少来访者由于不了解情况而产生的迷惑及由此引发的焦虑，可使其不至于对心理咨询产生不当或更高的期望。例如，"我们有一个小时谈话的时间，在我们谈话的时候我要做必要的记录，以便对你的情况进行分析。希望这不会对你造成困扰。现在我还不知道你带着什么样的问题来到这里，但不管怎样我会认真对待，给你应有的帮助，同时也将根据保密性原则对你的问题给予保密，在这里你可以谈论你所希望的任何事情"。

（1）告知晤谈时间的好处

在心理咨询的实践中存在这样一个问题，即对每次晤谈的时间不做限定，往往一谈就是两三个小时。其实，每次晤谈时间应进行规定，一般以一个小时左右为佳，必要时，咨询时间才可延长，但也不能延时过长。咨询师应在开始晤谈时就告知来访者晤谈时间，这样做有以下几个好处：

第一，在学校进行心理咨询，来访者往往较多，对每位来访者一次晤谈的时间做出限定，可让更多的人享受到咨询服务。

第二，一个小时左右的晤谈效果最佳。研究表明，在一个小时左右的时间里人的注意力可以保持良好的状态，时间一长会使人的注意力分散，咨询效果不佳。但时间过短，又不能做深入交谈。因此，一般每次咨询时间以一个小时左右较为适当。

第三，向来访者做出时间限定，可使他们珍惜咨询的时间，迫使来访者少绕圈子，尽早触及问题实质；同时，也使其对与咨询师的谈话保持积极的反应。

第四，限定咨询时间，使每次咨询涉及的问题内容集中，主题明确、突出，来访者能有效地领悟，受到帮助。否则，内容繁杂，主题不明，面面俱到，反而使来访者无所适从，不能有效地消化接受，降低了咨询质量。心理咨询是一个循序渐进地解决问题的过程，除非来访者的问题单一、浅显、简单，一般不宜速战速决。

（2）控制晤谈时间

在咨询实践中经常出现这样的问题，即结束时间将到而来访者却不愿结束。为了有效结束晤谈，以下技巧是被经常采用的：

第一，晤谈开始就向来访者明确时间的限定。

第二，咨询师发现结束时间快到时，就阻止谈论新的话题和资料，最好的阻止办法是建议下次再来讨论这个问题。例如"这似乎是我们下次面谈时最好的开始"，如此既达到结束的目的，也为下次面谈找到材料使其有备再来，同时也不至于使来访者因为被迫结束晤谈而沮丧、不满。

第三，由来访者对本次晤谈做一个简明扼要的叙述，如此足以结束晤谈，因为它可使来访者认识到时间已经到了。

第四，由来访者来做总结，即让其说出本次晤谈的收获。咨询师可以下列的方式引导来访者做出摘要性的叙述，"在本次晤谈即将结束的时候，我想了解你有些什么收获，这对我们将是很有帮助的"。

第五，咨询师委婉而明确地告诉来访者晤谈该结束了。例如，"我想我们今天是否就谈这些""好的，我认为我们现在该结束今天的谈话了"。

心理咨询往往需要经过多次的晤谈才能达到既定目标，最后结束整个过程。而每次晤谈的间隔时间是颇有讲究的，尤其在咨询的第二阶段，既不能太长，也不能太短。每次间隔都是来访者消化前次咨询的内容、根据启发做进一步反省和领悟、实现阶段性目标、完成布置的作业的过程，与晤谈一样是心理咨询的重要组成部分。间隔时间一般以1～2周为宜。间隔太长，不利于整个咨询过程的连续性，容易造成前后脱节，来访者的变化过程无法得到咨询师的及时指导和帮助，从而影响咨询效果。间隔太短，则不能有效地实现间隔阶段的治疗价值，不能体现咨询师指导、帮助来访者自治的咨询本质，容易造成来访者对咨询师的过分依赖，从而影响咨询效果，也使咨询师接待来访者的时间和精力被大大耗费。除非是来访者处于情绪危机状态，需要咨询师助其迅速缓解以应付正常生活，这时咨询的间隔时间可以适当缩短，但这种缩短也应是暂时性的。

2. 结构化技术的主要功能

第一，减少来访者的疑惑。如来访者认为，咨询师是万能的，有能力帮助他解决任何问题；自己只需等待咨询师的建议；问题可以很快获得解决；咨询就是听咨询师分析，找出问题的原因。这些想法都是错误的。

第二，协助来访者了解咨询过程，以减少来访者的焦虑。

第三，协助来访者做准备，以利于咨询的进行。

3. 结构化技术的适用时机及相关程序

在咨询开始时，咨询师向来访者说明从咨询开始到结束的要素；在咨询过程中，咨询师进行一项活动时，有必要向来访者说明活动进行的方式、来访者在活动中的角色，好让来访者决定是否同意参与。

来访者来求助时，对于咨询会有一些疑问与期待，咨询机构应该以书面的方式，提供给来访者相关技术信息，如下所示：

每次咨询的间隔时间是多久？

在咨询时间外，如果来访者觉得需要与咨询师会谈时，要如何联络？

如果来访者忘了咨询，要怎么处理？

咨询内容如何被保密？

在危急的情况下，来访者该如何做？

什么时候结束咨询？

咨询费用是多少？如何付费？

（二）评估

咨询方法虽是咨询师与来访者共同研究选定的，但并不表明这些方法一定合适，也不能保证来访者会很好地实施，因此，需要对咨询方法进行评估。咨询方法的评估不应在问题处理终结的时候才进行，而需在运用咨询方法的同时注意收集有关资料，这样才能及时发现问题，调整咨询方法。

评估通常从整体的角度出发，以咨询目标为参照点，评估来访者进步的情形。评估资料的来源则主要是来访者，而其生活环境中的重要人物也是评估的资源之一。为收集评估资料，常采用的方法有三种。

1. 由咨询者向来访者提供问题，要求其做出回答的方式

例如，"运用这种方法你感到适应吗""这种方法使用到什么程度""使用这种方法，感觉收效如何""有什么意见"等。

2. 由咨询师通过观察收集资料

咨询师通常可以从与来访者的晤谈中观察其现实的情绪状态、认知特点、行为方式，也可以向来访者的家人和朋友了解其认知、情绪、行为的变化情况。

3. 指导来访者用写日记或咨询体会的方式收集资料

这既可以让咨询师了解来访者运用咨询方法的情况和效果，又可以使来访者自我改变。如果自我改变的结果显示其正在朝咨询目标的方向发展，那么对

来访者是一种鼓励，能增强来访者的信心；反之，也会通过言语和非言语反馈给咨询师。

如果通过评估证明既定的方法是有效的，那么咨询师应乘机鼓励来访者继续努力；如果收效不大甚至无效，那么可能有以下几个原因：

（1）来访者对既定方法运用不正确或投入不够

遇到这种情形，应对来访者就咨询方法做重新解释、指导，或是了解其投入不够的原因并进行针对性教育，然后去实践这些方法。

（2）既定方法不合适

在排除第一个原因的情况下，咨询师应与来访者一同重新研究分析并选择其他方法，然后通过实践去实行这些方法。

（3）可能对来访者心理问题的分析诊断有误

如果连续更改了几次咨询方法，而收效仍不理想，那么可怀疑咨询开始阶段的工作有问题：或是掌握的材料不够；或是有价值的，甚至关键的问题没有掌握或被忽视；或是分析评判有误。这时，应向来访者进行解释说明，争取来访者的配合，重新开展开始阶段的工作。在学校心理咨询中经常会遇到这种情况，需要咨询师保持足够的关注。

（三）结束咨询过程的技术

必须让来访者意识到整个心理咨询已经到了即将结束、咨询关系即将终止的时候，从而使其对结束咨询和结束后的生活有所准备，避免突然性和由此造成的惊慌失措。

为此，必须向来访者说明其心理问题已基本得到解决，通过咨询已获得了经验，提高了能力并已能独立应付生活环境。同时，也必须向其承诺，必要时心理咨询机构将会再次给予关心和帮助，以免除其后顾之忧。通常，咨询师可以通过这样的表达向来访者传递结束咨询的信息，"通过这段时间的努力，你已有了相当的进步，我们预定的目标已经实现，现在该是你去适应生活的时候，你已具备了这样的能力，再继续咨询将会妨碍你能力的发挥。因此，可能再进行两到三次的咨询，就可以结束整个咨询过程了"。值得一提的是，向来访者介绍、说明结束咨询的问题应尽可能以平淡的方式进行，暗示来访者结束咨询是一件自然、平常的事情。事实上，以平淡委婉的态度和口气说明要比热心进行的方式要好。

逐渐结束的方式亦是常被运用的结束咨询过程的技巧。逐渐结束的方式有两种：一种是拉长两次晤谈的时间，如果咨询师原来与来访者每周晤谈一次，到咨询末期可改为两周甚至一月一次；另一种是减少每次晤谈的时间，即由原来每次晤谈一小时左右缩短为每次半小时甚至更短的时间。

第四章 自我意识与心理健康

第一节 自我意识概述

一、自我意识的概念

自我意识是对自己存在的觉察,包括对自己生理状况和心理特征的认识与评价。此外,自我意识还包括个体对自己与周围关系的认识和评价。总之,自我意识就是自己对于所有属于自己身心状况的认识。它具体包括:

第一,对生理状态的认识和评价,如对体重、身高、身材、容貌等的认识,对身体的痛苦、饥饿、疲倦等的感觉。

第二,对心理状态的认识和评价,如能力、知识、情绪、性格、理想、信念、兴趣、爱好等。

第三,对自己与周围关系的认识和评价,如自己在朋友、同学、家庭社会中的地位,自己与他人的关系。

二、自我意识的分类

（一）从结构上来看

从结构上来看,自我意识可分为自我认识、自我体验和自我调控。

自我认识即主观的自我对客观的自我的评价,包括自我感觉、自我觉察、自我印象、自我分析、自我评价等。解决"我是一个什么样的人"的问题。

自我体验即主观的自我对客观的自我产生的情绪体验,是自我意识的情绪成分,包括自尊、自信、自卑、自负、自责、自豪等方面的内容。如对自己的学习成绩很满意、对自己社交能力弱感到失望等,反映了个体的情绪。它主要集中在"能否悦纳自己""对自我是否满意"等方面。

自我控制即个体对自己的心理、行为和态度等方面的调节，是自我意识的意志部分，主要包括自主、自律、自立、自我教育、自我激励、自我控制等方面。例如，如何控制自己的不良情绪，怎样才能成为一个受人欢迎的人等。其核心是"我应该做什么""我应该成为什么样的人""我可以选择如何做"。我们经常讲的"自制力"，其实就是自我控制的能力。

（二）从内容上看

从内容上看，自我意识可分为生理自我、社会自我和心理自我。

生理自我即个体对自己身体、生理状态（身高、体重、容貌）的认识和体验。它是与生俱来的，我们只能接受，如性别、年龄、容貌、仪表、健康状况等。

社会自我即个体对自己与外界客观事物关系的认识、体验和愿望，包括个人对自己在客观环境及各种社会关系中的角色、地位、权利、义务、责任和力量等的认识。

心理自我即个体对自己心理活动、个性特点、心理品质的认识、体验和愿望，包括对自己的感知、记忆、思维、智力、能力、性格、气质、爱好、兴趣等的认识和体验。如初恋与失恋的体验、成功与失败的体验等。

从层次上来看，生理自我、社会自我和心理自我是一个由低到高的发展序列，而且三者之间是密切联系的。其中每个层次都有不同的自我认识、自我体验和自我控制，这些要素的不同组合形成了不同个体不同的自我意识。

（三）从存在方式上看

从存在方式上看，自我意识可划分为现实自我、投射自我和理想自我。

现实自我即个体从自己的立场出发对自己当前总体实际状况的基本看法。

投射自我即镜中自我，是指个体想象自己在他人心目中的形象或他人对自己的基本看法。

理想自我即个体想要达到的比较完美的形象。

从自我观念的存在形式来看，现实自我是一种能被人感知的客观存在，而投射自我和理想自我是在个体大脑中的一种客观存在，容易受到个体主观因素的影响，往往不稳定和易变化。研究表明，当现实自我和投射自我相一致时，个体会产生加快自我发展的倾向，反之，个体会感到别人不能理解自己，或试图改变现实自我。当理想自我建立在个体的实际情况基础之上，且符合社会要求和期望时，它就会指导现实自我积极适应并作用于内外环境，从而使自我意识获得快速发展。反之，如果理想自我、现实自我和社会要求三者之间有矛盾，就会引起个体内心的混乱，甚至会引起严重的心理疾病。

三、自我意识的作用

（一）自我意识的一般功能

1. 导向激励功能

目标是人才发展的导航机制。一个人要想成就一番事业，必须从自身的实际出发，制定明确的目标，只有如此才会调动自身的潜能，激发强大的动力。人通过正确的自我认识，确立较为合理的理想自我，可以为个人将来的发展确定目标，对个人的认知、情感、意志行动会产生很大影响，是个体活动的"动力"。自我意识健全的个体，在从事一项活动之前，活动的目的和结果就以观念的形式存在于头脑之中了，并依此制订计划，指导自己的行动，从而激发起强大的动力，达到预期的目标。

2. 自我控制功能

一个人有了目标但不付诸行动，其结果仍然是一无所获。个体要想将来有所建树，首先要有科学的目标，同时还要有自立、自主、自信、自制的意识，并对自己偏离目标的情感和行动加以调节和控制。在通往成功的大道上，很多人与成功失之交臂，并不是因为缺乏机会和才华，而是因为缺乏自我控制的意识和能力。自我控制是自我意识发挥能动作用的一个重要表现，它是目标的保护神，是成功的卫士，是自我意识的一项很重要的功能。缺乏自我控制意识和能力的人，是一个盲动、情绪化、缺乏恒心与毅力的人，终将一事无成。

3. 内省调节功能

自我意识健全的个体，不仅能够确立符合个体的理想自我，而且能够通过自我控制来实现预期目标。由于受主客观条件的制约，理想自我的实现常常会遇到各种障碍，致使个体产生不同程度的挫折感，这时自我意识就会对自己的认识、情感、意志、行为等进行反省，找到受挫折的主客观原因，并重新调整认识，形成新的理想自我，使其与现实自我趋于统一。内省和调节就是个体成长中所进行的自我监督和自我教育，每个人要想使自己成为自我实现的人，就需要有积极的自我意识，随时对自己的认识、情感、意志和行为加以反省和调节。

（二）健康的自我意识的作用

1. 积极的自我意识是个体心理健康的重要标志

心理健康的人能较为客观地认识自己、悦纳自己，有适当的自尊，能及时洞察自己的感觉和意图；而消极的自我意识如自卑、自我否定、缺乏自制力等则是心理不健康的表现。只有认识和了解自我，并对自己的经验持接受态度的人，才可能得到快乐幸福的生活，才有可能充分发掘自己的潜能以获取更大的成功。如果对自己认识不清，对主观自我不一致的经验持否定、回避、拒绝的态度，就会影响个体的身心健康，阻碍个人发展。因此，重视自我意识的发展，学会认识自我，树立自信心，应是大学生永恒的选择和终身的追求。

2. 正确的自我意识可以促进个体生活质量的提高

一个具有良好自我意识的人，能够客观、全面地分析和评价自己，理想自我与现实自我之间的相关性较高，越能够自觉地按现实的要求设计、安排自己的生活。这样的人生活充实，自我发展顺利，生活质量较高。

3. 良好的自我形象是个体人生成功的基础

自我形象设计是当代大学生成长发展过程中极为关注的内容之一。良好的自我意识恰恰是大学生塑造良好自我形象的前提。事实证明，主观自我和客观自我越是接近的人，其自我形象越良好。自我形象良好的大学生，对自己有合理的期望，乐观从容，处事积极，善于抓住和利用个人成长中的机会，改进和完善自己。这样的学生在与人交往时能流露真情，自然地展示内心世界，能够与人建立良好的关系，他们相信自己的生命基本上能够为自己所把握，因此很少有无谓的自我心理防卫，他们坚信自己能够实现个人目标。

第二节 自我意识的产生和发展及大学生自我意识的特点

自我意识不是一个人生来就有的，它是一个人在社会交往的过程中伴随言语和思维的发展而逐步形成的。

一、自我意识的产生和发展

（一）婴儿期、儿童期的自我意识

1. 婴儿期

在婴儿期，我们不能把自己同周围的环境区别开来。我们都有过这样的体验，如果把婴儿的手放到他的嘴里，他就会像吮吸奶嘴一样，吸得津津有味，乐此不疲。一个婴儿出生 8 个月左右，自我意识才开始萌芽。

2. 儿童期

一到两周岁时，儿童开始认识自我的一些基本概念，如年龄、性别等，这

个时候，关于自己和他人的信息主要来源于成人。成人确定"他是谁"，给他取名字，教他在别人唤他的名字时要答应，提供词汇教他认识自己身体的各个器官。到两周岁的时候，他的言语中出现了人称代词"我"，在此之前，儿童说自己时都用第三人称来称呼。人称代词"我"的掌握，标志着儿童自我意识的产生。

儿童上了幼儿园之后，随着教育的影响，儿童的自我意识有了进一步发展。这一阶段的儿童，对自己的描述仅限于自己的身体特征、性别、年龄和喜爱的活动，他还不会描述自己内部的心理特征。学前期后期（主要是 5～6 岁），大多数儿童能够进行自我评价。但总的来说，儿童的自我评价能力很差，成人对儿童的评价起着基础作用。儿童的情绪体验主要与心理需要相联系，同时，易受暗示。比如，云云是一所幼儿园的学生。一次，她上课向老师要零食（老师没收的），老师没给，她的要求未得到满足，便哇哇大哭起来，其他小朋友见状便跟着哭了起来。事后老师问其他小朋友原因，他们回答："不知道，看见云云哭，我们也跟着哭。"

小学阶段，儿童由于受到社会文化的影响，是学习角色的重要时期。在这一阶段，儿童对自己的描述由比较具体的外部特征向比较抽象、难懂的心理术语发展。如回答"我是谁""我是一个什么样的人"这些问题，低年级的学生往往提到姓名、年龄、性别、家庭住址、身体特征、活动特征等方面；而高年级的学生试图根据品质、人际关系以及动机等特点描述自己，但对自己的认识仍然带有具体性和绝对性。总的来说，小学阶段，儿童自我评价能力得到进一步发展，其评价的内容、对象和范围进一步扩大，情绪体验也逐步变得深刻。

（二）青春期的自我意识

如果说，1～3 岁这个年龄段是自我意识的第一次飞跃，那么，青春期则是自我意识的第二次飞跃，这时，我们会明确感受到自己在身体、思想和行为上的一些变化。

我们的身体迅速发展，看起来和父母差不多了，个子长高了，喉结突出了，腋毛长出来了，胸部突起，臀部变大了，声音变沙哑了。我们的内心世界也越来越丰富，思想不再那么简单。许多问题都不愿说出来，哪怕是对父母。"我到底是个什么样的人""我的特征是什么""别人喜欢我，还是讨厌我"等一系列问题在心中萦绕，在日记里便有了对它们的阐述。以前，记日记是在老师和父母的"威逼利诱"下进行的，记的内容是陈述事实。可现在大不相同了，日记自愿记，内容侧重于表达自己的体会和感受。并且也开始将日记作为自己的绝对秘密细心保管，不允许别人翻看。青春期的自我开始追求独立，喜欢自己的事自己办，而且总认为自己正确，可又不得不依赖别人；听不进别人的意见，又感到别人似乎总是用尖刻挑剔的态度对待自己；渴望被人尊重，却又掩不住一些幼稚的行为；希望自己有个性，却又会迷信权威，崇拜明星；意气风发，却又害怕批评；有理想却经常控制不住自己，容易犯错误，而且经常情绪不稳，容易否定自己。

（三）青年期、成年期、晚年期的自我意识

1. 青年期

到了青年期，个体会注意到在自己的内部世界还存在着原来的"本质"的"我"，并将注意力集中到发现自我、关心自我的存在上来。

2. 成年期

到了成年，这种自我关心日益强烈，促进了对"本质"的"我"的探索。

3. 晚年期

到了晚年，由于生理上的退化、年龄的增长以及生活条件的改变，个体的认知活动将会发生一系列的退行性变化，易产生消极的情绪，情感体验深刻而持久。

二、大学生自我意识的特点

大学生的生活阅历、学习特点与同龄其他群体的差异，决定了大学生自我意识的独特性。这种独特性主要表现在以下三个方面：

（一）时间上的"延缓偿付"

对大学生而言，思想上的独立与经济上的依赖、生理上的成熟与性成熟的滞后存在着很大矛盾。从年龄上看，大学生到了独立承担社会责任的年龄，但校园相对单纯的学习生活，使大学生应当承担的社会责任向后延续。这种社会责任的"向后延续"，使大学生没有完全成为真正的成年人，事实上处于"准成人"状态。这为大学生广泛、深入、细致地思考自我提供了便利。这里需要注意的是，大学生现实责任感的后移，并不能减轻心理压力，特别是来自贫困家庭的大学生，一般心理压力很大。

（二）空间上的"自主"

现代大学为大学生提供了一个多元文化背景下的学习环境，网络更为大学

生提供了广阔无垠、平等自由的学习与交流空间。而东西方文化的交融与发展更为大学生自我意识的发展创造了便利的条件。但是，我们应当认识到这种影响是双重的：一方面，大学生有着不同的家庭背景，受到不同的地域文化的熏陶，拥有不同的人生追求，在共同的学习生活中，大家互相影响、互相包容，在这种互动的环境中逐渐形成自己的价值观念，在心灵的沟通与碰撞中尝试建立新的自我；另一方面，大学生在多种价值体系、多种文化的冲撞面前，原来的价值体系、自我观念会受到强烈的冲击，这种冲击会导致部分学生怀疑自己。特别是大学一年级的学生，从原来的环境中走出来，进入新的环境，重建原有的自我价值体系需要较高的反思能力与自我控制能力。面对新的问题，调整与反思显得非常重要。

（三）自我意识发展的"不平衡"

大学生生理、心理与自我的发展有时呈不一致性。学生的主观自我与他观自我往往表现出不协调，特别是高年级学生，一直处于较高的自我意识水平，但就业和择业的复杂性，常常使部分学生长期建立的"自我概念"变得像一场梦。许多学生从上大学的那一天起，就产生了一种优越感，但就业市场的严酷现实会把梦想击得粉碎，强烈的主观意识与现实的不平衡，生理、心理与社会自我发展的不平衡，都直接影响到学生自我意识的发展水平。造成这种不平衡的原因有三个方面：一是大学生的人生观、世界观尚在形成和健全当中，对自我的认识容易受到环境的影响；二是大学生的自我概念仍在不断发展变化之中，低年级和高年级学生的自我概念有很大的不同，只有大学毕业，才能在自身不断变化与调整中建立务实的自我概念；三是经历高考，大学生真正开始"心理断乳"，适应新环境、新的人际关系必然带来发展着的自我意识和自我概念的不平衡。

第三节　如何建立积极的自我意识

积极的自我意识是建立在对现实自我的全面客观认识的基础上的一种积极态度。这种积极态度不仅意味着一个人对自我的认同和积极接纳，还意味着一个人对自我的不断完善和发展。因此，培养积极的自我认识，首先是如何全面客观地认识自我并接纳自我的问题，其次是如何不断积极地调整自我并完善自我的问题。

一、正确认识自我

美国心理学家约翰和哈里提出了关于人自我认知的窗口理论，称为乔韩窗口理论。他们认为人对自己的认识是一个不断探索的过程。因为每个人的自我都有四部分，即公开的我、盲目的我、秘密的我和未知的我。

第一，公开的我，是自由活动的领域，是自己和别人都知道的公开部分，如身高、肤色、年龄、婚姻状况、饮食偏好等，是当局者清旁观者也清的部分。

第二，盲目的我，是自己不知道而别人知道的部分，是旁观者清当局者迷的部分，如同口臭一样，所以这个部分也称为口臭区。其实，一个人的优点尤其是缺乏自信者的优点，是自己不知道而别人已经发觉的领域。认识自我就是最大限度地发现自己的优点和缺点。

第三，秘密的我，是逃避或隐藏的领域，是自己清楚知道而别人不知道的秘密或不可告人之处，是当局者清而旁观者迷的部分。自私、嫉妒是平常自己不肯袒露的缺点，心中的愿望、雄心等常常也是不告诉别人的部分。

第四，未知的我，是自己和别人都不知道的领域，是当局者迷而旁观者也迷的部分。

人的潜能常常是自己和别人都不易发觉的，是需要自己和别人不断开拓的领域。

认识自己并不容易，因为自我是丰富、复杂的，而且自我是随着成长在不断变化的。要想不断了解自己、接受自己，最好的方法就是与别人比较，或者根据别人对自己的态度以及自己的实际工作成绩来做出推断。

二、积极悦纳自我

上天对待每个人都是公平的。上天给了我们出众的容貌，给别人的或许就是财富；他给了我们聪明的头脑，给别人的或许就是健康的身体。每个人都有自己的优点，不要怨天尤人，去发现自己的优点，自卑才是我们最大的敌人。

（一）悦纳自我的含义

悦纳自我是指要无条件地接受自己的一切，好的和坏的，成功的和失败的，接纳自己的优点和缺点。个体能否悦纳自我是自我体验、自我评价的表现形式。

人的容貌并没有因戴发卡而改变，改变的只是人的心态。"人不是因为美丽而可爱，而是因为可爱才美丽。"无论什么时候，我们都不要排斥自己，对于那些已经成为无法更改的客观现实，与其整天抱怨苦恼，不如坦然地自我悦纳，以积极、赞赏的态度来接受自己。

(二)悦纳自我的积极表现

1. 接纳自己的外表

如果有人问对自己的长相、身材感到满意吗?许多人可能会回答:"不。"但是,人的身体相貌具有先天遗传性,无论怎么不满,这是一种既定的事实,是改变不了的。如果我们稍微留意一下身边的人,就不难发现:大多数人和我们一样相貌平平。我们之所以觉得一个人漂亮,很多时候是因为我们对自己的某一些方面不满,而对方恰恰拥有自己希望得到的优点。世界上没有完全相同的两片树叶,我们也不可能和我们觉得漂亮的那个人一模一样,我们每个人都是独一无二的。更何况,天生我材必有用,我们应该接受自己独特的、与众不同的一面。

2. 停止与自己对立

我们应当停止对自己的不满和评判。不要总认为自己做了多少不适合的事,自身有多少不足,从现在起,我们要停止对自己的挑剔和责备,要学习站在自己的一边,维护自己生命的尊严和价值。

3. 停止苛求自己

大学生要允许自己犯错误,但要做到在犯错误后及时弥补因自己犯错而造成的损失,同时,切忌重复犯同一错误。

4. 停止否认或逃避自己的负性情绪

大学生如果产生了负性情绪,不要逃避、抑制、否认或掩饰,更不要责备自己、对自己生气,而应坦然承认和接纳自己的负性情绪。人产生负性情绪是很正常的,它提醒我们对目前状况有所警觉,这种负性情绪是改变现状的先决条件。如果我们不为自己成绩差而沮丧,就没有勤奋学习的欲望;如果我们不为与别人有矛盾而苦恼,就不知道自己的人际交往方式需要调节。

我们不要怕产生负性情绪,也不要否认和逃避。正确的态度是接纳它,然后想办法解决引起负性情绪的问题。

5. 无条件地接纳自己

许多人认为,只有具备某种条件,如"天使面孔""魔鬼身材",还有出色的学习成绩、过人的专业技能、令人羡慕的工作业绩、引以为豪的艺术特长等,才有资格获得自己和他人的认可和接纳。于是,很多人因为自己某一方面不出众而郁郁寡欢,背上了沉重的包袱。由于曾经被挑剔,也就习惯于用挑剔的目光看待自己,越看越觉得自己不如别人,越看越不能接受自己。为了能够悦纳自我，大学生要学会做自己的知心朋友，站在自己一边，接受和关心自己的身体和心理状况，不加任何附加条件地接纳自己的一切。

（三）大学生悦纳自我的认知偏差

1. 自我否定

自我否定即过度自卑，是指不喜欢自己，不能容忍自己的缺点和不足，否定、指责、抱怨、苛求自己。自我否定的个体，其心理体验常伴随较多的自卑感、盲目性、自信心丧失、情绪损伤、意志薄弱、孤僻、抑郁等，尤其是面对新的环境、重大生活事件时，常常会产生过激行为，甚至酿成悲剧。

2. 自负心理

自负心理即过分的自我接纳，是指过高地估计自己，不切实际地高估自己的能力和长处，难以看到自己的缺点和不足，却把别人看得一无是处。这种类型的大学生往往盲目乐观，以自我为中心、自以为是，不易被周围环境和他人接受与认可，容易引起别人的反感和不满。因此，极易遭受失败和内心冲突，产生严重的情感挫伤，导致苦闷、自卑、自我放弃。

3. 虚荣心理

虚荣心理即过度的自尊，是一种追求虚荣以期获得尊重的心理行为。在社会生活中，人人都有获得尊重的需要，都希望得到社会的认可。但好虚荣者不是通过实实在在的努力，而是利用吹牛、撒谎、作假、投机等非正常手段沽名钓誉。个体过强的自尊心，会导致自尊的需要经常得不到满足，产生心理失望，并逐渐丧失自信。

4. 逆反心理

大学生由于缺少经验，会表现出过分的独立意向，如喜欢独来独往，不愿听从他人的意见，专门喜欢与社会惯常的要求和行为方式作对。

5. 从众心理

从众心理是指个体在群体的影响和压力下，放弃自己的意见而采取与大多数人一致的自我保护行动，是与过分的独立意向相反的一种现象。

一个人做任何事情，都要先去观望别人是怎么说、怎么做的，生怕自己有所不同，虽然有时候对别人的主意也不是很赞同，但是看到有多数人赞同，自己也就接受了，这就是缺少个人主见和盲目从众。

三、完善自我意识的途径

（一）通过自我观察、自我监督认识自己

自我观察有两种形式，一是通过自己的感官直接感知自己的一些特征，另一种形式是内省，即对自己的心理进行观察的过程。

在这条途径中，我们既是观察的主体又是自我观察的客体（对象）。要想很好地完成自我观察，必须要有良好的心境。积极的心境会促进自我观察的进行，消极的心境会阻碍自我观察的进行。同时，观察的态度是影响自我观察的一个因素。沉着、冷静的态度有利于自我观察的顺利进行；反之，激动和紧张的态度则会影响自我观察的进展。

（二）通过与他人比较来认识自己

我们在与他人交往的过程中，看到他人的特点，然后看自己是否存在这些特点，进行比较之后，才能建立起对自己的评价。在与他人交往的过程中，他人对自己所表现出来的态度和行为就好像一面镜子，能反射出我们自己是一个什么样的人，从而科学、全面、客观地认识自己。

（三）通过分析自己的行为活动认识自己

分析自己的行为活动结果，并以此为依据来评价自己，比较容易建立起正确的自我观念。一个人改造客观世界的同时，可以折射出其体力、智力、能力、人格等的特征，也就是把自己的心理品质物化到活动对象中，因此对自己的活动结果进行分析是个体认识自我的重要途径。例如，通过对自己的性格特征进行分析，可以了解自己的性格；对学习成绩进行分析，可以了解自己的学习能力及水平。因此，一个人要客观地认识自己，与对自己的活动结果进行分析是分不开的。

第五章　人际交往与心理健康

人际关系和谐是一个人的心理健康水平和社会适应能力的综合体现，也是现代大学生健康发展的前提和综合评价的指标。众多的心理健康调查研究表明，大学生在人际交往中出现的问题比较突出，已成为影响学习和生活的重要因素之一。因此，学习和了解人际交往心理，分析和认识人际交往中存在的问题，把握人际沟通技巧，学会建立与改善人际关系，是当代大学生为适应社会所必须掌握的重要内容。

第一节　人际交往概述

人是社会性的动物，不能离开群体单独生存。心理学家认为，人除了睡眠时间，其余时间的 70% 将花在人与人的各种直接、间接的沟通上。可见，人际交往对我们是多么重要。如果我们拥有良好的社会关系，我们就会更健康、更快乐。反之，如果没有良好的社会关系或者社会关系糟糕，我们就会感到孤独、寂寞、无助。只要用心交往，相信我们会拥有良好的人际关系。

一、人际交往与人际关系

（一）人际交往的概念

人际交往是指人们相互接触的过程。通过交往，人与人之间达到相互了解，从而形成各种人际关系。在社会生活中，交往是人们相互联系的重要形式。从心理学角度来说，人际交往是复杂的，它包括以下三个层面：

1. 人际交往是交往者之间相互交流信息的过程

在人际交往中，人与人之间的交往首先就是交往双方的信息沟通和交流过程，即一方借助语言和非语言手段把各种信息传达给交往对象并被交往对象所接受。如果没有信息的交流，交往就毫无意义可言。

2. 人际交往是交往者之间相互认知的过程

在人际交往中，人与人之间的交往不仅是信息的相互沟通，还包含着人与人之间的相互认识，即一方对另一方的知觉、理解和评价。一个人只有认识和了解与之交往的人，才能确定自己与对方的实际关系，并决定自己与对方交往的深入程度。

3. 人际交往是交往者之间相互作用的过程

在人际交往中，人与人的交往总是带有一定的目的性。这种目的或者表现为对他人发生某种影响，或者表现为希望通过与他人交往使自己在某些方面发生变化，即通过交往引起相互之间心理和行为上的改变。

（二）人际关系的概念

广义的人际关系是指人与人之间的一切关系，如政治关系、经济关系、血缘关系、同事关系、同学关系等。狭义的人际关系即为心理关系，是指在人际交往的基础上为了满足某种需要，依据不同的交往程度产生的情感体验和心理距离。

人际关系包括对交往对象的认知、情感和行为三大心理要素。

（三）两者的关系

人际关系和人际交往是两个既有联系又有区别的概念。人际交往是人际关系实现的根本前提和基础，也是人际关系形成的途径；而人际关系则是人际交往的表现和结果。两者的区别是人际交往侧重于人与人之间的联系与接触的过程，以及行为方式程度等；人际关系侧重于在交往基础上所形成的心理状态和结果。从时间上看，人际交往在前，人际关系在后，人际交往是一个动态的过程，而人际关系则具有相对的稳定性。

人格结构的 PAC 分析理论又叫人际交往分析理论。这一理论认为，在人际交往过程中，个体的个性是由三种心理状态构成的：一是父母状态，用英文"Parent"的第一个字母 P 表示；二是成人状态，用"Adult"的第一个字母 A 表示；三是儿童状态，用"Child"的第一个字母 C 表示。父母状态是指父母对其子女的态度和行为。如果一个人对待别人就像父母对待孩子一样，也就是说，此人处在一种"父母状态"。父母状态以权威和优越感为标志，通常表现为独断专横，喜欢统治人、责骂人、训斥人，这种人讲起话来总是"你应该""你不能""你必须"。成人状态表现为冷静、理智、客观等。这种人待人接物冷静，慎思明断，尊重别人，讲起话来总是"我个人的看法是"。儿童状态表现为像孩子一样无主见，任人摆布，爱感情用事，一会儿令人喜爱，一会儿发脾气令人讨厌。这种状态讲起话来总是"我不知道""我猜想"。

人际交往分析理论认为，父母状态和儿童状态对客观世界的感受和反应往往不一致，而成人状态的思考和反应则具有统一性和一贯性。因此，理想的相互作用是以上三种心理状态，汇合为个体的个性蕴藏在其潜意识中，并且在一定条件下，会不自觉地表现出来。

二、人际关系建立及破裂的过程

（一）人际关系的建立

1. 互不相识阶段

在茫茫人海中，我们每天要遇到很多人，有的对面相逢，有的擦肩而过，由于没有交往的动机，没有特别注意，时过境迁也就消失得无影无踪了。这就是互不相识的阶段。

2. 开始注意阶段

交往总是从互相以对方作为交往对象开始的。只有一方已觉察到另一方的存在，并进行详细感知和判断，才说明有了结交的表示，有了面对面的交往。

3. 表面接触阶段

表面接触是人与人之间最为普遍的关系。如一般同学、同事和邻居，虽然经常见面、经常打交道，但仅此而已。来则聚之，去则散之，只是角色性的接触而无进一步感情上的融合。

4. 建立友谊阶段

经过一个阶段的交往彼此从熟悉到了解，从了解到主动热情地关心和帮助对方。这是开始建立友谊的阶段。

5. 建立亲密关系阶段

随着交往的深入，双方共同活动，分离时彼此惦念，彼此在对方心目中占有极高的地位，无话不谈、心心相印（此阶段共同心理领域有可能大于相异的心理领域，但需要注意的是人与人之间不可能在心理上完全取得一致）。

（二）人际关系的破裂

1. 分歧

人际关系的融洽度是由双方共同情感领域的广度决定的，而分歧正是共同情感领域缩小乃至消失的开端。

2. 收敛

沟通过程中的轻松和愉快开始消失，双方都开始注意沟通内容的选择，试图避免触及对方的敏感话题，交往开始存在压力。

3. 冷漠

交往双方开始放弃增进沟通的努力，双方有所疏远，言语和非言语沟通缺乏热情。

4. 逃避

双方尽可能地相互回避，尤其是两人的单独相处，避免尴尬和困窘。从状态来看就是相互疏远。此时，人们往往感到很难判断对方的情感状态和预测对方的行为反应，这意味着双方的信任已经不存在了，交往更加小心翼翼。

5. 终止

终止是冷漠、逃避和疏远的必然结果，因为此时，结束这段关系是让双方解除心理负担、减轻痛苦的唯一选择。

三、人际交往的功能或意义

（一）生存与安全的需要

根据马斯洛的需要层次理论，在个体发展过程中，生理需要、安全需要、归属和爱的需要、尊重的需要、自我实现的需要是人们赖以生存的五种最基本的需要。它们构成了不同的等级或水平，并成为激励和指引个体行为的力量。

每个人都需要别人的关怀、帮助、爱护和同情，需要一种稳定的安全感，它表现为人们追求稳定、安全的环境，希望得到保护，能够免除恐惧和焦虑。这种需要是一种精神上的需要，如果一个人没有亲人、朋友，他会感到孤独、寂寞、焦虑和恐惧。相反，如果他有亲人、朋友，他就会感到快乐、充实和安全。

人际交往的需要是人的一种基本的精神需要，并不是功利性的物质生存需要。虽然人与人的交往包含了物质交换，但这不是心理学意义上的交往。有许多交往理论强调功利性价值，在日常生活中，人们对人际交往重要性的理解，也多停留在这种实用主义的意义上。比如俗话说"多个朋友多条路",就是典型的功利主义意义上的人际交往理论的价值取向。但人际交往的需要与此不同,它不带有功利性,是人精神上的本体需要。

(二)促进成长成才

人际交往是个人社会化的起点。从生命最初的婴儿时期,人际交往就已经开始了。从毫无意义的呓语到咿咿呀呀的回应,婴儿慢慢懂得与人交流,婴儿在与父母的交往中,不断领会他们的意图与要求,在与他们的相互交流中逐渐认识外界事物,这个过程就是成长。随着婴儿的成长,与他接触的人越来越多,他的交往面逐渐扩大,他所获得的信息也越来越多。在这些不断的交往中,他认识了更多的人和事,能与更多的人进行交流,有了自己的判断和好恶,慢慢能表达自己的情感,并学会了理解别人、关心别人,表达自己的想法,克制自己的行为,他的认知能力、理解能力、表达能力等逐渐提高。如果我们观察一个人的发展就会发现,每个人的成长过程实际上就是一个不断开放自己,与更多的人和更广范围的人交际的过程。如果一个人一生都封闭自己,他的发展将会因此而受到很大的限制。

1. 获得自信与自尊

人际交往能使人获得自信与自尊,激发主动发展的动机。人除了基本的物质需要之外,还有丰富的精神需要。一个人的发展往往是因为在与他人的交往过程中发现了自己与别人的差距,从而产生提高自己、消除差距的愿望,激发发展的动机,并努力赶上别人甚至超越别人。这种需要得到满足,个体就能从中获得自尊与自信。一般来说,人们一旦在某些方面得到发展,总想把他提升了的能力表现出来,以提升自己在群体中的地位和价值。

2. 获得社会经验

人际交往能使人获得社会经验,促进社会化发展。人要认识自己,最常见的方法和途径有两种,一种是自省,反思自己做过的事情以及后果,另一种是观照,即从对象(包括自然对象和他人对象)身上反观自己。因此,与人交往是个体认识自我的重要途径,通过与周围人比较来评价自己,从他人对自己的反应、态度和评价中发现自己的长处和短处,为自我评价创造有利条件。

3. 获得他人的帮助

人际交往能使人提高发展速度。英国作家萧伯纳曾经形象地说:"如果你有一个苹果,我有一个苹果,彼此交换,我们每个人仍只有一个苹果;如果你有一种思想，我有一种思想，彼此交换，我们每个人就有了两种思想。"现代社会信息技术的广泛运用，使信息交流非常方便快捷，使人们交往的范围扩大。社会分工越来越精细，使合作成为一种需求，也成了人际交往的一个重要方面，只要有交往就有合作。而合作不仅能使别人受益，我们自己也能受益。从这个角度看，合作实际上就是交往中的相互作用，是一种价值实现的互助。

（三）促进心理健康

1. 心胸开阔

良好的人际交往使大学生心胸宽广，能理解和信任别人，这是心理健康的前提条件。大量事实表明，心胸是否宽广与大学生人际交往是否和谐直接相关，良好的人际交往能让大学生变得宽容，善于理解和信任别人。近几年，大学生因心胸狭窄使人际交往不协调，最终导致打击报复，甚至造成伤害的事件时有发生，而且有的大学生为此形成了恶性循环，甚至导致害人害己的严重后果。

2. 学会分享

良好的人际交往使大学生在良好的人际氛围中，充分体验与享受交往带来的快乐，并乐意将自己的快乐与别人分享，进而学会分担交往对象的痛苦，并产生同感与共情，积极帮助交往对象解决问题，重新找回失去的快乐。分享是一个很重要的品质，尤其对心理健康发展有着特殊的意义。接受与给予交互影响。由于每个人都生活在群体中，必然会与群体中的人发生各种形式的联系，在这一过程中，我们无法离开他人的给予，也正是在这种接受与给予的过程中体验帮助与被帮助的快乐，感受做事与做人的真正含义。大学生是一个特殊的群体，更多的是在接受中成长，不懂或很少给予，体会不到给予的愉悦，在人际交往中表现出明显的"以自我为中心"倾向，而使人际关系遭到破坏，心理健康也备受影响。因此，大学生学会接受与给予，有助于良好人际关系的建立。

3. 学会合作

良好的人际交往促使大学生学会合作，这是心理健康的关键因素。美国哈佛大学一位著名的心理学教授认为，一个人事业成功的九大要素之一是"与同事真诚合作"，失败的九大要素之首是"言行孤僻，不善与人合作"。大学生只有在良好的人际交往中才能形成与人合作的意识，培养与人合作的能力。大学生要正确对待自己和他人的关系，尤其要正确对待竞争与合作的关系，培养合作精神，树立"竞合"意识，促进心理健康发展。

四、人际吸引

（一）人际吸引的概念及分类

人际吸引是人与人之间的相互接纳和喜欢，是一种交往双方在情感方面相互亲近的现象，是人际关系的一种特殊形式。人际吸引程度越大，人际关系就越亲密。

根据人际吸引的程度，人际吸引分成三个不同的层次，即合群、喜欢和爱情。

合群主要指的是与他人在一起、接近他人的倾向，这种倾向更多的是人的一种"天性"，它并不涉及是否喜欢他人的感情，不涉及对他人的积极评价。喜欢是中度的人际吸引形式，它主要表现为乐于与某人在一起，并且共处时感到轻松愉快。爱情是强烈的人际吸引形式，它是人类最亲密的高级吸引形式，是男女两性之间的相互吸引和依恋的一种特殊的强烈感情。

（二）人际吸引的影响因素

1. 外貌与好的个性品质

容貌、体态、服饰、举止、风度、行为等因素在决定人际情感上起很大作用。人们喜欢美的东西，这是一种自然倾向。外貌美容易形成一种好的印象，产生一种光环作用，使人们易于产生接近的倾向。但是，当与本人实际接触时，或者是当双方有了更多的交往时，这种光环作用就会削弱。在长期交往中，好的个性品质（主要是指人的能力、才智、品德）所起的作用更大。

2. 相似性

研究表明，人们喜欢那些与自己相似的人。相似性包括信念、价值观和个性特征的相似性；吸引力的相似性；社会地位的相似性；年龄的相似性。值得注意的是，这里的相似性不是实际的相似性，而是感知到的相似性。

纽科姆（心理学家）通过做实验，探讨了态度相似程度与喜欢之间的关系。他为大学生免费提供四个月住宿。在进住宿舍之前先对他们进行态度、价值观、个性特征等方面的测验，然后将这些态度、价值观、个性特征相似或者不相似的大学生分别安排在一间房子里住，并定期测验他们对一些事物的态度、看法及对同室友的喜欢程度。结果发现：初期，空间距离是决定彼此交往密切程度的重要因素；后期，态度、价值观、个性特征等方面的相似性超过空间距离成为决定个体关系亲密程度的重要因素。在研究的最后阶段，让他们自由选择房间时，相似程度高者选择了同一房间。

在实际生活中，因人们在初次交往中较少涉及信念、价值观、态度等较深的层次，此时年龄、社会地位、外貌的相似性往往起主要作用。随着交往的加深，人们之间的了解加深了，这时信念、价值观和个性特征的相似性就变得非常重要，决定着人们是否会继续深入交往。所谓"物以类聚，人以群分""酒逢知己千杯少，话不投机半句多"说的就是这种现象。

3. 互补性

人们有喜欢那些与自己相似者的一面，也有喜欢那些与自己个性品质相反者的一面。这样双方不同的心理品质，可以使对方得到心理上的补偿。也就是说，当双方的需要以及对于对方的期望正好呈互补关系时，就会产生强烈的吸引力。例如，日常生活中常有急性人和慢性人合作得很好、爱听的和爱说的成了朋友的现象。

相似性和互补性看上去似乎是矛盾的，实际上二者有时也是一致的。例如，在恋爱、婚姻中，往往支配型的男性和顺从型的女性彼此有吸引力，这是因为他们对男女关系中的男女角色看法一致，认为男性应起支配作用，女性应顺从。概括地说，相似性原则在喜欢中起重要作用，但当两个人的角色作用不同时，互补性原则起重要作用。

4. 熟悉性

熟悉能增加喜欢的程度。社会心理学家梅塔曾做过一个有趣的实验：他要求被试者看自己的两张照片，问他们喜欢哪一张。两张照片是一样的，只是一张是正像，一张是镜像。同时，也要求他们的朋友表明喜欢哪一张。结果是，被试者自己更喜欢镜像，而他们的朋友则更喜欢正像。因为自己常常看到的是自己的镜像，而朋友则常常看到正像。

看到的次数会增加喜欢程度，但次数也有一定界限，超过一定界限会产生厌烦的感觉。另外，次数的作用只表现在积极或中性刺激物上，而即使增加见到反面刺激物的次数，也不会导致对这个东西的喜欢。

5. 邻近性

邻近性是指如果其他条件相等，则人们喜欢邻近的人，住得近的人容易建立友谊。邻近性之所以起作用与交往频率有关。处于同一环境的人常常见面，容易产生吸引力。常常见面的人容易彼此了解，这也是邻近性起作用的原因。

邻近性也有一定的局限。我们所喜欢的人往往是邻近的，但我们所厌恶的人往往也是邻近的。所以邻近是吸引的必要条件，但不是充分条件。

6. 相互性

相互性是指我们喜欢那些喜欢我们的人，我们不喜欢那些不喜欢我们的人。但这不是绝对的，有时我们喜欢一个不喜欢我们的人，或者不喜欢一个喜欢我们的人。但在一般情况下，我们的确喜欢那些喜欢我们的人。

第二节　大学生人际交往中的困扰及心理效应

公共卫生总是宿舍里最麻烦的事。"都有责任"总会被那么几个人理解成"都没有责任"。作为寝室长的小刘诉说了他的苦衷：我们寝室有一个同学做得特别差，从不打开水，从不扫地，从不注意个人卫生，不仅懒，还常常要享受。作为寝室长，开始想着帮他多干点没啥，时间久了，觉得心里特别不平衡，为什么他那么缺乏起码的集体观念？为什么他可以坐享其成？可小刘一管，不仅没有解决问题，反而使矛盾更突出了。

你是否碰到过类似的人际交往困扰？你是怎么解决的？

一、大学生人际交往中的常见问题

（一）缺乏主动性

调查发现，几乎所有的大学生都能认识到人际关系的重要性，并且渴望与周围同学建立良好的关系。但是，这种对人际交往的迫切需求，并没有化作相应的行动，他们常常观望、等待，总是希望别人主动与自己交往，缺乏社交的主动性成为制约他们人际关系的重要因素。可以说，迫切需要人际交往但又处处被动这一点，在大学新生身上表现得最为突出。因为对新入学的大学生来说，他们面临的首要问题就是适应环境，而人际适应又首当其冲，无论是在主观上还是在客观上，都迫切需要他们尽快与几位舍友和谐融洽地相处。但是，与同学进行交往时，总是免不了有一种心理上的防卫，不能像与熟人交往那样无所顾忌，相互之间缺乏信任，一方面渴望了解别人，另一方面又封闭自己，把自己掩盖得很深，不愿吐露自己的心声，这样使相互的交往只能停留在浅层。当然，到了高年级，随着相互了解的加深和交往的增多，这种状况会逐渐摆脱。

（二）缺少知心朋友

"到了大学再也找不到像中学时期那样的好朋友了！"这是许多大学生的慨叹，一方面渴望真诚、深厚的友谊，另一方面又感到缺少知心朋友，这是多数大学生人际交往的一大特点。当然，造成这种状况的原因是多方面的，除了防卫心理和自我封闭性之外，严重的以自我为中心和虚伪、自负、性格内向等，都是不容忽视的因素。以自我为中心的学生，他们凡事总是首先想着自己，我行我素，唯我独尊，不管他人，不会理解人、宽容人，却要求别人能够事事处处顺从他、理解他、尊重他，希望别人待他好，自己又不做相应的努力。试想，大家都渴望得到而不愿付出，这样怎么会交到知心朋友呢？虚伪可以说是部分大学生最痛恨但又常见的一种性格特点，一方面他们为同学之间的虚情假意、掩饰自我、彼此封闭而苦恼，呼唤相互之间能够敞开心扉、真诚相见；另一方面他们又努力伪装自己，不愿暴露自我，这样做的结果只能使同学之间彼此产生怨恨和隔阂。自负是人际交往之大忌。自负的人喜欢抬高自己，贬低别人，认为自己绝顶聪明，了不起，别人都粗俗浅薄，因此不愿与人为伍。而当看到别人比自己强时，又会嫉恨别人，甚至诬陷、诽谤别人，把别人贬得一钱不值，以此获得病态的心理满足。由于自负的人常常伤害别人，因此很难拥有知心朋友。此外，性格内向的人，由于沉默寡言、不善交际，有时候会让和他在一起的人感觉尴尬难受，因此也不利于交到知心朋友。

（三）交往范围小

由于受生活规律和活动范围的限制，大学生的交往对象主要限于同龄人，尤其是同室、同班和同乡的交往，缺少与教师及社会上其他人的交流。应当说这种交往方式有利于稳定校园环境，对促进大学生把主要精力放在学习上有一定好处，但是这种交往方式对大学生人格的全面发展来说，又有着很大的局限性。因为同龄人的人生经验毕竟有限，对许多问题的看法难免有所偏颇，当面临各种人生问题时，不易得到有效的指导，尤其是大学校园与社会有较大差异，适应校园环境并不意味着适应社会，许多在校园里表现不错的大学生，到了社会上可能会不知所措。因此，缺少必要的社会经验是大学生人际交往的最大弊端。也正是因为这一点，大学生到了社会上容易被人们称为"书呆子"。

（四）异性交往困扰

由于生理、心理和社会环境等多方面的原因，与异性交往成了大学生的强烈愿望。上大学之前，这种愿望一直被压抑。那时，无论是出于升学的考虑，还是出于安全的需要，家长和教师都或多或少地限制了他们与异性的接触。但这种限制并不能从根本上消除他们与异性交往的愿望，一旦条件成熟，这种愿望就会突然爆发，化作一股强烈的不可阻挡的力量，进而变成一种近似盲目的行为。大学生与异性交往的盲目性主要体现在一种功利性的交往动机上，也就是说，对许多大学生而言，尤其是男学生，他们与异性交往的目的并不是要建立一种异性友谊关系，而是想直接进入恋爱阶段。这就恰恰应验了弗洛伊德的那句话："对绝对自然的东西的压抑无异于对它的加强，而且是以病态的方式加强对它的兴趣。"由于交往目的的单一性，男女大学生之间许多本该怒放的友谊之花过早地凋零甚至被践踏。

（五）少数人有社交恐惧

对多数大学生来说，他们都能够实现与周围人的正常交往，融入群体之中，为大家所接纳。也有少数大学生由于能力、性格或环境的原因，具有一定程度的社交恐惧。他们在与人交往中可能感到紧张、脸红、怕羞，也可能感到心慌、恐惧、胆怯，甚至因怕见人、怕看别人的眼睛而畏缩、逃避，完全与外人隔绝。这是一种对人际交往的逃避，虽然他们也渴望与人交往，但大部分人因为害怕失败，所以索性不与人交往。如果他们能打破自我设置的藩篱，大胆与人交往，这种现状会得到改善。

（六）沟通不良

大学生分别来自全国各地的不同地域、不同家庭、不同民族，在思想观念、价值标准、风俗、习惯、语言、性格、爱好等方面不尽相同，可能造成虽有良好的沟通愿望却适得其反，甚至可能引起误解。可以通过开展以下两种活动，让学生对比单向沟通活动和双向沟通活动。

1. 单向沟通活动

主持人准备两张纸片，分别写着"猴子捞月""举头望明月，低头思故乡"等；组员分一到两组，纵列，后一位组员背对前一位，由第一位组员根据成语或诗句做出动作，之后组员依次模仿，最后一名组员猜动作所表达的含义。最后，大家共同探讨单向沟通的意义及不足。

2. 双向沟通活动

主持人对组员进行分组，然后用活动之前准备好的纸，上面画有不同图形，组员随机抽取纸张，图片相同者为一组。主持人讲述故事，假设大家出海遇险，飘到一座荒岛上，已失去全部财产。某日在荒岛上捡到一只魔术棒，大家可以把它制作成任何自己认为需要的东西；要求组员在10分钟内，尽量想出不同的东西，并由一名组员负责写在白纸上；10分钟之后，各组把答案贴出来，并分享所列物品内容（不能重复）及数目，看哪一组列得最多。分享活动感受，每一组组员分别讲选择物品的原因。

最后进行总结分析，单向交流常常使人得不到及时、准确的信息。有问题不能问，出了错也不能及时知道，就会让人无所适从，从而不断出错。单向交流可以说是无效的沟通，最简单的理由就是没有回馈，听者对说者表达的内容必有或多或少的误解。因此，在人际沟通时，要注意双方的互动与回馈。只有彼此间随时保持双向的交流，才能使大家的意见都得到重视，才算是成功的沟通。

二、人际交往的心理效应

（一）首因效应

首因效应又称"第一印象"，也就是当双方初次接触时，交往对象最初的个人信息，如表情、服饰、年龄等方面，会给人留下较深的印象，影响到日后对其的判断和评价。

第一印象是非常重要的，因为它一旦形成就很难改变，这种"先入为主"的判断方式会影响到对交往对象其他方面的判断，进而影响今后交往活动的深入进行。这具体表现为第一印象好，在以后的交往中就会从积极的方面理解和观察对方；若第一印象不好，则容易产生偏见，总是从消极的方面去理解对方。

一位心理学家曾做过这样一个实验：他让两个学生都做对30道题中的一半，让学生A做对的题目尽量出现在前15题，让学生B做对的题目尽量出现在后15题，然后让一些被试者对两位学生进行评价——谁更聪明一些？结果发现，多数学生都认为学生A更聪明。

同样是只做对15个题目，但因为学生A做对的题目集中在前面，因此被人误认为他更聪明一点。也就是说，人们仅凭借前15道题就做了判断，而忽略了后面的信息。

心理学家凯利在高校做实验，在讲师进入教室前分别告知A、B两个班他的性格是"和蔼的"和"严肃的"。课后问学生对讲师的印象时，A班学生对讲师的印象明显要好于B班，不仅如此，A班学生与讲师的交流明显要比B班更加活跃和积极。

同理，在第二个例子中，实验者给出的关于讲师的第一印象影响了学生对其以后表现的评价。由此可见，交往对象最初的个人信息，会给人留下较深的印象，影响到日后对其的评价，这就是首因效应。

首因效应警示我们在今后的人际交往中，建立一个良好的第一印象，展现自己最吸引人的品质；同时又要客观公正地对别人做出综合评价，不要受首因效应的影响。

（二）近因效应

与首因效应相反，随着人际交往的深入，最近的信息对认知的影响较大，最后的印象会冲淡或盖过以往的印象，对行为发生重大的影响。这是相对于首因效应而言的，也指最后印象，也称为"新颖效应"。对他人的最新认识占据了主导地位，掩盖了以往形成的评价。

例如，多年不见的朋友，在自己的脑海中印象最深的其实就是临别时的情景。近因效应的原理在于，如果人前后两次得到的信息不同，中间因工作把它们分隔开，那么前面的信息在记忆中逐渐模糊，后面的信息在形成总印象中起到更大的作用。前后信息间隔时间越长，近因效应越明显。

近因效应与首因效应分别在不同的条件下起作用：首因效应主要针对陌生人（初次见面），而近因效应则主要针对熟悉的人。

近因效应的启示：认真对待每一次交往，既要重视给人留下美好的第一印象，也要注重新近留下的印象，否则再好的"第一印象"也无济于事；与他人之间因一时之气而发生冲突或是训责别人时，要开诚布公地积极沟通；要记得安慰和道歉，知错马上改，亡羊要补牢。我们在看待人或事物时，要全面地看，而不能只看一时一事，这样才可以避免因近因效应导致的认知偏差。

（三）晕轮效应

晕轮效应是指在人际交往中，人们常从对方所具有的某个特征泛化到其他有关的一系列特征上，因局部信息而形成一个全面的印象，即只根据部分情况而对他人做出整体的结论。就像月晕（或光环）一样，从一个中心点逐渐向外扩散成为一个越来越大的圆圈，所以也称为月晕效应或光环效应。

晕轮效应分为正的晕轮效应（如爱屋及乌、情人眼里出西施、一白遮百丑）和负的晕轮效应（如"厌恶和尚，恨及袈裟"）。

晕轮效应的成因是知觉的整体性。我们在感知客观事物时，并不是对其个别属性或者部分孤立地进行感知，而是倾向于将知觉对象的各种属性和部分有机地联系为一个复合刺激物。比如，我们闭着眼睛只闻到苹果的气味或者摸到苹果的形状，但我们的头脑中仍然形成了有关苹果的一个完整印象。这是因为借助经验，我们知道了苹果的其他特征，如颜色、味道等。

晕轮效应的启示：晕轮效应是个人主观推断的泛化和扩张的结果，会导致对交往对象的认知偏差，影响人际交往。这提醒我们应尽可能全面、公正、实事求是地对别人进行评价，克服偏差；要尽量消除偏见，"横看成岭侧成峰，远近高低各不同"，从多角度分析取舍。正确利用晕轮效应，会达到事半功倍的效果，如通过良好的外在形象或者言谈举止，突出自己的优势，以给别人留下美好的整体印象。

（四）社会刻板效应

社会刻板效应是指社会上对于某一类事物或者人物产生的比较固定、概括和笼统的看法，以至于在人们的头脑中存在着关于某一类人的固定印象，也带有先入为主的主观偏见。受刻板印象的影响，我们在认识和判断他人时，并不是把个体作为孤立的对象来认识的，而是把他看成某一类人中的一员，很容易认为他具有某一类人所有的品质，即戴着有色眼镜去观察某一职业或者类型的人。例如，法国人浪漫、美国人现实、中国人踏实；山东人直爽而且能够吃苦、湖南人爱吃辣、东北人能喝酒；等等。

社会刻板效应的启示：可以快速地将人物归类、了解，因此，它是对社会群体最简洁、最经济的认识，有利于信息的快速生成；但容易戴着有色眼镜认识社会群体，造成社会认知偏差，妨碍人际交往。

（五）投射效应

投射效应是指在交往中，一个人总是假设他人与自己有相同的倾向，即把自己的内在生命中的价值观与情感好恶影射到外在世界的人、事、物上的心理现象。"以小人之心度君子之腹""以己论人"，其根源是从自我出发认知他人。其表现有三点：一是相同投射——从自我出发做判断；二是愿望投射——把自我主观愿望强加于人；三是情感投射——以自我的爱憎指引交往。

投射效应的启示：分清认知主体和认知对象，正确、客观地看待别人和自己存在的差异，"己所不欲"时"勿施于人"，"己所欲之"也要学会"慎施于人"，在交往中要顾及他人的感受。

（六）心理距离效应（刺猬法则）

寒冷的冬天，两只刺猬要相依取暖，一开始由于距离太近，各自的刺将对方刺得鲜血淋漓，后来它们调整了姿势，相互之间拉开了适当的距离，不但互相之间能够取暖，而且很好地保护了对方。教育心理学家根据这一寓言总结出了教育心理学上著名的"刺猬效应"，这一效应的原理是教育者与受教育者日常相处只有保持适当的距离，才能取得良好的教育效果。

刺猬法则强调的就是人际交往中的"心理距离效应"。

心理距离效应的启示：人与人之间的距离由双方的人际关系以及所处情境决定，即我们和对方是什么关系就要保持什么样的距离。简单地说，合适的距离取决于我们和对方的亲疏关系和所处环境。

第三节 人际交往能力的培养

人际交往是人与人之间直接交往时情感的沟通。在社会生活中，个体总是不可避免地要与别人交往。每一个个体离开社会、群体，是不能独立于世的。良好的人际交往能力以及良好的人际关系是大学生生存和发展的必要条件。在生活节奏不断加快、竞争激烈的当今社会，人际交往能力显得更为重要。

一、成功人际交往的原则

（一）真诚原则

真诚一般指的是真实、诚恳，没有虚假。它是人际交往中的良好心态之一。待人接物要以诚为本。真诚是人与人之间沟通的桥梁，只有以诚相待，才能使交往双方建立信任，进而结成深厚的友谊。我们应该做到热情关心、真心帮助他人而不求回报，对朋友的不足和缺陷能诚恳批评，对人、对事实事求是。没有人喜欢虚情假意的人，只有诚心才可以使人在人际交往中获得别人的信任，并把那些具有同样优秀品质的人吸引到自己身边，建立轻松、愉快的社交圈。

（二）尊重原则

尊重包括两个方面：自尊和尊重他人。自尊就是在各种场合都尊重自己，维护自己的尊严，不自暴自弃。尊重他人就是要尊重他人的生活习惯、兴趣爱好、人格和价值。人际关系的基础是人与人之间的相互重视、相互支持，对于真心接纳我们、喜欢我们的人，我们也愿意接纳对方，愿意同他们交往并建立和维持关系。

只有尊重别人才能得到别人的尊重。无论一个人有多大的成就，他在人格上与任何人都是平等的。只有尊重他人的人，才能得到别人的尊重，从而真正实现自尊。人与人之间也许会存在着身份地位、背景等的差异，但在人格上却是平等的。因而，在人际交往的过程中，要尊重我们身边的每一个人，无论他是我们的领导、同事，还是我们的下属或其他人员。

英国皇室曾宴请印度客人，在宴会结束时，侍者为每一位客人端来洗手盆，印度客人误以为这是喝的水，于是一饮而尽。正当皇室成员对这一尴尬局面不知如何应付时，宴会主人却学着客人的样子，也将水一饮而尽。这一刻，大家纷纷效仿主人，饮尽洗手水。

这看似是一件小事，却表现出对客人的尊重。如果告知客人那是洗手水，又会如何呢？做人至此，怎不会朋友满天下呢？

（三）宽容原则

生活中，每个人的性格、生活习惯、生活方式、价值观、人生观不同，在人际交往中难免会产生误解和矛盾，这就要求人们在交往中遵循宽容的原则，既要允许生活中存在不同的声音，也要学会包容各种不同的声音，甚至学会欣赏这些不同。正是因为有了不同，生活才丰富多彩。大学生交往中的许多问题都是由不宽容造成的。生活中磕磕碰碰在所难免，这个时候就更需要每个学生用宽容的心态对待问题，不可斤斤计较，而是要谦让大度、克制忍让。忍一时风平浪静，退一步海阔天空，否则，小的摩擦可能酿成严重的后果。

（四）平等原则

平等是建立良好人际关系的前提，是最基本的交往原则。与人交往应做到一视同仁，不要嫌贫爱富，不能因为家庭背景、地位职权等原因而区别对待；不能盛气凌人，不能太嚣张。平等待人就是要学会将心比心，学会换位思考，只有平等待人，才能得到别人的平等对待。

萧伯纳有一次写作休息时，和邻居的小女孩一起玩耍，当送小女孩回家时，他对小女孩说："知道我是谁吗？回家告诉你妈妈，就说和你一起玩的是萧伯纳。"小女孩天真地回应说："知道我是谁吗？回家告诉你妈妈，就说和你一起玩的是克里·佩丝莱娅。"

小女孩的回答充分体现了人际交往中的平等原则。

（五）互助原则

人际交往的过程，是双方互相满足需要的过程。人与人之间的交往本质上是一种社会交换过程，交往的双方应相互获得满足。当自身的需求与对方所具备的条件正好为互补关系时，就会产生强烈的吸引。互助要注重双向性、互利性，互相关心、互相爱护，既要考虑双方的共同利益，又要深化感情。我们要善于发现对方身上的可取之处，向其学习，同时也要发掘自身的闪光点，这样才能使人际关系更加持久。

（六）理解原则

理解是人际交往成功的必要前提。理解就是我们能真正了解对方的处境、心情、好恶、需要等，并能设身处地地关心对方。有道是"千金易得，知己难求"，人海茫茫，知音可贵。善解人意的人，永远受人欢迎。在日常交往中，要体谅并理解他人的难处，出现矛盾的时候要以积极的态度努力解决。

二、人际交往的技巧

（一）人际沟通的语言艺术

1. 学会倾听

科学研究发现，我们花在倾听上面的时间多于其他沟通形式，在我们为沟通花费的时间中，有45%用于倾听，30%用于讲话。在人际交往中，倾听起着很重要的作用，做一个好的听众，往往更能得到别人的喜欢。因为有人倾听，说话者会感到心情舒畅，为进一步的沟通打好基础。倾听是对说话者的一种尊重。倾听是正确理解对方意思的前提，只有真正理解了说话者的意思，交流才能顺利进行下去。

心理学家还指出，善于倾听的人容易克制冲动、控制愤怒，拥有平和的交流环境。沟通的最高境界就是静静地倾听。倾听是人际交往中的一种技巧，更是人际交往的灵魂。交流是双向的，是听与说的交替转换。任何人都有表达自己的需要，都需要得到别人的理解与支持。所以，要学会倾听别人的不满与抱怨，即使我们不发表任何意见，也是对对方的一种理解。一个人以宽容和仁爱的胸怀去接纳别人，别人也会以真诚和善意回报我们。

倾听在人与人的沟通中起着非常重要的作用。心理学研究表明，每个人在内心深处都有一种渴望得到别人尊重的需要，而对方认真倾听自己的发言正是一种尊重的表现。那么，我们在倾听过程中应该注意什么呢？

（1）全心全意去听

注视对方，身体前倾，要聚精会神地听，专注于对方及其所讲的内容。

（2）准确理解对方的意思

要能听懂弦外之音、言外之意，明白对方的意思。

（3）积极给予反馈

要双眼正视对方，不时点头，打手势鼓励对方说下去，也可以配合一些应答声，表示我们在认真听。

（4）适当提供支持

当对方表达某种态度、情感时，要适当给予理解和支持。比如"是吗""真是""是应该这样做"等。

（5）适当互动

适当打断对方，向对方进行简单的提问，或对不理解的地方进行强调，如"您说的是这个意思吗"。

2.学会交谈

"良言一句三冬暖,恶语伤人六月寒。"由此可见,不同的说话方式会收到不同的效果。交谈是一门艺术,成功地与他人交谈,能促进人际交往的顺利进行。语言艺术运用得好,可以优化人际关系,相反,不注重语言艺术,往往在无意间出口伤人、产生矛盾。所以,掌握交谈的技巧会让我们的人际关系更和谐。

(1)用心选择话题

我们在与人交谈时一定要动脑筋选好话题,然后选择不同的方式进行交谈。例如,可用投石问路法与不熟悉的同学谈话,先提些问题,在此基础上进行有目的的交谈;也可选择对方感兴趣的话题进行谈话,先了解同学的兴趣,从而顺利交谈下去;还可以用即兴引入法,借用他人的信息,逐渐引入话题,接着深入交谈;还可以选用中心开花法,面对众多的同学选择大家关心的话题展开深入浅出的谈话。

(2)巧妙构思谈话内容

与人交往避免不了交谈,而交谈一般采取对话形式,巧妙地构思对话内容、提高谈话效果,使谈话更加默契,双方都能得到心理上的真正沟通。我们要在谈话中构思内容,避免对方难以理解自己的意图,不讲与话题不相关的问题,也不讲粗俗、令人尴尬的话题。

(3)适时转移话题

谈话时,有时自己对某一问题很感兴趣,对方却失去了兴趣,有时对方以暗示的方式表明要求结束话题时,不应再勉强维持谈话局面,应适时转移话题,重新开始新内容的交谈。

3.学会赞美

诗人汪国真说:"一个永远不欣赏别人的人,也就是一个永远也不被别人欣赏的人。"与人交往时,我们要学会赞美。赞美是扬善之举,可以使人得到激励,从而激发人的主观能动性,但赞美也要注意技巧。

(1)真诚

法国思想家罗兰说:"美好的东西时常是由于它是真诚的。"只有真诚的赞美才是真正的赞美,否则就是恭维,是阿谀奉承,不但说的人不自在,听的人也会不舒服,这样的赞美会适得其反,使人反感。

(2)新颖

赞美别人不能人云亦云。因为对方可能对这样的赞美已经习以为常,甚至不以为然了，要想赞美起作用，就应该另辟蹊径，让对方感到有新意。

（3）适当

过分恭维别人，不但贬低自己的人格，也会让人觉得虚假。运用赞美要适可而止，不能滥用。只有适当的赞美，才能收到良好的效果。

（4）具体

赞美要有针对性，不能笼统。没有针对性就没有实质性的内容，赞美就会流于形式，也就失去了说服力。

（二）人际沟通的非语言符号的艺术

心理学家发现，人际交往中只有7%的影响来自词语，而55%的影响来自说话者的脸部表情，38%来自说话者的声音。因此，适当运用非语言符号有助于良好的沟通。

1. 面部表情

人的表情有两种，一种是封闭式表情，另一种是开放式表情。

封闭式表情，也叫固定表情，表现为脸部肌肉和器官的松弛状态，眉毛下垂，眼光无神，嘴角往下挂，是没有活力与生气的表情，也是面无表情的表情。封闭式表情的表情语言就是拒绝，是"我不爱理你、我不想看见你、我不想和你打招呼、别招我"，如果用这种表情对待别人，别人接收到的信息是虽然没说话但拒绝了自己，虽然人没说话但表情在说话。

开放式表情，也叫瞬间表情，表现为扬起眉毛，使眼部周围的肌肉自然地伸展开，眼睛相对地睁大，亮丽有神，双颊往上动，嘴角上扬，是一种生动活泼、愉快自信、愿意敞开心胸与人交往的表情。开放式表情代表着"青春朝气，包容随和，善良亲切"，常表现为笑脸。它的表情语言表示接纳。

最具影响力的表达方式是微笑。微笑能拉近人与人之间的距离、化解矛盾、创造和谐融洽的气氛。

2. 动作（手势和触摸）

早在两千多年前，西赛罗就曾指出："一切心理活动都伴有指手画脚等动作。"手势在沟通中可以起到强调、说明、表达感情、指示方向等作用。

触摸行为往往能够反映出人际关系的亲疏程度和社会地位的高低状况，主要有握手、亲吻、拥抱和拍肩膀等。人在身体接触时对情感融洽的体会最为深刻；人与人之间的情感能通过身体接触得到充分表达。

3. 物饰语言

物饰语言指的是与人体有关的仪容、服装、饰物、佩件等。物饰在人际交往中具有传递信息的功能，但物饰一定要因人而异，注意自己的身份、职业和社交场合。美学总结的服饰的第一要义是得体、合适，也就是和谐，即按自己的年龄、环境、职业、性别等去选择，不符合自己年龄、环境、职业、性别特征的服装不要穿。

4. 体姿语言

体姿语言是指人们在交际中身体各部位处于相对静止状态时所传递的交际信息。在交际中，人的身体姿态是极富表现力的无声语言，是反映人个性特征的重要表现形式。古人讲究的"站有站相，坐有坐相，吃有吃相"，就是强调需注意行为姿态，他们认为"立如松，坐如钟，卧如弓，行如风"是美的姿态。

5. 人际距离

一位心理学家做过这样一个实验：在一个刚刚开门的大阅览室里，当里面只有一位读者时，心理学家进去拿椅子坐在他或她的旁边。试验进行了整整80次，结果证明，在一个只有两位读者的空旷的阅览室里，没有一位被试者能够忍受一个陌生人紧挨自己坐下。在心理学家坐在他们身边后，被试者不知道这是在做实验，更多的人很快就选择默默地远离到别处坐下，有人则干脆明确表示"你想干什么"。这个实验说明了人与人之间需要保持一定的空间距离。任何一个人，都需要在周围设置一个由自己把握的自我空间，它就像一个无形的"气泡"一样为自己"割据"了一个"领域"。当这个自我空间被人触犯时，人就会感到不舒服、不安全，甚至恼怒。

爱德华·霍尔博士在《无声的语言》一书中，将人与人之间的空间距离分为四类，即亲密距离、个人距离、社交（会）距离和公共距离。

第一，亲密距离（0～0.5米），通常用于父母与子女、情人或恋人之间，在此距离上双方均可感受到对方的气味、呼吸、体温等私密性刺激。

第二，个人距离（0.5～1.2米），一般用于朋友之间，此时人们说话温柔，可以感知大量的体语信息。

第三，社交（会）距离（1.2～3.5米），用于具有公开关系而不是私人关系的个体之间，如上下级、顾客与售货员、医生与病人等关系。

第四，公众距离（大于3.5米），用于进行正式交往的个体或陌生人之间，这些都有社会标准或习俗，这时的沟通往往是单向的。①公众距离——接近型（3.5～7.5米）。如果保持4米左右的距离，说明说话人与听话人之间有许多问题待解决。②公众距离——远离型（7.5米以上）。这是讲演时采用的一种距离，彼此互不相扰。

第六章 情绪与心理健康

人的任何心理活动都伴随着一定的情绪状态,情绪就像人的影子一样与之相随,是人心理状况的晴雨表。大学生是一个充满活力的群体,情感世界丰富多彩,情绪变化快、波动大。认识情绪,了解情绪的特点和作用,提高情绪觉察力,进而控制和调节情绪,对于提高学生的心理素质和生活质量有很大的裨益。

第一节 大学生的情绪特点

大学生正处于青春期向成年期的过渡时期,在生理发育趋向成熟的同时,心理也经历着急剧的变化,这种变化主要反映在情绪上。大学生这一群体独特的社会地位,以及所面临的生活、学习环境,都使他们的情绪具有鲜明的特点。调查表明,大学生的情绪具有以下特点:

一、丰富性与差异性

大学生的情绪发展是一个由不成熟到成熟、由简单到复杂的渐进过程。在这一过程中,呈现出鲜明的丰富性和差异性的特点。

大学一年级的新生初入校门,对大学生活充满了好奇与幻想,渴望友谊,渴望迅速地适应新的环境。另外,由于生源地、学习背景、家庭环境、学习期望值等差异,他们中有的带着"成功者"的自信与自负,有的带着"失败者"的自卑与自责。在高考目标业已实现,新的目标尚未确立或明确的情况下,处于相对于高中时期要松散得多的大学生活环境,有些学生感到彷徨和困惑,也有部分学生"松口气"。有的大一新生由于新鲜与好奇,再加上想证明自己的能力,参加各种学生社团或学生会活动,在活动中由于各自的基础和特质不同,也会获得不同的内心体验。

大学二年级的学生已逐渐适应新的环境，学习的压力没有刚来时那么大，此时大学生开始更多地把目标放在综合素质的提高和社会经验的积累上，独立性和主动性都有了较大的发展，开始较为现实地设计自己的理想，情绪的波动性和冲动性减少，稳定性增加，"考证热"就是此时一个典型的现象。有不少大学生希望在课余时间多参加各种培训来增强自己各个方面的技能，此时学生的理智感和求知欲都有了较大的发展。

大学三年级或毕业班的学生因面临着即将走向社会的压力，同时出现考研或是工作等矛盾，他们更多地关心自己的前途和命运，出现了对物质、家庭、择偶、工作等新的想法和打算，情绪呈现出矛盾性和复杂性。

从以上情况不难看出，大学阶段情绪情感的发展正在趋于成熟，并不断完善。这一阶段的情绪既具有青春期情绪的特点，又带有成年人老练成熟的色彩。年纪不同的个体在情感发展和情绪变化上呈现出一定的差异性和复杂性，且不同性别又有不同的特点，再加上两性情感因素的介入，使得大学生的情感异常丰富。

二、稳定性与波动性

大学生随着年龄的增长，情感状态趋向稳定，表现在时间上有了更强的持续性，表现为心境化。比如，一次成功的喜悦往往会影响一段时间内的活动与心理状态。调查显示，有三成多的大学生表示"自己对事情能够沉着冷静，能控制自己的情绪，不随外界环境的变化而大起大落"。

但大学生的情绪波动性仍很明显，情绪起伏较大，容易从一个极端走向另一个极端。比如，有些大学生在强烈的感情冲击下，做事武断，缺乏全面分析，行为固执，听不进劝告，有明显的感情用事的痕迹，表示"高兴起来我想热情地和每一个人握手，低落起来别人一个轻蔑的眼神就可以把我击倒"。据调查，有26%的大学生"心情常常随当时的气氛而变化"，16%的大学生认为自己"是一个容易发怒的人，会为小事而过分激动"，有26.5%的大学生"不善于抑制自己的冲动或沮丧情绪"。在这些情绪不安定的大学生中，有很多大学生希望得到帮助与关怀，以使自己顺利度过这段心路历程。

大学生情绪不稳定常见的另一种情况是情绪来得快，去得也快。俗语中"热血青年""血气方刚"等正是这种情绪不稳定的鲜明写照。调查显示，引起大学生情绪波动的原因，一方面来自心理、生理的急剧变化，另一方面来自社会需求与个人需求之间的矛盾。大学生渴望独立，认为自己已经成人，不喜欢别人过多地干涉。但由于自身认识事物还有局限性，因此理想与现实经常出现矛盾，在情绪上难免会有所反映。

三、强烈性与冲动性

美国著名心理学家霍尔曾用"疾风怒涛"这个词来形容青春期的情绪与情感的特点。大学生虽然已进入青年中期，但青春期的特点仍有所保留，表现在情绪情感的成熟程度上存在着个体间的差异。比如，有的同学情绪爆发快、强度大，一般小事也会引起冲动。调查显示，34%的大学生表示自己常常"凭感情办事"，17%的大学生认为自己在别人眼里"是一个性格倔强、脾气急躁的人，做事讲话容易操之过急，言辞激烈，易冲动"。比如，停电时有的学生敲盆、吼叫，甚至起哄、扔东西等，这表明仍有部分大学生情绪情感的发展尚未成熟，需要引导。

四、外显性与内隐性

同所有的年轻人一样，大学生对外界刺激的反应也是迅速而敏感的。喜、怒、哀、乐常常形于颜色，具有外显性的特点。被调查的大学生中有37%的学生表示"心情不畅时，无法在他人面前掩饰自己的不愉快"。但年龄的增长，自控能力的逐渐增强，使得他们情绪的外显性与内心体验并不总是一致的，在某些场合或特定情景下，他们还会把自己的真实想法"封闭""隐藏"起来，变得含蓄，表现出相应的掩饰性。在问到"你采用什么方式消解心中的不快"时，有高达63%的大学生选择"脱离集体，陷入深深的孤独中，不会随意向他人倾诉"。

五、社会性与细腻性

大学生不仅有由生理需要而引起的情绪表现，还有由社会需求和自我完善需求而引起的社会性情感表现。这类社会性情感主要包括理智感、道德感、责任感、义务感等，他们的社会性情感的发展与自身社会的成熟度是相一致的。

另外，随着大学生交往领域的不断扩大，大学生对友谊的依赖程度更高，同伴之间心理接近的需要也更强，因此，他们的情感在内心体验上就有了更多的敏感与细腻的特点。据调查，有50%的大学生承认"十分留心自己的感情体验"。

六、友情性与爱情性

生活在开放、活跃的大学校园里，相同的年龄、共同的理想追求和共同的兴趣爱好，加之频繁的接触，更容易播撒友谊的种子。英国杰出的唯物主义哲学家培根在《论友谊》中说："得不到友谊的人将是终身可怜的孤独者，没有友情的社会则是一片繁华的沙漠。"因此，感情丰富的大学生对于友情的追求，较其他年龄段或其他领域和阶层的人要强烈得多，而且更珍惜友情。很多人把大学期间建立起来的同学友情视为终身的精神财富，时间越久，感情越深。

同时，大学生的生理发育已经基本成熟，渴望与异性交往、期望得到爱情的体验是这个年龄段青年人的一种正常情感需求。特别是在当前大环境下，大学校园里谈情说爱已经司空见惯，爱情体验也成了大学生情感生活的一项重要内容。

第二节 大学生常见情绪困扰及其调适

适度的、情境性的负面情绪反应是正常的，也是无害的；但持久的情绪困扰与烦恼，陷于不良情绪中不能自拔，甚至出现心理障碍，如抑郁症、焦虑症、恐惧症等，则会严重妨碍学习和生活，需要及时有效地调节。大学生中常见的情绪困扰主要有如下几种：

一、焦虑

焦虑是个体主观上预料将会有某种不良后果或模糊地感到有威胁性情境出现时所产生的一种不安情绪，同时伴有忧虑、烦恼、害怕、紧张等情绪体验。大学生考试的失败以及毕业前对就业或将来前途的担心和忧虑，都可使人产生焦虑情绪。心理学认为，适度的焦虑有利于学生自我能力的发挥，但高度焦虑则会影响一个人的精神状态、认知、行为和健康，使人思维受阻、行为迟缓，亦可引起食欲不振、失眠等躯体症状，严重的焦虑还能使人丧失希望和情趣，并可导致身心疾病的发生。

大学生常见的焦虑有五种：一是自我形象焦虑，主要发生在特别关注自我外貌形象的学生身上；二是学习焦虑，主要发生在对自己能力的主观评价不如他人以及那些对获得好成绩有强烈愿望的学生身上，表现为考试时怯场、无法安心学习等；三是人际关系焦虑，主要发生在性格内向、独立性差的学生身上，他们对师生关系、同学关系、异性关系产生心理焦虑；四是恋爱焦虑，主要发生在有恋爱关系的学生身上，恋爱受挫或失恋引发的自我否定，认为自己不具备爱人与被爱的能力；五是前途焦虑，主要发生在对自己的职业定位不够明确的学生身上，表现为过度地担忧未来的职业选择与就业前景。

要克服过度的焦虑，首先要能觉察自己害怕什么，自己想要控制什么，然后冷静地分析自己焦虑的事情是否在自己力所能及的可控范围内。对于超越个人可控范围的事要"放手"，对于个人可控的事要好好规划，决定如何应对，并积极付诸行动。要尽最大努力把注意力从担心失败转移到积极行动、争取成功上来。另外，应增强自信，不怕困难，不计较得失，遇事要当机立断，任何犹豫或徘徊只会增加焦虑。

二、抑郁

抑郁是一种感到无力应付外界压力而产生的，由情绪低落、冷漠、失望等构成的消极心境，通常当事者的感受为缺乏活力、丧失兴趣、自罪自责、食欲差、失眠、体重下降等。生活中轻微的抑郁是常见的，它引起的不良体验，对人的行为有一定的消极作用。严重的抑郁则属于异常状态，需要特别的关心和疏导，因为长期持续的抑郁会导致心理性的抑郁症，而抑郁症是威胁人类生命的杀手。因此，对那些性格内向、沉默寡言的大学生应多加关注。

抑郁情绪如同其他情绪反应一样，人人都曾体验过。对大多数学生来说，抑郁只是偶尔出现，时间短暂，时过境迁，很快就会消失，这是不足为虑的；但是当长期处于抑郁状态，甚至有导致抑郁症的倾向时，就需要高度警惕，应寻求专业心理咨询师或心理医生的帮助。

三、嫉妒

嫉妒是指因他人在某些方面胜过自己而引起的一种不快甚至痛苦的情绪体验，是对他人不友好、敌视与憎恨的不健康情感。嫉妒者不能忍受别人的成功及自身的不足，对于他人的成就、荣誉、能力甚至穿着打扮等超过自己，都会引起心理不平衡。地位相似、年龄相仿、经历相近的人之间更容易产生嫉妒情绪。大学生中，常会出现这样的情况：当原来与自己差不多的人超过自己时，心中难免会产生一种说不出的不舒服或不服气的情感，这就是嫉妒。

日常生活中一般的、一掠而过的嫉妒情绪，可以为自己追求上进的行为增添一定的动力。心理健康的人会非常理智地将这种情绪控制在适度范围内，并善于将其转化为鞭策自己的动力。心理不健康的人则会让自己沉浸在这种消极的情绪中，任其滋长，日复一日地在阴暗的角落里蹉跎岁月，使自己变得消沉并充满仇恨，其结果是人与人之间的对立、分裂，并导致个体内向、逃避，甚至诱发心理疾病。也就是说，当嫉妒无限制地发展，并挣脱了理智的控制反过来控制了人的心灵的时候，人就会产生较为严重的心理问题。病态的嫉妒一会害人，二会害己。这种人看见别人的成功比看见自己的失败还要难受，凡是发现比自己优秀的人和事，就会情不自禁地产生一种痛苦的"条件反射"，导致一系列严重的情绪反应。而且，过分嫉妒的人为了达到自己比别人强的目的，往往不是从自身去努力，而是不择手段地去贬低或损害他人。此时不但没有使自己的才干增加，反而拉大了和他人的距离，而且因其行为不合社会规范，为社会和他人所不容，使其心理上受到了更大的打击。

克服嫉妒情绪，首先要开阔视野，全面认识自己与他人的优势和劣势。明白"尺有所短，寸有所长"的道理，充分发挥自己的优势，弥补自己的不足，对于无法改变的客观现状要学会平静接纳。其次，提高修养，充实自己的生活。培根说过："嫉妒是一种四处游荡的情欲，能享有它的只能是闲人，每一个埋头干事业的人，是没有工夫去嫉妒别人的。"要摆脱嫉妒情绪，就要不断地充实自己的生活，寻找自身新的价值，要踏实地走自己的路；要正确认识自己，摆正自己和他人的位置；要学会正确地进行比较，正视差距，学习他人的长处，克服自己的短处；从挫折中振作奋起，把嫉妒转化为积极进取的内在动力，不断完善自己。

四、自卑

自卑，顾名思义，就是自己看不起自己，是个体由于某种生理或心理上的缺陷或其他原因所产生的对自我认识的一种负面情绪体验。自卑的学生往往认为自己什么都不行，这是自卑的实质，即自我评价过低，自卑者总是以失败来衡量自己。荷兰哲学家斯宾诺莎说："由于痛苦而将自己看得太低就是自卑。"自卑可能来自早年他人对自己的消极态度，也可能来自自己期望过高、要求过严而又屡遭挫折的体验。体弱多病、生理缺陷、记忆力差、性格孤僻、经历坎坷、境遇不佳、过分追求完美的人都容易产生自卑。长期生活在自卑阴影下的人，情感生活往往失去平衡，他们习惯于给自己的行为设置消极障碍，面对机遇裹足不前，自己阻塞了成功之路。这种结果反过来又进一步强化了他们的自卑，事实上，许多人的自卑都是自己虚构出来的。他们盲目地假设别人在轻视自己，无端地猜疑别人要攻击自己，把善意的赞扬看成讽刺，真诚的同情被曲解。

要克服自卑感，首先要建立起正确对待自卑的态度，分析产生自卑的原因和内在的心理过程，客观、全面地评价自己和他人，不能因为一次失败就否定自己的能力和价值，更不能用自己的不足与别人的优势相比较，应该以积极的方式面对现实。其次可以将注意力转移到自己感兴趣也最能体现自己价值的活动中去，从而缓解心理压力和紧张。最后可以寻找比较容易也很有把握完成的事情来做，成功后收获一分喜悦，然后再找下一个目标。自信恢复一分，自卑的消极体验就会减少一分。

五、愤怒

愤怒同恐惧一样，是人和动物最原始的反应，是在同自然环境的斗争中为保护自己必须具备的一种本能。因此，人都是可能发怒的。但是，这并不意味着人的愤怒可以不受节制。中医说，"怒伤肝""大怒则形气绝"。心理学将人的性格分成A型性格和B型性格两种，其中A型性格的"敌意"和"发怒"，被称为危险的情感因素。这是因为，发怒时体内所释放的激素和其他化学物质的累积，会引发心脑血管疾病和其他身心障碍。而且人在愤怒的时候，意识狭窄、认识模糊，再加上胡乱猜疑导致的敌意情绪扰乱了心理的平衡，容易产生一系列过激的行为，造成严重的社会问题。

在相当一部分易怒的大学生中，常常有一些错误的认识，认为发怒可以挽回面子，维护自尊；可以威慑他人，树立威信；可以满足愿望；等等。其实不然，发怒的结果往往事与愿违，得到的不是尊严和威信，反而是引发他人的愤怒、厌恶等更恶劣的后果。我们自己的情绪不但不能被抚平，反而会更加气愤。因此，怒气看起来是对外的，实际上受伤害的是自己，心里感觉不愉快的也是自己。正如古希腊学者毕达哥拉斯所言："愤怒以愚蠢开始，以后悔告终。"

很明显，无限制地发泄愤怒或一味地压抑愤怒，都不能真正消除愤怒。要想少生气，或者恰当地宣泄怒气，要从自己做起。首先懂得尊重人、宽容人。只有尊重他人才能获得他人的尊重。宽容了他人，获得的是自己心绪的宁静。愤怒本身并不可怕，它恰是一种能量，能量不会凭空消失，如果无法辨识愤怒，则它会恣意泛滥无法控制。所以，怒气一旦产生，要及时地意识到，并设法让自己冷静下来，最好别讲话。屠格涅夫曾劝告与人争吵且情绪激动的人："在开口之前，先把舌头在嘴里转十个圈。"如一旦怒火中烧，情绪一时难以控制，可适当转移注意力或转移环境，给自己一点时间去觉知自己的情绪状态，并弄清楚自己是为什么而生气，爆发的后果是什么。如果我们知道发怒会有损自己的利益，那么最好约束自己，无论这种自制多么吃力。然后再想一想如何适当地表达自己愤怒的情绪才能解决问题，从而使内在的力量转化为积极的、保护性的力量。

六、冷漠

冷漠是对周围环境中的人和事漠不关心，是对挫折的自我逃避式的退缩性心理反应。冷漠主要表现为对他人怀有戒备心理，不与他人交流思想情感，对生活中绝大多数事情毫无兴趣，游离于群体之外等。冷漠往往是由努力得不到承认或屡遭挫折所致。此外，缺乏家庭的温暖，缺乏安全、信任、尊重的社会环境，也会造成性格孤僻、情绪冷漠。冷漠的人表面看起来很清高，其实内心往往很痛苦和孤寂。由于没有宣泄的途径，巨大的心理压力无法释放，导致产生了这种不良情绪。冷漠严重阻碍了个体的心理健康和自我发展。

要消除冷漠，首先要转变观念，纠正认知，意识到自己是生活的主人和创造者，任何事都具有两面性，不可一叶障目、以偏概全。生活就是这样，我们报之以热情，它才会回报我们热忱。机遇之门常为那些充满热情的人打开，命运之神总会把机会留给那些积极、热情而愉快的人，我们要主动地走出自己低沉的情感世界，积极地投身到生活中去，并从中获得乐趣和自身价值。

在现今的大学校园里，"无聊""郁闷"似乎成了大学生的口头禅。据某本科院校问卷调查显示，有63.6%的大学生觉得大学生活无聊，如果加上"偶尔觉得无聊"更是高达83.7%，其中"无聊""郁闷"两词更是以55.2%的投票率高居全国高校流行语榜首。

心理学认为，无聊是心理"亚健康"的情绪反映，具体表现为对生活目标的不明确、对未来的不确定、对现实的无能为力等。

大学生感到无聊，首先，与应试教育有关。在中学阶段，考上大学是学习的目的。一旦进入大学，高中时期的目标变成现实，新目标又未及时确立，不少学生进入"动力真空带"或"理想真空期"，感到茫然空虚是很正常的。其次，与大学生对生活的理解有关，很多人对大学生活存在误解，认为进了大学就等于进了天堂。其实，大学只不过给学生提供了一个可能性的平台，一切都要靠自己的努力。最后，与社会上的消极现象有关。大学生正处在一个特殊的年龄阶段，过多地看到社会负面的东西，情绪波动较大，易受社会上不良现象的影响，从而产生悲观的情绪，对生活厌倦、失望。

李开复博士在给中国学生的《大学四年应该这么过》一文中指出："进入大学是你一生中第一次放下高考的重担，开始追逐自己的理想、兴趣；这是你第一次不再单纯地学习理论同时还要亲身实践；这是你一生中最后一次有机会系统性地接受教育；这可能是你最后一次可以将大段时间用于学习的人生阶段；也可能是最后一次可以拥有较高的可塑性，可以不断修正自我的成长历程。"

评论一个人最常面对的是自己，而不是别人。生活的本质就是平淡，无聊、孤独是难免的。一个人的成熟就是对平淡生活的理解和接受，往往那些能忍受孤独和平淡的人才会有所成就。

第三节　大学生健康情绪的培养

良好的情绪状态不仅有利于提高工作、学习效率，而且有益于身心健康。弗洛伊德曾说："学习掌控自己的情绪是成为文明人的基础。"一个能够成就一番事业的人，仅有良好的智力和一定的知识是不够的，他还必须懂得适时调控自己的情绪，在各方面表现出得体的言谈举止，从而表现出良好的高素质人才的面貌。加强大学生情绪和情感的自我调节，并提高自我修养，是大学生拥有健康情绪情感的最佳渠道。

调控情绪的方法，概括起来有两大类。一是堵，即压抑策略。当产生某些不良情绪时，学会克制、约束不良情绪的表达。这虽然是一种调节情绪的方法，但是从心理学角度来讲，过分压抑自己的情绪不利于身心健康，反而会使它们在内心深处积淀下来，使情绪困扰更加严重，甚至积累到一定程度后会以破坏性的方式爆发出来，造成更大的伤害。二是疏，即疏导、宣泄不良情绪。选择合适的方式和场合，在尽量不影响他人的情况下将不良的情绪释放出来，从而使糟糕的心情得到放松，这是一种良好的不良情绪排解方法。排解不良情绪的方法有多种，不同的心理学派也有不同的论述，我们根据大学生的心理特点，有选择地介绍以下八种方法，供大家参考。

一、认知调节

不良情绪的产生主要是自我意识的发展不够成熟。因此，当大学生发现自己有负面情绪时，可以通过两种方式来认识自己：一是思考自己的情绪是怎么产生的；二是分析这种情绪是否由自己的想法或解释造成，和自己的个性、习惯又有哪些联系。

美国心理学家艾利斯提出"情绪 ABC"理论，他认为一个人情绪的好坏是由自己的想法所决定的。如果能改变一个人非理性的思想、观念和评价，就能改变他的情绪和行为。A 是缘起事件，B 是信念，C 是情绪与行为的结果，影响我们情绪反应和行为表现的并非事件本身，而是我们对此事的解释。因此，即使发生的事情相同，若我们所持的信念不同、评价不同，便会产生不同的情绪反应。所以，艾利斯认为人应该为自己的情绪负责，因为情绪是由自己的想法制造出来的。如果能找到人的非理性信念，并驳斥、干预此信念，以合理信念取而代之，人就会有新的情绪产生，拥有较好的情绪反应。

以克服自卑为例。要克服自卑，首先，要正视自卑。心理学家阿德勒认为，过分自卑者经常先入为主地认为"我不如别人"，使自己陷入一种消极心理定式中，这样往往会造成实践起来更困难的恶性循环，产生消极后果。因此，积极的自我暗示是很有必要的，"别人行，我也行"，增强自己改变现状的信心。其次，要建立合理的目标体系。理想自我标准的制定既不过高，也不过低，切合实际，同时积极改变自己某些不合理的观念。最后，学会全面、客观、合理地进行自我评价。不以偏概全，不妄自菲薄，一件事做不好并不代表每件事都做不好，一个方面有缺陷也不意味着每个方面都有不足。此外，心理补偿也不失为一个有效的好方法。阿德勒认为，一个人在某方面不足，则往往会通过个人努力在其他方面取得成就，用补偿心理来激励自己，正所谓"失之东隅，收之桑榆"。

二、自我暗示

语言是人的情绪与表现强有力的影响工具，通过语言（包括不出声的内部语言）可以引起或抑制情绪的反应。比如，心里默念"太气人了""气死我了"之类的话，并想象让自己气愤难耐的情景，就会发现自己心跳加快、呼吸也开始变得急促，似乎真的发起怒来；反之，如果默念"太开心了""好高兴呀"之类的话，并想象一些令人愉快的情景，就会真的愉快起来。这就是自我暗示的神奇功效。

为了调节情绪，我们应该学会经常给自己一些积极的自我暗示。当情绪不好时，不要放纵情绪的泛滥，要多跟自己说"一切都会好起来的，明天就是新的一天了""烦恼、哀愁都是没有用的，我要对自己有信心"，甚至每天照镜子时对自己笑一笑，充满自信地大声跟自己说"我看起来精神状态很好"。不管自己相不相信，一定要坚持这样做，时间长了，自我暗示的效果就会出来了，我们就会变成一个自信、乐观、开朗的人。

三、意志调节

培养良好的意志品质，也是大学生培养健康情绪的一个重要调节手段。人的意志品质能够调节情绪的发生和强度。一般来说，修养水平较高的人，能更有效地调节自己的情绪，因为他们在遇到问题时，善于明理与宽容。拿常见的骄傲这种情绪来说，这种情绪的危害性显而易见，除导致学习成绩下降外，还会导致人际关系恶化，严重者还会引起心理疾病。产生骄傲情绪的原因主要是自视过高，对自己评价不切合实际或对别人缺乏了解，自以为是。正所谓"虚心使人进步，骄傲使人落后"，克服骄傲情绪的主要途径是不断完善自己的人格，培养自己谦虚谨慎的品质，取人所长，补己所短，为今后发展打下良好的基础。

四、转移

转移可分为注意转移和行动转移。注意转移是指把注意力从自己的消极情绪上转移到其他方面上去。转移的另外一种类型是行动转移，即把情绪转化为行动的力量，把怒气转变为力量。凡是长期心情不好的人，都易沉溺于不良情绪中难以自拔。因此，解决不良情绪，不妨采取一些建设性的行动，包括自己感兴趣的、有意义的、有创造价值的、可以增进人际关系的行动，这样不仅可以调整自己的情绪状态，而且可以取得积极、正面的行动效果。可以说，转移是一种很好的调节情绪的方式。

五、适当宣泄

所谓适当宣泄，是指在适当的场合或时机采用适当的方法，有效排解心中的不良情绪。不良情绪累积太多难免会像火山一样爆发，使人所受的影响更大。因此，学会适时适度表达某些负面感受，使之源源不断地释放出来，对身心不无益处。

（一）倾诉

找一个值得信赖的人，将心中的想法与苦闷统统诉说出来，可以使抑郁得以缓解。美国心理学家罗杰斯认为，人不仅可以交流内心的思想，而且可以交流内心各种各样的情绪，包括内心的冲动、模糊的感受，甚至难以启齿的秘密。通过沟通，可以缓解压力，释放内在负能量。在生活中，为什么朋友多的人相对比较健康，就在于他们有更多的宣泄渠道。在宣泄的同时，朋友的理解和关心也成为一种情感上的支持。因此，在倾诉中，宣泄治疗与支持治疗同时起作用。

（二）朗读

大声朗读，把心灵打开，让文字变成音响，将心与口统一，口成为心灵的一扇窗户，每一次响亮地打开，意味着一种勇气、一种气概、一次直抒胸臆的宣泄。朗诵的内容可以根据自己的兴趣选择。比如，"下定决心，不怕牺牲，排除万难，争取胜利"。将这样的语录大声朗诵十遍，我们的抑郁可能会不翼而飞。苏轼的《念奴娇·赤壁怀古》气势磅礴，对于喜欢诗词的人再好不过。

（三）痛哭

当遇到意外的打击、受到很大的委屈或精神压力过大时，找个没人的地方痛痛快快地哭一场，不失为一种缓解情绪的快速而有效的方法。平时我们总要求自己要坚强，有泪不轻弹，经常强忍或压抑着自己想哭的冲动，但实际上，偶尔的痛哭是有利于身心健康的。生理学家通过化学测定发现，人的眼泪中含有因负面情绪而产生的毒素，痛哭可以使这些毒素随着泪水排出体外，而不至于长期积累在体内影响身体健康。大哭过后，情绪得到缓解，因情绪紧张而带来的感觉、记忆和思维障碍也就自行消退了。这时我们就可以比较冷静、客观地面对自己的问题。

（四）写日记

每天睡觉前打开日记本，把一天的喜怒哀乐随意地写下来，自己与自己对话，自己做自己的知心朋友，然后卸下包袱轻松地进入梦乡，这真的是一种很好的调节自己情绪的方法。古人曾说："吾日三省吾身。"其实，写日记本质上是一种倾诉，只不过对象不是别人，而是自己。日记可以天天写，也可以心情不好时再写，不必局限于晚上，随时都可以用来发泄自己的情绪，尤其是不想跟别人说或无人可说时。把情绪宣泄在纸上还可以帮助自己整理混乱的思维，有效地分析自己面临的问题，时过境迁后，还可以拿来看看自己当初的心路历程，帮助自己更快地成长、成熟。

（五）运动

在情绪很强烈又没有适当的发泄口时，可以通过运动来发泄。比如，对着沙袋猛打一通，到操场上跑几圈，干点累人的体力活或到空旷无人的地方大喊大叫一通等，这些都可以释放聚集在体内的能量，达到缓解压力、宣泄情绪的目的。

六、深呼吸放松法

深呼吸放松法简单易行，却非常有效，因此被称为放松第一法。

人一紧张，呼吸便会急促，出现所谓"过度呼吸"的情况，此时，吸入的新鲜空气最多只到达胸部便被呼出。这是紧张的自然结果，也是紧张进一步加剧的原因。

而改变呼吸能迅速克服以上症状。这就是深呼吸放松法简单有效的原因。深呼吸放松法的关键是将"胸式呼吸"变成"腹式慢呼吸"，血液循环将恢复正常，充足的氧气将随着血液流向全身，上述一系列紧张的生理反应都将消失。

深呼吸放松法的具体操作步骤如下：

在座位上舒服地坐好，身体后靠并伸直，不要驼背，解开束腰的皮带及衣物，将右掌轻轻置于肚脐上,掌心向下,五指并拢。

现在开始长长地、慢慢地吸气。我们可以将自己的肺想象成一个气球,尽量将这个气球充满。当我们感觉到气球已全部胀起时,气沉丹田,保留两秒钟,然后,轻轻地、慢慢地将气呼出。

在吸与呼时,我们可以采用"手拴法"来证实自己是否在进行腹式慢呼吸。在吸气时,我们的手掌离开身体,向外运动,表明我们已经将空气一直送到了肺的底部。我们也可以采用鼻吸口呼的方式,随着鼓腹收腹,细长地吐纳,我们会有气通向全身的舒畅感。

我们的目标是要做到吸气持续四秒钟,呼气也持续四秒钟。我们可以边呼吸边数秒。为了放慢速度,数秒的方法可以做些改变,将"一秒"改成"一个千分之一",这样数可以将速度基本上降到大约一秒钟一个数字。

这种方法如果每天坚持练习两次,每次4～10分钟,使之成为我们的生活习惯,我们就可以在最需要的时候用以缓解焦虑,而且它能够有效地降低我们对焦虑的易感度。

七、升华法

当个人欲望或需求因某种原因或条件的限制不能实现时,可以通过升华的方法将其原有的内部动机转化为社会性动机,以社会可以承认、接受、允许的方式,去追求更高的目标,从而获得新的、更高级的精神满足。例如,歌德在失恋后写出流传后世的名著《少年维特之烦恼》;司马迁遭宫刑而著《史记》;居里夫人在丈夫横遭车祸的不幸后,用努力工作来克制自己的悲痛,完成了镭的提取等,这些都是利用升华法来调节情绪的典型例子。升华法是一种最为积极的情绪自我调节控制方法,它跟一个人的修养、觉悟密切相关,而且需要有一颗奋发向上的心。

八、环境调节法

环境对人的情绪也能起到一定的作用。一个干净整洁、光线充足的房间,一个风景优美、空气清新的地方,会让人感到舒服、愉快;而一个拥挤、脏乱、昏暗的空间,只能让人感到心情压抑、烦躁。所以,情绪不佳时,不要让自己闷在房间里,不妨到外面走走,呼吸一下新鲜的空气,感受一下来自外界的活力或者进行一次短途旅行,让紧张、压抑的心情放松一下。

除了上述方法外，美国心理学家理查德·格里格和菲利普·津巴多在其合著的心理学教科书《心理学与生活》一书中介绍了九种培养良好情绪体验的方法，并建议在一年内实施。

第一，永远不要说关于自己的不好的事情。寻找那些将来采取行动可以加以改变的不快乐的根源。只给自己和他人建设性的批语——下次应该采取什么不同的做法来得到自己想要的东西。

第二，将反应、想法和感受同朋友、同事、家庭成员以及其他人进行比较，从而估计出自己行为的适宜性以及自己的反应同适宜的社会规范的关系。

第三，结交一些密友，可以同他们分享快乐和忧虑，致力于发展、保持和拓展自己的社会支持网络。

第四，发展一种平衡时间的观点，从而可以灵活地对待自己的工作。有工作在手时请面向未来，目标达到时请珍惜现在，和老板联系时请珍惜过去。

第五，永远对自己的成功和快乐充满信心（并且和他人分享自己的积极感受）。清楚地了解自己独特的、与众不同的品质——那些可以提供给他人的品质。例如，一个害羞的人可以给一个善谈者提供专注的倾听。

第六，当感觉到自己的情绪就要失去控制时，请采用离开的办法避开使自己不快乐的环境，或者站在另一个人的位置上考虑一下，或者设想未来，使自己看到问题得以解决的前景，或者向一个同情者加以倾诉。请允许自己感受和表达自己的情绪。

第七，记住失败和失望有时是伪装下的祝福。它们可以告诉自己目标可能并不适合自己或者救自己于未来更大的失败之前。吃一堑，长一智。遭受挫折后说一句"我犯了个错误"，再继续前进。每一次经历、不幸和挫折实际上都是一个潜在的美妙机会，只是它们未以真面目示人。

第八，如果发现无法使自己或他人走出抑郁，那就向学校或社区的健康部门受过专业的训练人员寻求帮助。在某些情况下，有些问题看上去是心理问题，实际上是生理问题，有些则恰好相反。

第九，培养健康的愉悦。花些时间去放松、去反省、去收集信息、去放风筝、去享受爱好、去进行一些可以独处的活动以及那些自己可以做到并得到更好享受的活动。

正如苏轼所写的："人有悲欢离合，月有阴晴圆缺，此事古难全。"消极情绪的产生是正常的，也是不可避免的。大学生不能否认自己情绪的存在而去"堵、塞、压"，应当给它一个适当的空间，让它有一个合理的疏导，不要让情绪左右自己的思考和行为。总之，了解和掌握自己的情绪，尝试改变自己对事物的认知与感觉，不断增强自信，可以帮助大学生活出真正的自我。

第七章　压力、挫折与心理健康

常言道："人生逆境，十有八九。"可以说，压力、困惑、彷徨、失望、挫折、失败是人生在成长、进步过程中必然会遇到的"坎"，也是成长、进步不可或缺的阶梯。人生犹如攀登一座高峰，虽每前进一步都充满了艰难，但即使前进一小步也是人生新的高度。我们经历的每道"坎"都充满了战栗和紧张感，在这一过程中我们会深深感受到彷徨、犹豫、无奈和绝望的痛苦，但每闯过一关，就意味着我们又上了一个新台阶。从这个意义上说，经历挫折是好事而不是坏事。如果生命历程中缺少这种战栗与挣扎，就意味着我们并没有触及成长的关键点，最终难成大器。

第一节　压力与身心反应

在现代社会生活中，人们越来越感受到了前所未有的紧张和压力，而这些紧张和压力给人们的身心健康带来了严重的威胁。因此，心理压力与健康的关系这一问题理应受到人们的广泛关注和重视。

一、压力的概念

压力也叫应激，这一概念最早由加拿大著名的生理学家汉斯·薛利提出。他认为压力是表现出某种特殊症状的一种状态，这种状态是由生理系统中因对刺激的反应所引发的非特定性变化组成的。在当代的科学文献中，许多生理、心理专家都曾对压力做过研究，压力这个概念至少有三种不同的含义。

第一种，压力是指那些使人感到紧张的事件或环境刺激。如有一份"压力很大的工作"，即把可能带来紧张的事物本身当作压力。

第二种，压力是指一种身心反应。比如有人说"我要参加歌咏比赛，我觉得压力好大"，这里他就用压力来指代他的紧张状态，压力是他对歌咏比赛事件的反应。这种反应包括两个成分，一是心理成分，包括个人的行为、思维以及情绪等主观体验，也就是所谓的"觉得紧张"；另一个是生理成分，包括心跳加速、口干舌燥、胃部紧缩、手心出汗等身体反应。这些身心反应合起来称为压力状态。

第三种，压力是一个过程。这个过程包括引起压力的刺激、压力状态以及情境。所谓情境是指人与环境相互影响的关系。根据这种说法，压力不只是刺激或反应，而是一个过程。在这个过程里，个人是一个能通过行为、认知、情绪的策略来改变刺激物带来的冲击的主动行动者。面对同样的事件，每个人的压力状态程度有所不同，就是因为个人对事件的解释不同，应对的方式也不同。

凡是有知觉、有想法的生物都必然承受压力。因为，有知觉必能感受到外界的改变，而改变可能会带来压力；有想法必定会衍生出自我期许与外界现实之间的冲突，而冲突也可能会带来压力。因此，身为万物之灵的人类，所承受的压力，想必也是万物之最。

现代人一定比古代人承受更多的压力。因为资讯的发达让我们对外界改变的感受更深、更广、更及时；交通四通八达、网络无国界，使人与人之间接触得更频繁，有接触就有比较，有比较就免不了冲突及压力的产生。

二、压力下的生理反应

面对压力时，我们会有什么样的生理反应呢？当我们感受到压力或者威胁时，首先受到刺激的是位于脑干上方的下丘脑，它分泌促肾上腺皮质激素，进而释放出肾上腺皮质激素，它通过刺激位于大脑底部的脑下垂体分泌出较多的促肾上腺皮质激素。而这些突然增加的促肾上腺皮质激素就好像发自大脑深处的警报信号一样，它会告诉肾上腺去分泌出较多的应急激素，包括皮质醇以及肾上腺素。皮质醇会使人体的血压和血糖升高，同时，肝脏会产生更多的葡萄糖，为身体提供额外的能量。肾上腺素会使人体产生包括心跳加速、呼吸减缓等急性应激反应，这是因为身体吸入的氧气增多了。在受到急性压力刺激时，瞳孔也会放大。另外，急性压力可能产生腹泻，这是因为压力会加快肠道运动，导致水分无法得到充分吸收，人体就会突然腹泻。总之，这些应急激素会强化我们的骨骼肌肉系统、心肺系统以及神经知觉系统的功能，目的在于使我们的专注力增加、反应速度加快，同时使肌肉力量增强。这些改变有助于机体的战/逃反应，即有助于我们去迎战或者逃离所面对的压力和危机。当然，为了应对压力，在强化前述诸系统的同时，和战/逃反应无关的其他生理系统的功能就会暂时性地受到压抑，其中包括消化系统、免疫系统、新陈代谢系统等。这就和电脑系统一样，在系统资源有限的情况下，主要程式总要被分配到较多的资源，以增加整体系统的效能。

战/逃反应由人体的自主神经系统所控制，在高等哺乳类动物身上历经数百万年的演化而成。动物在遇到紧急情况时，身体需要行动以自保，自主神经系统的设计便为此准备。在上古原始丛林，人和别的哺乳类动物在遇到众所周知的"剑齿虎和长毛象"时，都需要有快速反应的保命方法。

上面提到的是急性压力对人体健康的危害，其实还有一种压力叫慢性压力，它对人体健康的危害是潜移默化的，是一种隐形杀手。慢性压力是一种长期持续存在的压力，对人体健康可能产生十分严重的危害。在慢性压力下，负责战/逃反应的交感神经系统始终处于紧张状态。这种状态对身体是有害的。人体如果长期承受慢性压力，肝脏就会失去监控功能，导致肾上腺皮质激素分泌过量。肾上腺皮质激素分泌过量会导致免疫系统中的激素分泌减少，这样身体就很容易生病。比如，有的学生在连续几周的紧张学习备考之后很容易得重感冒或流感。另外，过量的肾上腺素会使胃酸分泌过多，最终可能会导致胃溃疡。慢性压力会引起胃灼热也是这个道理。美国压力研究所列举了压力的 50 个症状，除了在上文中提到的，这些症状还包括磨牙、口吃、身体颤抖、耳鸣、手脚出汗、脸色发红、口干舌燥、过敏、胸口痛、语速过快、言语混乱、原因不明的体重增加或体重减少等。以上这些症状还算轻微，严重的话，慢性压力还会导致肌肉抽搐、皮疹、脱发、性能力下降或不孕不育等。更严重的，还会导致血压升高，威胁到人的生命。高血压是慢性压力带来的最严重的危害，长时间血压过高可能会导致心脏病或心脏骤停。

适当的压力有助于个人的发展及能力的提高。但是，长期存在的压力，或者暂时存在但过大的压力，都会危害我们的健康。其实每个人面对压力的反应不尽相同，承受压力的能力也不一样。有的人面对很多事情都能轻松应对；相反的，有的人面对芝麻小事也会心烦意乱、不知所措。这种反应的差别部分和遗传体质有关，部分则和个人的过往经验有关。所以，我们必须了解自己的能力上限，了解自己对压力的耐受度，认识压力的来源，学会放松自己，只有这样才能有效缓解压力。

生活是一部由自己导演的戏剧，我们的心有多大舞台就有多大，但我们导演的戏剧成功与否，就要看自己是否有一个健康的身体。无论何时，保持健康就是对自己负责，也是对社会负责，因为有了健康才有希望。

三、压力下的心理反应

在一般情况下,压力可以激活机体的潜在能量,使人能以更积极、有效的状态投入所面临的压力情境,以赢得工作、生活的控制权。具体来说,压力可引起警觉、注意力集中、思维敏捷、精神振奋等适应性的心理反应,这将有助于个体应付环境。例如,学生考试或运动员参赛,在适度的压力下竞争容易出成绩。但如果外界压力大大超过了机体所能承受的极限,或者机体的应激反应系统得不到阶段性的休整,就会使人的心理和行为活动发生紊乱、衰退甚至是衰竭,肌体的健康水平就会急剧下降,这主要包括以下三个方面:

(一)压力对人的认知活动的影响

压力对人的认知活动的影响包括注意力下降,难以聚精会神,经常视而不见、听而不闻,常常出现强迫性分心;思维阻塞,突然遗忘正在谈论的话题线索或资料,或者面对试卷脑子里一片空白;短期或长期的记忆力衰退,信息提取速度减慢,信息再认或再现的错误率加大;思维紊乱,分析能力、判断能力、决策能力全面下降,言语表述缺乏逻辑性;等等。

(二)压力对人的情绪情感活动的影响

压力对人的情绪情感活动的影响包括经常出现精神紧张、焦虑或烦恼;出现幻想,喜欢夸大病痛的感觉;性格发生明显变化,神经过敏,突然一反常态,令人不可思议,而原有的不良性格则变得日趋严重;情感情绪的自控力下降,极端性情绪的发生率增加,经常出现敌意、攻击、愤怒、暴躁不安甚至是歇斯底里;郁郁寡欢,悲观失望,自我评价降低,无助与无能感上升,精神萎靡不振;等等。

(三)压力对人的行为活动的影响

压力对人的行为活动的影响包括工作、学习与生活的兴趣和热情大幅度下降,做什么事都觉得索然无味;行为活动没有计划和目标,经常出现顾此失彼、疲于奔命的被动局面;对新鲜事物失去敏感性,行为懒散,办事拖拉,被动应付,不愿承担责任;逃避困难,失去上进的信心和勇气;沉默寡言,不愿与人交流,喜欢独自发呆;行为古怪,不合群,人际矛盾增加;持续失眠,精力不足,经常出现上课或上班时打瞌睡的现象;借酒消愁,吸烟量增加,面部扭曲,无意识的多余动作增多;等等。另外,压力过大过久,还会引发谈话结巴、刻板动作、过度饮食、攻击行为等不良行为反应。心理学研究发现,当猩猩被隔离监禁一段时间后,会出现重复的摇晃、吮吸手指或原地绕圈等刻板行为;把一只动物关在无法逃离的笼子中并给予电击，会引起动物不断吃东西的行为；当两只动物被电击时，电击开始或结束后不久，它们会打起架来。

上述种种由压力带来的不良身心反应，其警示性是相当明显的。而且对同一个体来说，反应模式也是相当稳定、始终一致并且会重复出现的。因此，善于关注、识别并严密监视自身的压力反应，是有效应对压力、维护心理健康、防止个体受到身心伤害的重要一环。

第二节 压力源与压力应对方式

大学生是一个特殊群体，既承载着家长的高期望，也关系着社会未来的发展。但是，近年来大学生面临着令人担忧的负面现象：苦闷、迷惘、焦虑、偏执、脆弱，于是乎休学者有之，退学者有之，失眠、轻生、自杀者皆而有之……这些非同寻常的问题不但影响了大学生的健康成长，也与构建"和谐社会"的基本精神背道而驰。大学生自迈入大学的校门起，就要靠自己独立思考和独立解决问题，因此就会越来越多地遇到人生发展过程中比较大的课题，这对大学生来说无疑是一个考验，同时也为大学生提供了锻炼的机会。能够客观、理性地面对压力并采取积极的方式去化解，是一个人成熟的重要标志。

一、压力产生的原因——压力源

目前，压力是造成大学生出现心理不健康或亚健康的主要原因。压力的产生原因是复杂的，我们将那些具有威胁性或伤害性并能带来压力感受的事件或环境称为压力源。生活中的压力源可能存在于人们自身，也可能存在于环境中。但是，人类最主要的压力源是人，人际关系是造成压力的最主要来源。大学生常见的压力与大学生自身特点和大学生活环境、人际关系密切相关。心理学家把造成压力的各种生活事件进行分析，提出了四种类型的压力源。

（一）躯体性压力源

躯体性压力源是指通过对人的躯体直接发生刺激作用而造成身心紧张状态的刺激物，包括物理的、化学的、生物的刺激物。如过高或过低的温度、微生物、变质食物、酸碱刺激等，这一类刺激是引起压力下的生理反应的主要原因。

（二）心理性压力源

心理性压力源是指来自人们头脑中的紧张性信息，如心理冲突与挫折、不切实际的期望、不祥预感以及与工作责任有关的压力和紧张等。心理性压力源与其他类型压力源的显著不同之处在于它直接来源于人们的头脑,反映的是心理方面的困难。生活中的压力事件处处可见,但为什么有的人无动于衷,有的人却耿耿于怀,区别常常源于人们内心对压力的认知。如果过分夸大压力的威胁,就会制造出一种自我验证的预言:我会失败,我应付不了。长此下去,会产生所谓的长期性压力感,从而畏惧压力。

(三)社会性压力源

社会性压力源主要是指造成个人生活方式上的变化,并要求人们对其做出调整和适应的情境与事件。社会性压力源既包括个人生活中的变化,也包括社会生活中的重要事件。个人生活的改变常常会给人带来压力,如家人的突然离去、家庭生活的变故等;社会生活中的重要事件包括灾害、环境污染、政治动荡等,这些往往会给人造成重大的打击。对于大学生而言,社会性压力源主要与新环境适应、自我意识及个人发展、恋爱、求职就业、人际关系问题、经济问题有关。

(四)文化性压力源

文化性压力源最常见的是文化性迁移,即从一种语言环境或文化背景进入另一种语言环境或文化背景中。这种迁移使人面临全新的生活环境、陌生的风俗习惯和不同的生活方式,从而产生压力。若不改变原习惯,适应新的变化,常常会出现不良的心理反应,甚至积郁成疾。例如出国留学,如果缺乏对环境改变所应有的心理准备,没有一定的外语水平,在异国文化背景下就难以适应、难以沟通,最终导致疾病或不得不中断学业,这种事例也是时有发生的。

二、大学生常见压力的应对方式

当代大学生思想活跃,世界观尚在形成和发展中。他们思维敏捷,求知欲强,对自己的前途充满幻想。但在大学期间,由于社会环境的影响,难免会碰到这样或那样的压力。如何对待压力,如何避免受挫学生自暴自弃所造成不可挽回的后果,如何使学生能够在压力面前百折不挠,勇敢地笑对人生,这就需要有正确的应对方式。

然而,有些大学生在面对压力时往往采取不良的应对方法。如依赖药物,服用一些镇静剂,虽然可以起到暂时减轻压力的作用,但不能从根源上解决问题。另外,长期服用容易形成对药物的依赖,失去个人尊严,甚至引发其他疾病。再如酗酒、抽烟,酒精是神经系统的一种刺激物,同时也是一种镇静剂,烟草是一种兴奋剂,但也有一定的镇静作用。抽烟、酗酒虽然能够暂时起到抑制中枢神经系统的作用，缓解紧张状态，但经常酗酒会导致酒精中毒，而抽烟带来的副作用更是危害无穷。其他不良的应对方法还有沉溺于幻想、攻击自己或他人等。不良的应对方法会给个体带来更大的身心伤害，因此，大学生需要掌握一些正确的压力应对方式。

（一）正确认识压力

首先，应认识到大学生活并不总是一帆风顺的，压力是可避免的，是客观存在的。其次，对待压力应采取积极的态度，不逃避，化压力为动力，始终以乐观、坚强、自信的态度对待生活，尽量做到在"必要的压力"和"放松"之间保持一种平衡。更重要的是，每当我们感到有压力时，要记住三个字：简单化！

（二）采用放松技术

1. 肌体反应控制技术

许多情况下，面对压力，人的肌体就会产生紧张反应。为了控制这种反应，我们有必要学会一些有效的、不使用药物的放松技术。

（1）体育运动

例如，游泳、打篮球、跳绳、瑜伽等体育运动，外出散步效果也很好。

（2）静思

俗语说，"心静自然凉"，以这样的心态，或许可以轻松解决生活中许多难以处理的问题。静思可以有不同形式，包括听音乐、演奏乐器或静心去做自己喜欢的事情。

（3）逐步放松

逐步放松是一种系统的、全面的和有选择的放松技术，基本方法是绷紧身体某一部分（如上肢）的肌肉，然后再有意地放松。放松的顺序为上肢—头部—躯干—下肢。

2. 引导想象

先把自己的身体放在一个舒适的位置上，想象自己处于海滨、湖泊、树林等场景中的感觉。每天想象几次，变得熟悉和具体的时候，就可以达到帮助我们减轻焦虑和使我们放松的效果。

3. 深呼吸放松法

深呼吸放松法是最简单而有效的放松方法，适用于各种感到紧张的场合。具体做法是人站定或坐定以后，双肩自然下垂，两眼微闭，然后做缓慢的深呼吸。慢慢地吸气，再慢慢地呼气。一般持续数分钟便可达到放松的目的。

4. 诉诸文字

自己跟自己倾吐诉说,愿意说什么就说什么,愿意怎么说就怎么说,随着心中的苦水流于笔端,心情自然会轻松很多。如果事后觉得充满特殊情感,就当成日记,留作美好的回忆,说不定还可以成为日后写作的素材呢。

5. 大哭一场

美国生化学家佛瑞博士曾经做过这样的实验:让一群志愿者去看好莱坞的滥情电影,把他们被感动的泪水收集起来,与另一群闻了洋葱后刺激出来的泪水化验对比。分析报告显示,两种泪水的化学成分不一样,情绪悲伤的泪水含有一些"有机茶酚胺"毒素,通过哭泣将它们排出了体外。所以在某种情况下,任凭自己泪水横流,这是缓解心理压力的安全阀,需要时不妨纵情大哭一场,男同学也不例外。

(三)学习和掌握自我暗示法

对于大学生自身而言,要学会自我调节和自我暗示,善于用各种理由把事件合理化,尽量减少挫折感,缓解外部环境带给自己的种种压力。心理学研究表明,暗示对人的心理活动和行为具有显著的影响。自我暗示法,就是借助语言的暗示作用来缓解压力和调节不良情绪。当我们急于求成时,可以对自己说:"关键是我与目标之间的距离有多远,一时的进展速度是次要的,最重要的是达到目标,欲速则不达。"当我们害怕某个场景时,可以提醒自己:"不要怕,要勇敢些。"自我暗示法可以用不出声的内部语言进行默念,也可采用自言自语等其他方式。

(四)积极投身实践活动

大学生应积极投身实践活动,如学校组织的演讲活动、论坛活动以及社会实践活动等。在实践中不断磨炼自己,增强意志力和抗压能力,培养坚强的意志品质。在投身实践活动的过程中,不要过于关注自己的得与失,要试着学会关心他人、帮助他人、为他人着想,这也是放松自己、解脱自己的有效方式。心理学研究表明,利他会使人轻松愉快。

(五)寻求社会支持

当我们把压力问题说给家人和朋友听之后,他们的支持会成为一个阻碍压力发展的缓冲器。因此,建立良好的社会支持系统是必要的,它可以提供给我们心灵的慰藉,是为我们遮风挡雨的温暖港湾。美国杰出的人本主义心理学家罗杰斯这样说过:"在我的一生中,有好几次我感到自己因无法解决问题而火冒三丈……或者一时被绝望的心情和认为一切都毫无价值和意义的心情所压倒。可以肯定,这时候我已经处于病态的心理状态。但我比大多数人幸运的是,在这些时候我总能找到人倾诉自己的苦衷,由此使我从精神纷乱中解脱出来。最幸运的是,他们往往能够比我自己更深刻地倾听和理解我的意思……如果有人倾听并理解你,那些可怕的情感就立刻变得可以忍受,那些似乎不可思议的因素就会变得合乎情理,易于理解……"当我们满腹冤屈的时候,到亲人、朋友那里滔滔不绝地说出来,得到安慰和支持,将大大减轻痛苦,也许"能够说出的委屈便不是真的委屈"了。同时,也可以请教心理咨询师,将心中的苦恼说出以求良策。

总之,无论面临何种压力,都必须正视它,积极应对。"千磨万击还坚韧,任尔东西南北风",面对学习、生活中的不如意,要学会冷静地分析,以健康的心理来处理问题;面对就业的压力,心里不畏惧,勇敢面对挑战,将困难变成奴隶,命运的主人就是自己;"不因贫穷而落魄,只因拼搏而精彩",面对生活中的贫困问题,需要我们以平常心对待,拼搏进取,并使之化为前进的动力。

第三节　挫折与挫折承受力

近年来,媒体在报道青少年出现的一些心理问题时,常常会提及现在青少年的心理承受力太差,经不起一点挫折。教师和家长的批评、考试成绩不好、受到同学欺负等,甚至别人的一句话、一个眼神,都可能引发他们极端的行为。因此,很有必要提高大学生的挫折承受力。

一、挫折与挫折承受力的定义

所谓挫折,就是指人们在某种动机的推动下,在实现目标的活动过程中,遇到了无法克服或自以为无法克服的障碍和干扰,使其动机不能实现、需要不能满足时所产生的紧张状态和情绪反应。挫折承受力则是指个体适应挫折、抵抗和应对挫折的能力,是个体在遇到挫折情境时,经受住打击和压力,排除困难、摆脱困境,从而使自己避免心理与行为失常的一种能力。挫折承受力包括挫折耐受力和挫折排解力两个方面。挫折耐受力是指人们受到挫折时,经得起挫折带来的打击和压力,并能保持心理和行为正常的能力。挫折排解力是指人们受到挫折后,能对挫折带来的消极因素进行直接的调整和转变,积极改善挫折情境,并从挫折状态中解脱出来的能力。挫折耐受力和挫折排解力是两个既有联系又有区别的概念。两者的联系在于它们都是对挫折的适应能力,共同构成挫折的承受能力。耐受力是适应的前一阶段，是对挫折消极、被动地适应，表现为对挫折的负荷能力，它为排解力提供基础；排解力是适应的后一阶段，是对挫折的主动适应，表现为对挫折情境的改造能力，是对耐受力的进一步发展。耐受力是接受现实，努力减轻挫折带来的情绪反应强度；排解力是改变现状，促使需要得到满足和目标得到实现。

一般来说，挫折承受力较强的人，往往受挫反应小，受挫时间短，挫折带来的消极影响少；而挫折承受力较弱的人，则容易在挫折面前不知所措，受挫折带来的不良影响大，易受伤害，甚至心理和行为会失常。因此，挫折承受力的大小反映了一个人心理素质和健康水平的高低。许多人的心理问题就是由遭受挫折但又得不到很好的调适和排解而造成的。增强挫折承受力，是有效适应挫折情境和保持心理健康的重要途径。

二、"挫折阈值"与挫折承受力的个性差异

"挫折阈值"是人们对挫折的感受力。心理学中把引起挫折感的最小刺激点叫作"绝对挫折阈限"或"下限"；把人们能够承受的挫折感的最高限度叫作挫折适应极限，即挫折感范围的上限。绝对挫折阈限与挫折承受力成正比关系，即绝对挫折阈限越低越容易受到挫折，绝对阈限越高对挫折越不敏感。每个人的挫折承受力是不同的。有的人遇到一点轻微的挫折就会引起主观世界的烦乱、颓废沮丧、一蹶不振；有的人即使遇到重大挫折，仍然意志坚定、百折不挠、顽强进取，直到最后胜利。不同人的挫折承受力不同；同一个人对相同的挫折程度、不同的挫折情境的承受力也是不同的。有的大学生能够忍受学业的失败，却不能忍受恋人的背弃；有的人能从容对待人际交往中的不合群、孤独，却不能忍受自尊心受到丝毫的伤害。大学校园发生的种种极端事件都与挫折承受力息息相关。挫折承受力是后天培养的，因而，无论是家庭还是学校，都应该教育大学生学会承受日常生活中遇到的挫折，鼓励他们从挫折、失败中吸取经验、教训，增强克服困难的信心，同时也要通过提供适度的挫折情境，采取恰当的方法来锻炼大学生的挫折承受力。

三、影响挫折承受力的因素

影响一个人挫折承受力的因素有很多，一般可概括为外在因素与内在因素。外在因素主要指环境方面，包括自然条件和社会条件，如无法预料的天灾人祸、意外事件、社会动乱等，这些都是个人意志所不能左右的。内在因素主要指自身条件，包括个人的生理条件、人格特点、心理状态、自我认知、经济条件、

社会经验等。自身条件受到限制，可能会阻碍目标的实现，降低挫折承受力。内在因素具体可概括为以下三个方面：

（一）生理因素

身体健康的人比体弱多病的人更能承受挫折。一个身体健康、发育正常的人，一般对挫折的承受力要比一个疾病缠身、有生理缺陷的人高。这是因为挫折会引起人的生理反应，并给人的心理带来紧张和压力，对体弱多病者来说，这会使他们的身体更虚弱，病情更严重，甚至发生意外。国外有人研究发现，体弱多病者与身体健康者在丧偶后一年内，前者的发病率比后者高78%，死亡率高三倍多。看来，健康者更应珍惜"健康"这一宝贵财富。

（二）心理因素

一是个性因素，性格开朗、乐观、坚强、自信的人，挫折承受力强；性格孤僻、懦弱、内向、心胸狭窄的人，挫折承受力差。另外，个人兴趣也是应对挫折不可忽视的因素。当人们对某样东西怀有浓厚的兴趣时，他们会一心钻研，即使是在别人看来很苦的事情，他们也会乐在其中，这时他们的挫折承受力就强。诺贝尔在研究炸药的过程中，多次发生爆炸事故，弟弟被炸死，父亲被炸成重伤，自己也几次有生命危险，但终获成功。二是自我认知，认知是指我们对周围事物的想法和观点，也就是人的认识活动。挫折刺激正是通过人的认知而作用于情绪，产生这样那样的心理和行为反应的。凡是建立了积极的自我认知的大学生，面临挫折时容易客观、正确地看待挫折，适应挫折并将挫折转化为动力；而自我认知不足的大学生，遭遇挫折时容易走极端，陷入管状思维中。三是心理预期，个体对自我的心理预期越高，遭受挫折的心理承受能力越差。一个优秀的大学生很难接受自己平凡的现实，因而感到很受挫；反之，一个对大学生活没有很高预期的学生面临挫折时，心理相容度会更高些。另外，离预期的目标距离越近，则对挫折的承受能力越强，即个体在几乎达到目标时，经历失败，他们不甘心，反而会继续努力尝试。但如果一开始就失败，他们则会早早放弃，挫折承受能力反而差。在一个以大学生为对象的研究实验中，研究者让这些大学生走迷宫并在不同地点堵塞通路，结果发现越是走到接近出口处的人，越不愿放弃目标，从而做出更多次数的尝试。

（三）社会因素

一是过去经验。国外曾有人做过一个动物实验。他们对一组幼小的白鼠给予电击及其他挫折情境，使其处于紧张状态，然后让它们正常发育。长大以后，这组白鼠就能很好地应对挫折引起的紧张状态。而另一组没有受到这类挫折刺激的白鼠，长大后遭受电击等痛苦刺激时就显得怯懦。对人来说也是如此，在婴幼儿期所受的刺激，可使成年期的行为更富于适应性和多变性。当然，任何事情都应有个"度"。如果受挫频率过高，"屋漏偏逢连夜雨，船迟又遇打头风"，一个刚刚失恋不久，考试又未通过，没几天又因心不在焉而把钱包弄丢了，接连遭受挫折的人，可能会变得自卑、怯懦，缺乏克服挫折的勇气，挫折承受力也必然大大降低。

二是社会支持。一个人拥有的社会资源越多、社会支持体系越完备，获得的心理援助越多，越容易走出挫折困境。正如一位哲人所说："快乐与别人分享，快乐增加一倍，而痛苦与别人分担，痛苦减轻一半。"当一个人感到有可以依赖的人在关心、爱护和尊重自己时，就会减轻挫折反应的强度，增强挫折承受力。

四、提高大学生挫折承受力的方法

既然挫折是不可避免的，就有必要学会如何面对挫折，提高挫折承受力。一般来说，经历过较多挫折的人，比一帆风顺的人的挫折承受力要高。这就像在水温较高的时候去浴缸洗澡，如果先把脚和小腿伸进去，等适应以后，再伸入大腿和身体其他部位，直到皮肤适应了水温，再全身进入浴缸。这样，即使水温很高（当然指在人的承受范围之内），也不在话下了。人类应对挫折的能力也可以这样发展。人对挫折的承受能力和适应能力，是可以锻炼和培养的。

（一）正确认识挫折

要正确地认识挫折，并不是一件容易的事情。在挫折情境中有许多不理智的反应、不正确的行动，都与缺乏对挫折的正确认识有关。因此，我们应当树立正确的挫折观。

1. 挫折是客观存在的

可以说，挫折是生活的组成部分，每时每刻都可能会遇到挫折。所谓"一帆风顺""万事如意"，往往只是人们美好的期望而已；相反，"天有不测风云，人有旦夕祸福"倒是司空见惯。

2. 从不同角度看待挫折

德国哲学家黑格尔说过："只有永远躺在泥坑里的人，才不会再掉进坑里。"挫折给人以打击，带来损失，但也能使人奋起、成熟，从中得到锻炼，变得坚强起来。强者之所以为强者，不是因为他们遇到挫折时根本没有消沉和软弱过，而恰恰是因为他们善于克服自己的消沉与软弱。不过，经受过挫折，尝试过苦果，也不一定都能产生积极的作用。挫折的结果，可能会使一个人发奋图强，也可能会导致一个人丧失斗志。这需要我们正视挫折，认真吸取教训，从而将"失败"变为"成功之母"，才能使坏事变好事，并获得解决问题的能力，使挫折向积极的方向转化。

因此，我们要学会从不同角度看待挫折，善于积极认知，就像照相一样，同一景物或人，从不同角度拍摄，就会得到不同的形象。其实，在我们的整个生活中，挫折仅仅是生活的一小部分，还有那么多快乐和幸福的事情，我们为什么不去注意它们，而要对自己的一些伤痛念念不忘呢？英国作家萨克雷有句名言："生活是一面镜子，你对它笑，它就对你笑；你对它哭，它也对你哭。"如果我们以欢悦的态度对待生活，那么生活也会对我们报之以"笑"。

3. 善于忘记

挫折如果已经发生，那就应当面对它，寻找解决的办法；如果已经过去，就应当丢开它，不要老是把它保留在记忆里，要善于忘记。沉浸在痛苦里犹如掉入泥泞的沼泽地，越是不能很快地从中脱身，它就越可能把自己困住，而且会越陷越深，直至埋没。面对挫折，善于忘记并不是说采取逃避的态度，而是不要长久地停留在痛苦的事情上，我们的理智应当多在挫折和坎坷上寻找突破口，力争克服它、解决它。比如，有些大学生英语每次都挂科，便天天愁眉苦脸，觉得压力很大，那当然不好。但是，如果若无其事，心安理得，一点压力也没有，这也不是好的态度。挂科的痛苦我们应当很快丢掉，但挂科这件事却不能忘掉。我们要通过这件事，看到自己的学习还不是很扎实，要继续努力。那种遭受挫折和失败后便放弃进取的做法，是不可取的。

（二）改变不合理的想法

心理学研究表明，引起强烈挫折感的与其说是挫折、冲突，不如说是受挫者对所受挫折的看法以及所采取的态度。常见的不合理想法有绝对化的要求、过分概括化和糟糕至极。因此，改变不合理的想法需要做到以下三个方面：

1. 不要提"绝对化的要求"

所谓绝对化的要求是指人们以自己的意愿为出发点，对事情怀有必定发生或不会发生的信念，这是不合理认知中最常见的特征。例如，"只要我付出了努力，我就应该获得成功""我爱他，他也应该用同样的爱来回报我"。这类想法之所以不合理，主要原因是事物的发展并不以人的主观愿望为转移，事物的发生和发展都有其自身的规律，而我们对这些客观规律的认识往往是不全面的。因此，我们不要对自己或他人提这种"绝对化的要求"，考虑问题也不要太绝对，要留有余地。

2. 不要"过分概括化"

过分概括化是一种以偏概全的不合理思维方式的表现，用艾利斯的话来说，这就好像是以一本书的封面来判定它的好坏一样。过分概括化的表现是个体对自己或别人不合理的评价，其典型特征是以某一件或某几件事来评价自身或他人的整体价值。例如，一些人面对失败的结果，常常认为自己"一无是处"或"毫无价值"；别人对自己不友好，就得出结论说自己人缘不好或缺乏交往能力；一次失恋就认为自己对异性没有吸引力，从而形成自怨自艾、自卑自弃的心理。再如，因一事有错而对他人全盘否定，从而产生对他人甚至对社会的错误认知。世上没有一个人能达到十全十美的境界，每一个人都应认识到自己和他人都是有可能犯错误的人类中的一员。因此，应以评价一个人的具体行为和表现来代替对整个人的评价，换句话说就是"评价一个人的行为而不是去评价一个人"。

3. 改变"糟糕至极"的想法

糟糕至极就是对事物的可能后果产生非常可怕、非常糟糕的想法的一种非理性观念。例如，一门功课考试不及格，就认为自己能力不行，学不下去，毕不了业，找不到工作，人生没前途，生命没价值。这实际上是一种自己吓唬自己、自己给自己施加压力的做法。这种想法之所以是非理性的，是因为对任何一件事情来说都有比之更坏的情况发生。因此，没有一件事情可以被定义为百分之百的糟糕透顶。因此，面对这些不好的事情时，我们应该努力接受现实，在可能的情况下去改变这种状态，而在不能改变时则去学习如何在这种状态下生活下去。

（三）认真总结经验教训

1. 目标是否恰当

挫折总是跟目标连在一起的，挫折就是行为受阻，目标没有实现。若目标过高，就要适当降低或改换目标。不要把远期目标当作近期目标，应将远期目标分解成中期、近期和当前目标。这样，经过努力不断地实现一个个具体目标，使人接连获得成功的喜悦，从而产生更大的心理动力，同时又因为总有一个巨大的具有吸引力的总目标呈现在前方，所以人能长久地保持旺盛的热情。

2. 方法是否稳妥

若目标确属可能达到的，就要检查达成目标的途径、方法是否正确。如发现"此路不通"，就要改弦易辙，不要停在十字路口观望、徘徊，坐失良机。

（四）心理上做好经常应对挫折的准备

挫折既然是不可避免的，我们就需要做好随时应对挫折的心理准备。挫折承受力和对挫折的心理准备有很大的关系，首先，要有意识地容忍和接受日常生活中的一些挫折情境。把生活中遭到的种种挫折和逆境，作为磨砺自己的一种激励机制，这样，在面对挫折时，不仅能够泰然自若，而且能够从中获得长进。其次，要有意识地创设一定的挫折情境。不断地让自己经受磨难，对自己进行增强意志和挫折排解力的训练，最终使自己能经受住任何残酷的打击。特种部队对士兵进行的应对突发事件、复杂情况以及在孤岛、密林、荒漠、高原等特殊条件下的生存和战斗训练，就是为了确保他们一旦遭遇类似情况，能够做到从容自若、锐不可当。

（五）改善挫折情境

应对挫折的一个有效方法是改变引起挫折的情境。挫折情境是产生挫折和挫折感的重要原因，如果挫折情境得以改善和消除，挫折感则自然会随之发生变化，甚至不复存在。首先，预见可能发生的挫折。"凡事预则立，不预则废"，对可能发生的事情要有所预测，从而及时采取有效的防范措施，尽量将可能发生的挫折在发生之前予以消除。其次，改变挫折情境。挫折发生以后，经过认真分析，如果引起挫折的原因和挫折情境是可以改变或消除的，则应通过各种努力，设法将其改变、消除，或降低它的作用程度。也可以暂时离开当时的挫折情境，到一个新的环境里去。比如，恩格斯20岁那年，在德国的不莱梅商行当练习生时，和一个姑娘的恋爱告吹了，他曾一度心灰意冷，为尽快摆脱失恋痛苦，他翻越阿尔卑斯山到意大利旅行。沿途雄伟的山川、广袤的原野，使他心胸格外开阔。世界如此宏大，生活如此多彩，自己的痛苦不过是沧海一粟，于是失恋的痛苦逐渐消除。旅游归来，恩格斯竟判若两人，他以新的热情迎接新的生活。他写道："向美丽的大自然倾诉爱情的痛苦，能使自己融化在温暖的生活之中。"

（六）拥有阳光心态，学会宽容

心态决定人生的高度，心态影响着我们的一言一行，心态影响着我们生活的质量和乐趣。无论面对什么挫折和压力，都要充满阳光的心态，要让阳光照进我们的心田。拥有阳光心态，需要我们学会宽容。古希腊一位哲学家说过："学会宽容，世界会变得更为广阔；忘却计较，人生才能永远快乐。"它可以使沉默寡言的男人变得豪爽大度，也可以使多愁善感的女孩变得活泼开朗。

（七）自己救自己

很多时候，当我们遇到挫折和困难时，总想求助于他人，总想借助外力来解决。有时，真正能救自己的只有自己，不要看不到自己的优势，不要不相信自己的能力，其实我们自己的潜能是巨大的，只是我们习惯于忽视它。

（八）善于发现美

遇到挫折的时候，我们需要从失败中吸取经验，也需要发现自己好的一面、自己的优点和长处，从而振作精神，重新站立起来。当我们在失望和沮丧中看到了自己的另一面，我们就会突然发觉，天空原来是那么辽阔，阳光原来是那样明媚，自己并不是一无是处，从而有助于鼓起战胜挫折的勇气，提高应对挫折的能力。法国著名雕塑家奥古斯特·罗丹说过："世界上并不缺少美，而是缺少发现美的眼睛。"还有人说："世上不是没有神话，而是缺少人去创造。"我们可以试着找出自己美好的一面，去迎接明媚的阳光，而非画地为牢，于阴霾处徘徊不前。我们可以尝试以下几种方法：

1. 发现自己的优点

花一个小时去发掘自己的优点，然后用笔记下来。优点可分数类，如个人专长所在，已做过什么有益的、有建设性的事，过去什么人如何称赞过自己，家人、朋友对自己的关怀，受过的教育等，一定会发现自己有许多优点，从而知道自己原来并不差。

2. 肯定自己的能力

每天找出 2~3 件自己已做成功的事。不要把成功看成那么难的事，成功可以是写了一次令自己满意的作业，可以是很愉快地和同学一起完成了一项活动，甚至可以是把自己打扮得很漂亮等。一日若至少顺利地做了 2~3 件事，又怎能说"一事无成""一无是处"呢？

3. 计算已做妥的事

计算自己已做妥的事，而不是检讨自己还有多少件事没有做。人还没做的事永远多过已做妥的事，如果老想着这个没做、那个没做，便会愈想愈沮丧，会真的觉得自己能力低、无效率，因而大为失意。但将已做妥的工作列出来，那可是长长的一张单子啊，"能力还真高呢"，能这样想，自信心便立刻大增。

4. 培养某方面的兴趣

在自己的优点、专长、兴趣中，找一样（刚刚开始时，一样就够了）加以特别发展，使之成为自己的特长，可以是制作简单的蛋糕、剪头发、游泳、记电影的中英文名称……什么都可以，有了特长，就有机会做主角，做主角，自然神采飞扬。

5. 提高自己的外在美

提高自己的外在美，即所谓人靠衣装。衣，指衣着，也指打扮，可以不必是名牌，但一定要不邋遢，要整洁、光鲜、亮丽、顺眼，做到这样，必然会出众、大方。尤其在自己情绪低落时，更要穿得鲜艳明丽些，同时还得加上化妆和新剪的头发，这样因打扮而分散了注意力，表情也会生动活泼些。

"山重水复疑无路，柳暗花明又一村。"有时挫折会茫然而至，让人惊慌而不知所措，这时需要我们遇事不慌，致力于问题的解决。要冷静思考，寻找对策，积极咨询，切忌鲁莽行事，悲观绝望，造成无法挽回的局面。要相信"车到山前必有路，船到桥头自然直"，有条不紊地处理方为良策。"滚滚长江东逝水，浪花淘尽英雄"，能否站在英雄的行列中，关键要看能否勇敢地面对困难与挫折。

第四节 大学生常见的挫折反应与挫折防御机制

一、大学生常见的挫折反应

人遇到挫折后会做出各种可能的反应，大学生也不例外。总体来讲，大学生面对挫折主要有以下两种反应：

（一）情绪性反应

情绪性反应是指人们在受到挫折、面对压力时，在强烈的紧张、愤怒、焦虑等情绪的伴随下所做出的反应。它可能表现为强烈的内心体验，也可能表现为特定的表情或行为反应。情绪性反应多为消极性反应，主要表现为冷漠、幻想、逃避、固执、攻击等。

1. 冷漠

冷漠是指一个人遇到挫折时所表现出的一种无动于衷和漠不关心的态度。这是一种复杂的挫折反应。一般情况下，对挫折的冷漠反应是在一个人长期遭受挫折或感到没有任何希望摆脱或消除困境时产生的。如有些大学生的社会活动能力较差，多次失败后，他们渐渐地对大学生活、同学关系、社会活动等持冷漠的反应行为，表现出死气沉沉、缺乏集体感的精神面貌。

2. 幻想

幻想是指一个人在遇到挫折时企图以自己想象的虚幻情境来应对挫折。通过幻想，人可以暂时脱离现实，能够在自己想象的情境中满足一些自己的需要和欲望，使人产生一种愉快和满足的感觉。如有些学生通过幻想自己在学业上获得巨大成功，或自己得到意中人的青睐来满足自己的成就感。应该说，当人们遇到挫折时，暂时的幻想在一定程度上有利于调整挫折情绪，偶尔为之，也是正常的。但如果用幻想来应对现实中的挫折，特别是长期处于幻想状态中，不仅不能解决问题，反而还会使人降低对现实生活的适应能力，导致严重脱离现实生活，甚至可能导致精神疾病的产生。

3. 逃避

逃避是指大学生受到挫折后不敢面对自己所预感的挫折情境，反而逃避到比较安全的环境中去的行为。逃避有三个表现：一是逃到另一种现实中，如学习不好就玩游戏，沉溺其中；二是逃向幻想世界；三是逃向疾病。如某一大学生因为英语口语较差，上课从不开口说英语，甚至拒绝上英语课，不参加考试，希望以此来逃避失败。但逃避不仅不能解决问题，反而还会使人害怕困难、不求进取，长期下去将大大降低大学生的自信心，甚至可能会导致适应不良。人们逃避挫折的方式各种各样，幻想也可以看作一种特殊的逃避方式。

4. 固执

固执是指当个体一而再，再而三地遭受同样的挫折时，就会慢慢失去信心，失去随机应变的能力，从而形成刻板的反应方式，盲目地重复同样无效的行为。在这种行为反应中，个体往往不能客观、正确地分析失败的原因，是一种极不明智的对抗形式。如某一大学生多次违反校规校纪受到批评，但他总固执地认为自己没错，因此屡教不改。固执是非理智性的消极行为，它往往使人企图通过重复无效动作以对抗挫折压力，对大学生的成长极为不利。但是，这种挫折反应方式并不是不可改变的，人们一旦获得了适当的反应方式，就会取代固执行为。

5. 攻击

许多大学生遭受挫折后，在情绪与行动上会产生一种对有关人或物的攻击性行为，希望以此消除来自挫折的痛苦。攻击是一种破坏性行为，这种行为可分为直接攻击和转向攻击。直接攻击是指一个人受到挫折以后，把愤怒的情绪直接发泄到使之受挫的人或物上，如大学里发生的打架斗殴、损害公物等现象。这主要发生在自控力较差、鲁莽的大学生身上。转向攻击是指一个人受到挫折以后，把愤怒的情绪指向其他的人或物。大学生正处于生理、心理发育的旺盛时期，多数学生争强好胜、报复心强，而自我控制能力又普遍较弱。因此，他们受挫后常常出现攻击性行为，且往往会产生较严重的后果，遇到更大的挫折。

6. 自杀

自杀是一个人遭受挫折后的一种极端反应方式，也可以看作受挫后针对自身的一种攻击性行为。当一个人突然受到沉重的挫折打击，或者长期受到挫折的困扰和折磨，使受挫者感到万念俱灰不能自拔时，受挫者就可能产生自暴自弃、轻生厌世的想法，此时若得不到外力的帮助，受挫者就可能采取上吊、跳楼、投河、服毒等方式自杀。大学生是同龄人中的佼佼者，成长过程一般都比较顺利，很少遇到大的挫折，同时大学生一般都自视清高、自尊心强，所以，当受到挫折的打击时，有时即使是很小的挫折，有些人也会产生自杀行为。

（二）理智性反应

理智性反应是指人们在受到挫折后，采取积极进取的态度，在理智的控制下所做出的反应。通常，人们在遭受挫折后都会出现紧张状态，都会在某种程度上做出某种情绪性反应。其中，有些人始终为情绪所控制，不能摆脱，而有些人则能够及时调整，保持冷静，面对现实，审时度势，采取积极的态度和方式对待挫折。所以，理智性反应是对待挫折的积极反应方式，主要表现在以下两个方面：

1. 坚持目标，勇往直前

"路漫漫其修远兮，吾将上下而求索。"有目标的生活，能使人感觉到生存的意义，能不断鞭策自己去战胜生活中的困难和挫折，直取胜利。当人们遇到挫折后，经过客观冷静的分析，发现自己所追求的目标是现实的和正确的，而当前的挫折只是暂时的，经过努力是可以克服和逾越的，就应设法排除障碍、克服困难，并坚持不懈，朝着既定目标迈进，直至最终实现自己的目标。大学生大多有强烈的发展需求并对未来生活充满希望，但在成长过程中不可避免地要遇到各种各样的困难，这就需要大学生在实践中培养顽强拼搏的毅力和敢于面对、战胜困难的勇气。

2. 调整目标，循序渐进

由于自身条件或社会因素的限制，人们的需要和目标并不是都能得到满足和实现的，或者在目前的条件下是不可能满足和实现的。因此，人们在实现目标的过程中，如果几经努力和尝试都失败了，就要冷静下来，认真、客观地分析导致失败的真正原因，并根据实际情况对自己的奋斗目标进行适当的调整。如果自己定的目标太高，这就需要适当调整目标，循序渐进，逐步获得成功。如果发现原定的目标难以实现时，还可以改换目标，寻找新的能够实现的目标取而代之，同样可以达到满足自身需要的目的。调整目标并不是害怕困难的表现。此外，调整目标还可以避免因目标选择不当而难以实现时带来的挫折感和焦虑情绪等，亦可减轻和避免人们自信心的挫伤。

二、大学生常见的挫折防御机制

个体处在挫折与冲突的情境中时，经常会自觉或不自觉地运用一些方法来减轻内心的不安，以恢复情绪。这些方法统称为挫折防御机制，它是指个体在潜意识里为减弱、回避或克服现实冲突带来的挫折、焦虑、紧张等而采取的一种防预手段，借此保护自己。常见的防御机制有升华、投射、文饰、认同、反向、压抑、补偿、否认、幽默、倒退等。

挫折防御机制在现实生活中是一种相当普遍的心理现象。挫折防御机制的意义有积极和消极之分，其积极的意义在于能够使主体在遭受困难与挫折后减轻或免除精神压力，恢复心理平衡，甚至激发主体的主观能动性，激励主体以顽强的毅力克服困难，战胜挫折；其消极的意义在于使主体可能因压力的缓解而自足，进而出现退缩甚至恐惧心理，导致心理疾病的产生。

常见的挫折防御机制可分为建设性防御、替代性防御、掩饰性防御、逃避性防御、攻击性防御五大类。具体表现为下列十一种方式：

（一）升华

升华是指一个人在遇到挫折后，将自己不为社会所认同的动机或欲望转变为符合社会要求的动机或欲望，或将自己的情感和精力转移到有益的活动中去，使低层次的需要和行为上升为高层次的需要和行为，从而将不良情绪和不为社会所允许的动机引向比较崇高的方面，以保持情绪稳定和心理平衡。弗洛伊德认为，人类很多文艺创作，都是作家把内在不合理的冲动加以升华，并以社会所能接受的正当方式加以表现的。如歌德于失恋中得到灵感与激情，写出了脍炙人口的世界文学名著《少年维特之烦恼》。

（二）投射

有时候我们以自己的想法去推测别人的想法，将自己的思想、感受和行动推到别人身上，这在心理学上称作投射。投射通常指将自己不喜欢、不能接受的性格、态度、意念或欲望转移到别人身上，说别人有这种恶习恶念，即所谓"以小人之心，度君子之腹"。

（三）文饰（合理化）

文饰（合理化）指当人们的行为未达到目标，或不符合社会规范时，为了减少或免除因挫折而产生的焦虑和痛苦，寻找种种理由或值得原谅的借口替自己辩护。换句话说，当事情失败时，以许多与事实无因果关系的理由加以解释，来维持面子。最常用的文饰有两种情形，即酸葡萄心理和甜柠檬心理。酸葡萄的寓言恐怕是妇孺皆知的了，那只嘴馋的狐狸很想饱餐一顿甜葡萄，可是葡萄却被乌鸦霸占着，自己怎么也吃不着，只得怏怏地离开，嘴里却不住地唠叨着"什么甜葡萄，明明是酸的嘛，给我吃还不吃呢"。这种在自己极其盼望得到某种东西却得不到时所采取的一种自我调侃的心理情绪，就是文饰心理。《西游记》里的猪八戒，论本事他斗不过取经路上遇到的各种妖怪，更斗不过孙悟空，但是他从不认输，总是找各种理由给自己台阶下，不是把过失归咎于别人，就是显露出自己不屑于与之较量的样子。这实际上也是文饰心理的典型表现。再如，某学生本来下决心要在考试中名列前茅，结果未能如愿，为了维护自尊，便使用不屑的口吻说"死读书有什么意思，我可不想做书呆子"。吃不着的葡萄是酸的，达不到的目标就是不喜欢的或本来就没想要的，这就是酸葡萄心理。甜柠檬心理是夸大既得东西的好处，缩小不足之处，以减轻达不到目标的失望。例如，某人很想参加舞会，但自己不会跳舞，又不好意思让别人知道自己不会跳舞，便说自己喜欢安静，不愿去闹哄哄的场合。

（四）认同

认同是指一个人受到挫折后，效仿他人获得成功的经验和方法，使自己的思想、目标和言行更适应环境的要求，或者是把别人具有的、使自己感到鲜明的品质加在自己身上，或者是将自己与所崇拜的人视为一体，以提高自己的地位，从而减轻挫折感。例如，有的人很喜欢宣称自己与某名人曾是同学、同乡或很熟悉某名人，似乎凭这层关系，名人成功的光辉便能折射到自己身上。

（五）反向

反向又称"矫枉过正"现象。个体为了防止自认为不好的动机外露，采取与动机方向相反的行为,这种内在动机与外在行为不一致的现象,称为反向作用。它实际上是个体对冲动和欲望进行压抑的一种心理表现。比如,一个女大学生对某男生有好感,但在和他见面时,反而采取冷淡的态度;总爱在别人面前炫耀自己的人,恰恰反映了他内心有怕别人瞧不起的自卑感。

(六)压抑

压抑是指人们受到挫折后,把意识所不能接受的、使人感到困扰或痛苦的思想、欲望或体验压制在潜意识中,不再想起,不去回忆,主动忘记,以保持内心的安宁,使自己免受痛苦。如某学生因一时糊涂,偷拿同学的钱物,事后羞愧难当,又没勇气承认,拼命想把这件事忘掉。但以后每遇到同学丢东西,就怕被怀疑,以至于发展到怕见同学,这种失常行为的根源就是过分压抑。压抑这种防御机制比较常见,对身心危害较大。心理分析家认为,一切疾病都是由过度压抑造成的。压抑原来是希望忘记可怕的刺激,结果因潜意识的活动却引起许多相关回忆的刺激。压抑虽然能暂时减轻焦虑和获得安全感,但按捺不住内在的情绪纷扰,久而久之可能使人变得性情暴躁或孤僻、沉默,甚至形成心理疾病。因此,遇到挫折、失败最好一吐为快,想办法把内心的不满、不愉快的情感宣泄出来。

(七)补偿

补偿是指人们在实现目标过程中受到挫折,或由于自身的某种缺陷而达不到既定目标时,以其他可能获得成功的活动或自己的特长来代替,通过新的满足来弥补原来欲望得不到满足和目标达不到要求所带来的痛苦。一个长相平凡或有生理缺陷的女孩,无法与美女争奇斗艳,于是发奋学习,在学术研究上卓有成就,从而获得其容貌不能赢得的声望,这就是补偿。"失之东隅,收之桑榆",生活的天空那么辽阔,施展本领的天地如此广大,原先的目标受挫时,不妨通过别的途径达到目标,或改变原有目标而用其他目标代替。

(八)否认

否认指拒绝接受不愉快的现实以达到保护自我的目的。例如,一位妈妈得知爱子在车祸中丧生,她无法接受,依然照常做饭,整理爱子房间,等候爱子回来,就当什么事也没发生过。再如一位大学生失恋后,就极力否认自己曾爱过对方。这些便是典型的否认机制。否认是心理防御机制中最原始最直接的一种。否定事实并不能改变事实,所以否认机制并不能解决问题,只能暂时缓解压力,若长期使用否认机制,问题可能越来越严重。

（九）幽默

幽默是指当一个人受到挫折、处境困难或尴尬时，用幽默的方式来化解困境，维持自己的心理平衡。例如，一位旅行家向诗人海涅讲述他所发现的一个小岛，突然说道："你猜猜看，这小岛上的什么现象最使我惊奇？"海涅摇摇头表示不知道。旅行家神秘一笑说："小岛上没有犹太人和驴子！"作为犹太人的海涅说道："如果真是那样，我和你到小岛上去走一走。"海涅用幽默的方式很好地使自己摆脱了所处的尴尬境地。

（十）倒退

倒退是指当人们受到挫折时所表现出的与自己年龄和身份不相称的幼稚行为，或盲目地轻信他人、跟从他人等。表现出这种行为方式的大学生往往对自己缺乏信心，看不到自己的力量，像孩子一样依赖他人，多指大人做小孩状。如某一女生刚入校，参加学生会干部竞选失败了，感到很"委屈"，无法进行理智分析，不吃饭，也不上课，成天蒙头大睡。再如某位大学生考试不及格，就找教师哭哭啼啼、苦苦哀求。

（十一）转移

转移是指将一种情境下危险的情感或行为，不自觉地转移到另一种较为安全的情境中释放出来。如受了教师的批评或家长的指责后，把怒气发泄到同学身上，对同学发火、扔东西。

前面谈到了十一种心理防御机制，人们在遇到挫折时往往会不自觉地运用。构建成熟、合理的心理防御机制，不仅有助于大学生提高自身的心理健康水平，也有助于大学生自信心的培养与意志力的磨炼。升华的心理防御机制能够使大学生在遭遇挫折后，把内心的痛苦转化为一种动力，转而投入有益的生活、学习中，这无疑是人们受挫后的最佳防御。补偿、认同、幽默等心理防御机制也能使大学生获得心理平衡，保持自尊，减轻内心的痛苦和焦虑，因而也不失为受挫后较理想的心理防御方式。文饰、反向等具有掩饰性，压抑具有逃避性，转移、投射等具有攻击性，在某种程度上不利于提高人们对挫折的适应能力，需要注意。但有些人在遇到挫折时容易自责，这时不妨运用一下酸葡萄、甜柠檬（文饰）心理，在内心贬低一下他人，抬高一下自己，挽回一点自尊和面子，以免自信心丧失殆尽。总之，挫折防御机制的使用要有个度，使用过度或不当不仅减轻不了紧张和焦虑，反而可能破坏心理活动的平衡，妨碍个人的社会适应，甚至还可能造成心理异常和行为偏差。

第八章 学习与心理健康

第一节 学习的概念及大学生学习的特点

一、学习的概念

学习是一种十分复杂的心理现象,学习的概念有广义和狭义之分。从广义上说,学习是人和动物在生活中获得经验,并引起心理和行为持久变化的过程。广义的学习有以下三个特点。第一,从主体来看,学习是人和动物普遍存在的现象。无论人类还是动物,都具有学习能力。个体的一生都贯穿着学习,学习无时无处不在。第二,从实质来看,学习的实质是后天经验的获得。判断一种现象是不是学习,关键是看个体在此过程中是否获得经验。第三,从结果来看,学习的结果表现为个体心理和行为的持久变化。这种变化是由经验的获得而引起的,而且这种变化是持久而不是暂时的。当然学习引起的变化并不一定通过外显行为表现出来,它可以是在个体身上产生的潜在的或内隐的变化,也就是说,学习引起的变化可以是外显的,也可以是内隐的。

狭义的学习是指人类的学习,即人在社会生活实践中,以语言为中介,自觉、积极、主动地掌握社会历史经验和个体经验,并引起心理和行为持久变化的过程。从这一概念可以看出,人的学习与动物的学习有重要区别。第一,从方式上看,动物的学习主要是一个自发的过程,而人的学习是在社会生活实践中,通过社会传递,以语言为中介实现的。第二,从实质和内容上看,人通过学习不仅可以掌握个体经验,还可以掌握社会历史经验,而动物通过学习只能掌握个体经验。第三,从性质上看,动物的学习是不自觉的,只是消极、被动地适应其生存的环境,而人的学习相对于动物的学习来说,要更加自觉、积极和主动。

学生的学习是人类学习的一种特殊形式,是指在教师的组织指导下,有目的、有计划、系统地掌握科学文化知识和技能、发展能力、形成品德的过程。学生的学习既有人类学习的共同之处，又有其特殊性。第一，学生的学习是在教师组织指导下，有目的、有计划地进行的。第二，学生的学习掌握的主要是间接经验。这些间接经验反映了人类长期以来认识世界的成果，主要是科学知识。第三，学生的学习具有多重目的性。学生不仅要掌握知识，还要掌握技能，更要发展各种能力，同时还要培养良好的品德，形成正确的世界观、人生观和价值观，促进个体全面、健康、和谐地发展。

二、大学生学习的特点

大学学习是人生学习过程的一个重要阶段，它既有人类学习和学生学习的一般特点，又表现出与其他学习阶段明显不同的特点，即大学学习具有学习过程的自主性、学习内容的专业性、学习方式的多样性和学习目的的探索性的特点。

（一）学习过程的自主性

大学虽然也有教师讲课，但是每节课讲授的内容较多，信息量较大，课后的理解、消化、巩固等各个环节主要靠学生自己独立去完成，而不像中学生和小学生那样由教师或家长布置、检查和督促。同时，大学生在学习时间的安排上有较大的自主权和支配权。在中学阶段，每天的课程都安排得比较满，学生基本上没有自由支配的时间，每天忙于应付教师布置的作业或者赶新课、复习等。进入大学后，学习环境发生了很大的变化，学生可以自由支配的时间明显增多。大学生基本能够自主地根据自己的兴趣、爱好、需要、特长安排学习，逐渐把对教师和课堂的依赖转向自主学习，主要表现在学生可以根据自己的实际情况，制订学习计划、安排学习时间、选择学习的地点和方法、决定学习进程等。另外，大学里不仅开设了必修课，还开设了大量的选修课和公共课等，大学生可以根据自己的需要和兴趣进行自主选择和学习。

（二）学习内容的专业性

与以掌握各科基础知识为主要目标的中学教育不同，大学教育的目标和任务是为社会培养各类高级专门人才。学生毕业后，大多数人都要在社会各个领域从事与自己专业相关的职业活动。因此，从进大学开始，大学生的学习活动就具有明显的专业性，各种课程就是围绕着专业的方向和需要开设的。当然大学教育也不同于以完成职业培训和掌握职业技能为主要目标的职业教育。大学生学习的专业性只是一种职业定向，是为将来参加职业活动做准备的，并不是职业培训。大学生不仅要掌握专业技能，提高自己的实践能力，还要掌握专业基础知识和基本理论，同时还要了解专业的发展趋势和前沿，包括一些有争议性的学术问题。此外，随着科技、经济和社会的发展，对人才素质的要求也越来越高，要想适应社会的需要，在竞争中立于不败之地，大学生除了完成专业的学习外，还应根据自己的兴趣、爱好和各种社会需求选择学习其他专业的课程。

（三）学习方式的多样性

进入大学后，由于学习环境的改变和学习条件的改善，自学的方式显得尤为重要。同时，由于大学生独立性和批判性的发展，他们不再轻易相信书本和权威，而是更喜欢讨论问题、争辩问题，喜欢表达自己的观点。此外，课堂教学虽然还是大学生获取知识的重要途径，但已不是唯一途径。大学生可以通过参加教师的科研活动、各种学术报告和专题讲座、各种学术团体活动、社会实践和调查以及研究性学习活动等获取知识。学习方式的多样性，不仅能提高大学生学习的积极性，而且能有效地提高大学生独立学习和独立工作的能力，为他们将来走向社会、取得职业成功打下坚实的基础。

（四）学习目的的探索性

学习的根本目的不在于知识，而在于通过知识学习来发展和提高自己的各种能力。因此，大学生的学习不仅仅在于掌握知识，更在于探索知识的形成过程，了解学科发展状况、存在的问题以及解决的思路，掌握科学的研究方法，培养学生的科学思维和独立思考能力。而那种以考试为目的的死记硬背、墨守成规、缺乏思考和探索的学习必将不能适应社会的发展。

第二节　大学生常见的学习心理问题及其调适

一、学习动机不当

学习动机是引导和推动学生进行学习的内部动力，是激发学习、维持学习并将学习导向某一目标的内部动力，是学生将学习需要和学习愿望转变为学习行为的心理动因。它是在学习需要的基础上产生的，是学习行动的直接原因，推动着个体的学习。

（一）学习动机不当的表现

学习动机不当主要包括学习动机不足和学习动机过强两个方面，两者都会影响学生的学习效率。学习动机不足的主要表现是无明确的学习目标，容易分心，无成就感，缺乏适宜的学习方法，为完成作业或考试而学习，一般会厌倦学习并逃避学习。有研究显示，相当一部分大学生学习目的茫然，这导致他们对自己的前途听之任之，缺乏学习的主动性和积极性，表现出无所事事、对别人的学习热情和成就熟视无睹等非正常的"坦然"心态。学习动机过强的主要表现是成就动机过强，自我期望过高，给自己预定的学习目标过高，学习过于勤奋，对自己要求过严，有强烈的争强好胜心理，精神紧张。有些学生从小受到"万般皆下品，唯有读书高"的观念影响，以考试为中心，非常看重自己学习的分数和名次，每天除了吃饭睡觉，就是在教室里学习，很少参加其他活动。一旦目标没有达到，便产生巨大的心理落差，并且由于长期超负荷的学习导致身心疲惫，很难在短时间内恢复到良好的精神和身体状态，很多人往往因此一蹶不振，极端的甚至会自杀。

（二）学习动机不当的原因

学习动机不足的原因。内部原因主要是学习动机不明确，社会责任感不强，价值观念不强，学习态度不端正，学习毅力不强，对专业不感兴趣，对自己的学业期望不足，学业自我效能感低。外部原因主要是受到社会不良风气和观念的影响，如拜金主义、读书无用论、分配不公等。许多家长或教师在指导孩子选专业时急功近利，不考虑孩子的兴趣，只考虑什么专业挣钱多、好找工作就学什么专业，这导致许多人上大学后才发现所选的专业根本不适合自己，因此，这样必然会导致学习动机不足，一些人便在浑浑噩噩中度过了大学时光。

学习动机过强的原因。内部原因主要是个体学业期望过高，学习目标设置过高，自尊心强，做事追求完美，好强固执，对自己的学习能力缺乏恰当的估计，而且有不恰当的认知模式，把努力看成取得成功的唯一条件，片面地认为"只要努力，就能成功"。另外，个体渴望学业成功但又担心学业失败，受外部学习动机的驱使，渴望外在的奖励与肯定，特别是由学业优秀带来的心理满足使学生更看重自己的学业成绩，造成学习强度过大，引起心理疲劳。外部原因主要是家庭的期望和责任、社会激烈的竞争和就业困难、他人不恰当的强化等。

（三）学习动机不当的自我调节

学习动机不足的自我调整：一是明确学习的目的与意义，正确认识学习的价值与大学的目标，重新规划学业与人生；二是端正学习态度，调整心态，以积极的心态对待学习特别是学习中遇到的挫折与困难，用坚强的意志战胜惰性；三是改进学习方法，提高学习效率，增强学习的成功感和自我效能感；四是通过多种方式培养自己的学习兴趣，兴趣是最好的老师，有了兴趣就能改变学习动力不足的状况；五是积极营造良好的学习氛围。

学习动机过强的自我调节：一是正确认识自己，制定恰当的学业目标，调整成就动机，与此同时，脚踏实地，循序渐进，不好高骛远；二是转换外部的学习动机为内部的学习动机，淡化外在奖励特别是学业成就的诱因，正确对待荣誉与学业成绩；三是端正学习态度，树立远大理想，保持旺盛的学习热情，坚持不懈；四是营造一个宽松的学习氛围。

二、学习疲劳

学习疲劳是指由于学习强度过大、学习时间过长，个体在生理和心理上产生劳累感，致使学习效率下降，甚至出现头晕目眩，使之不能继续学习的一种状态。

（一）学习疲劳的表现

学习疲劳可以分为生理疲劳和心理疲劳两种。生理疲劳主要是肌肉受力过久或持续重复伸缩造成的肌肉痉挛、麻木、眼球发疼发胀、腰酸背痛、动作不准确、打瞌睡等。心理疲劳是由于长时间从事心智活动，大脑皮层兴奋区域的代谢逐步提高，消耗过程超过恢复过程，脑细胞处于抑制状态而使得大脑得不到休息。疲劳的症状是感觉器官机能降低、注意力涣散、思维迟钝、情绪躁动、抑郁、易怒、学习效率下降等。

疲劳现象既可以是被主体感知的，即学习者自己感受到一定的疲劳，也可以是未被主体感知而由他人感知的，即他人通过对学习者学习的外在行为的观察，得出"学习者已疲劳"的结论。学习疲劳是一种保护性抑制，经过适当的休息可以得到恢复。但是如果长期处于疲劳状态而得不到休息和放松，大脑有关部位长期持续保持兴奋，就会导致大脑兴奋和抑制过程的失调，严重的还会引起神经衰弱。

（二）学习疲劳的原因

造成学习疲劳的主要原因有：学习压力过大、时间过长，过分紧张，注意力高度集中，持久地思考和记忆；不注意劳逸结合，睡眠时间不足，营养不良；学习内容单调乏味，学习方法不科学；缺乏学习动机和兴趣；在光线不足的环境下学习等。

（三）学习疲劳的心理调适

学习疲劳是一种身心障碍，不仅影响学习效率，而且对身心健康危害也很大，一旦有该症状，应尽快调适。

1. 学会松弛有道

学习是一种非常复杂、辛苦的智力劳动。学习一开始，大脑皮层就开始耗损能量。学习时间过长、内容过多，就会出现疲劳症状。刚开始疲劳时，其表现为写作业速度快，但错误增多，注意力分散，情绪烦躁，小动作增多等；当疲劳加深时，写作业的速度和准确性都下降，动作不协调，注意力不集中，情绪极度烦躁，难以继续学习或进入瞌睡状态。过度脑疲劳会出现大脑半球慢性充血现象，表现为面色苍白，四肢无力，甚至出现手脚抽筋、精神萎靡、头晕失眠、食欲减退、消化不良等一系列神经衰弱症状，此时降低了对疾病的抵抗力。所以，无论学习多么重要、多么紧张，都要注意做到科学用脑、劳逸结合、松弛有道。下面介绍两种方法消除疲劳。

其一，睡眠休息法。睡眠能使疲劳的大脑重新恢复机能，因为大脑处于休息状态时，对氧气和营养的消耗减少，废物和二氧化碳的生成自然也减少了，通过血液循环，源源不断地供应物质和氧气，又不断地把废物和二氧化碳运走，从而恢复正常的功能。另外，只有睡眠达到一定深度和持续一定时间，才能有效促进物质代谢。充足的睡眠是使大脑保持良好学习状态的必要条件。剥夺睡眠时间用来学习虽有一时之效，却会使大脑过度疲劳，从而对学习产生厌倦感。

其二，交替活动休息法。要使大脑皮层的各神经中枢功能区经常交替工作，有效的办法是变换活动内容和学习内容，不要长时间单调地从事一项学习活动，这样就可保证大脑皮层的各神经中枢功能区轮流工作。具体做法是：交替安排不同性质的学习内容，如学完数学看英语等；学习活动与体育活动交替进行，如进行课间活动、课外活动等。列宁说过："读书和工作要时常变换，由翻译转阅读，由写信转体操，由认真读转浏览小说，这会对人有很大帮助。"列宁之所以具有渊博的知识、惊人的记忆力和超人的精力，与他长期坚持科学用脑是分不开的。符合用脑规律的有节奏的生活，将给生活带来充沛的精力。

2. 创造良好的学习环境

良好的学习环境可使大学生在学习过程中身心舒畅，不容易疲劳；而在嘈杂、烦乱的学习环境中，则容易心烦意乱、烦躁不安，产生疲劳。

3. 培养学习兴趣

对学习本身感兴趣，可以使大学生在学习时心情愉悦，长时间学习而不知疲倦；反之，对学习不感兴趣，很快就会进入疲劳状态。

三、考试焦虑

（一）考试焦虑的表现

考试是学生学习过程的组成部分，它既是对学习效果的一种检验，同时也是对学生心理素质的一种考验。可以说，几乎所有学生面临考试都会紧张，只是程度不同而已。考试前或考试时的适度焦虑有助于考生积极状态的激发和水平的发挥，而过度的考试焦虑则会分散注意力，使注意力不能集中于考试，并会干扰信息提取和思维等，使学生考试时无法发挥正常水平。

过度考试焦虑是指对考试过于紧张，担心自己考试失败有损自尊而高度忧虑的一种负面情绪反应，表现为：紧张恐惧、心烦意乱、喜怒无常、无精打采；肠胃不适、莫名的腹泻、多汗、尿频、心悸、头痛、失眠；记忆力减退、忘性大、注意力不易集中、思维迟钝、学习效率下降、考试进行中的强迫性分心等。

（二）考试焦虑的原因

造成考试焦虑的原因很多，也很复杂，概括起来主要有如下两种。

1. 客观因素

一是考试本身。如考试的重要性、难易程度、竞争程度等。越是重要的考试，越容易产生考试焦虑；题目越难，越容易产生考试焦虑；竞争越激烈，越容易引发考试焦虑。二是家庭和社会的压力。许多学生肩负着家庭的期望，而现在社会上就业又非常困难，因此，许多学生希望通过更加努力的学习，以更加出色的成绩在激烈的竞争中赢得胜利，在这种情况下，焦虑就在所难免了。三是考试压力的传递。学生间的相互影响也会造成考试焦虑。如一些学生将考研作为唯一的出路，考前以发誓言、写战书等方式激励自己的斗志，这样人为地制造紧张气氛，使其他学生也感到紧张和恐惧。

2. 主观因素

一是学生的个性特点。那些敏感、易焦虑、过于内向、缺乏安全感和自信心、做事追求完美的学生在考试中容易出现考试焦虑。二是学生的学业期望。一般而言，学业期望越高的学生，对学习投入的精力越多，也越看重学业成绩，因而对考试失败的恐惧也越强烈，越容易产生考试焦虑。三是考试成败经验。大学生个个都身经百战，以往许多考试的成败经验不仅影响他们对待考试的态度，也会影响他们对考试的归因和努力程度，更会影响他们的焦虑程度。四是知识掌握程度与备考情况。许多学生平时上课不认真，课后不复习，考前临阵磨枪，匆忙上阵，对考试没把握，自然会产生考试焦虑。五是对考试外在价值的过分重视。考试成绩与大学生学业荣誉如奖学金，政治前途如入党，学业前途如研究生保送等密切相关。因而，大学生会对考试成绩很看重，特别是学业成绩优异的大学生，恐惧考试失败的心理压力越大，就越容易出现考试焦虑的症状。六是无限夸大考试的意义。许多学生把考试看作决定自己命运的战场，"成败在此一举"，急于成功，结果容易导致过度焦虑，这不仅危害自己的认知，影响考试发挥，还会损害自己的身心健康。

（三）考试焦虑的调节

1. **充分地复习准备**

大多数人考试焦虑是由复习准备不充分引起的，因此牢固掌握知识是克服考试焦虑的根本途径。

2. **正确评价自我，树立自信心**

正确对待考试结果，不以一次成败论英雄；过于担心、焦虑不仅于事无补，还会影响水平的正常发挥。

3. **学会放松**

以舒服的姿势坐好，保持身体两边的平衡；做深呼吸；使身体各部位放松，放松的顺序为脚、双腿、背部、颈、手心；想象自己在海滩上，暖暖的阳光照在身上，赤脚走在海滩上，海风轻轻吹拂，听海浪拍打海岸，达到放松的目的；听音乐；等等。

4. **开展考前心理辅导**

对一些敏感、焦虑、抗挫折能力差、有心理障碍的学生在考试前进行有针对性的心理辅导以缓解其心理压力；对考试高度焦虑的学生进行集体辅导，使学生客观地认识自己，提高心理素质，增强自我心理调整能力，提高考试技巧，有效化解外来压力，发挥出应有的水平。

5. **进行考后的心理调节**

若感觉考得不好，要勇敢面对，寻找原因，及时弥补，争取下次取得好成绩。不能因为一次失败就全盘否定自己，相信经过吸取经验教训，下次一定能取得比这次理想的成绩,最终实现目标。此外,还可以适当宣泄,如找朋友聊天、出去玩等。

四、考试作弊

学生考试作弊是一种特定和普遍的现象,被称为"大学流行病"。考试作弊不仅会影响大学生学业成绩和学习积极性,还会引发学业不公平等问题。

(一)大学生作弊的原因

造成学生考试作弊的原因是多方面的,既有学生自身的原因,也有考试纪律松懈以及社会不良风气影响等客观原因。从学生方面看。一是学位的压力。在作弊问题上,学位是一把双刃剑,既是学生不作弊的主要原因,因为"担心被抓,丢掉学位",也是作弊的主要原因。成绩较差的学生在面临丢掉学位的现实压力时,特别有可能铤而走险;而更多的无个人明确作弊动机的学生易受小团体氛围的影响,如果在一个所有人都寻求考试捷径的环境中学习,学生会认为,如果自己不作弊而别人作弊对他自身不公平,所以也就随大流了。二是追求高分的愿望。成绩较好的学生希望在考试中获得成功,保持学业上的优势,因而在时间紧迫的情况下可能会找"捷径"。有些学生认为,分数仍然是学生的命根,凡与学生切身利益有关的都与成绩息息相关,这在一定程度上也助长了学生的投机心理与侥幸心理。三是课程的重要程度。学生对那些自认为不重要或"学过以后没有什么大用处或学了就忘"的课程易产生心理上的轻视,因此就更倾向于作弊,如体育课替考就是明显的例证。四是学生心理因素。许多大学生存在侥幸心理和投机心理,个体心理不成熟与自信心不足的学生容易作弊。从道德教育的角度看,主要是内心道德观念的弱化,总在寻找作弊的"合理化解释",如监考不严、课程太难、作弊现象的普遍存在等,很少有学生从自身找原因。

从社会环境看,大学生作弊存在于一个更广阔的社会与教育环境中,社会上许多不良风气,特别是诚信危机、急功近利思想等必然会对大学生产生不良影响。大学生的许多欺骗行为并不仅仅发生在考试中,像抄袭作业、评优时造假等都不是个别现象。部分学生对不诚实的行为丧失了羞耻感,在利益的驱动下可能就会铤而走险。

（二）大学生作弊的防治

1. 激发大学生的内在学习动机

内在学习动机的不足与匮乏是大学生考试作弊的深层原因。提高大学生学习的积极性、主动性，激发其内在的学习动机是防治作弊的根本手段。

2. 转变教育观念，改革教育体制

真正实现从以知识为中心到以能力为中心的转变，改进教学方法和教学手段，特别是要改革现行的考试制度。由单一的考试向多样化、综合的考核方式转变，将学生从沉重的考试压力中解放出来。

3. 加强教风、学风建设

良好的教风、学风对学生成才起着潜移默化的作用，学风好的班级学生作弊的现象往往较少。因此要营造积极向上的良好氛围，帮助学生树立正确的学习观，正确对待考试与荣誉，增强学生的自信心。

第三节　掌握学习方法

古人云："授人以鱼，不如授人以渔。"在大学里学习知识固然重要，但掌握有效的学习方法更为重要。越早掌握学习的规律和科学的方法，也就越能轻松、高效地学习，更好地适应大学生活和将来的工作岗位。

学习方法是指学习者在学习过程中，积极操纵信息加工过程，以提高学习效率的手段、方式或途径，它是学习者顺利完成学习任务的重要保证。对于刚刚走出应试教育，走入大学校门的大学生来说，面对全新的学习环境、复杂的专业课程和大量的自学时间，他们常常无所适从，如走迷宫一般，常常因不得法而浪费了大量时间。因此，作为当代大学生，需要探索出一套既适应大学学习环境和条件，又适合自己特点的学习方法。

一、确立科学合理的学习目标和计划

科学合理的学习目标和计划是大学生学习获得成功的基础。

（一）学习目标的制定

（1）学习目标要符合自身条件和发展方向

在制定学习目标时，应对自己各方面的情况有个全面、正确的评估，了解自己的特点、特长、兴趣和将来的发展方向等。

（2）学习目标要难易适度

一般来说，过高或过低的目标都不可取，应该确立一个对自己来说是中等难度的目标，即经过自己的努力可以实现的目标。

（3）学习目标要相对集中

一个人的精力是有限的，如果学习目标太多，过于分散，就很难实现。只有目标集中，才能集中精力，确保成功。

（4）学习目标要长短结合

制定目标时，既要有近期目标，也要有远期目标，近期目标可以是远期目标的子目标。通过一个个近期目标的实现，可以体验到实现目标的喜悦，进而逐渐接近远期目标。

（5）学习目标要符合社会发展的需要。

学习的最终目的是将来服务社会，实现自身价值。因此，在制定学习目标时，不仅要考虑自身条件，还要考虑社会的发展与需要。只有把个人需要和社会需要结合起来，才能更容易获得成功。

（二）学习计划的制订

学习计划既是实现学习目标的重要保证，也是合理安排时间的需要。一个好的学习计划，不仅可以提高学习效率，还可以增强学习信心，养成珍惜时间的习惯。制订学习计划时应注意：

（1）根据自己的实际情况来制订学习计划

每个人的生理和心理特点、学习情况、生活习惯、所处的环境和条件等都不同，因此，在制订计划时不能盲目照搬别人的计划。此外，随着自身情况和外部条件的改变，计划也应相应地做出调整。

（2）根据课程特点来制订学习计划

不同的课程有不同的特点，而且自己对不同课程的学习情况也不同，因此在制订计划时也应该有所区别。

（3）学习计划要定时定量

定时学习就是规定学习的时间，到了时间就要马上学习，这样可以保证必要的学习时间。定量就是要根据自己的实际情况，规定学习的时间量。不能把时间排得太满，要留出一部分时间参加体育锻炼等其他活动，同时，也要留有余地，以便应急之用。

（4）利用好"黄金时间"

"黄金时间"是指人的精力最充沛、注意力最集中、学习效率最高的那段时间。每个人的"黄金时间"不同，有的人在早上，有的人在晚上或其他时间。大学生在安排学习计划和学习时间时，应考虑到自己的"黄金时间"，并充分利用它。

二、掌握学习的具体环节

大学生的学习大致可以分为预习、听课、复习、作业四个环节。掌握好这四个环节的学习方法，对提高学习效率，顺利完成大学学业十分重要。

（一）预习

预习是指在学生为了更好地听课，在教师讲课之前，初步了解新课内容，并做好学习新知识的准备工作的一个自学过程。

课前预习的作用主要表现在以下几个方面。第一，预习有助于扫除听课中的知识障碍。在课堂教学中，学生学习新知识要用到原来的知识。原有的知识一旦遗忘，就会对学习新知识造成障碍。通过预习，不仅可以扫除这类障碍，而且由于明确了新知识和原有知识之间的联系，就有利于知识的系统化和加深对新知识的理解。第二，预习有助于提高听课效率。通过预习可以初步了解新课的内容，找出新课的重点、难点和疑点。这样，听课时必然有明确的目标、积极的态度、浓厚的兴趣，从而注意力更加集中，并能把主要精力放在重点、难点和做好笔记上，从而提高听课水平和学习效率。

怎样进行课前预习呢？一般来说，我们可以按以下五个步骤进行：

（1）阅读

阅读就是先粗读新教材，了解教材的大意和思路。然后再细读，边读边思考，对不懂的和看不透的地方，要质疑，并做好标记。

（2）划分

划分就是划分层次，找出重点，提出疑难问题。

（3）批注

批注就是将自己的看法、体会写在书旁。在课堂讨论中发表或在听课的过程中验证。

（4）思考

预习时要思考如下问题：下节课教师要讲什么内容？这些内容有哪些地方是自己不懂的？与上课内容有关的知识是什么？

（5）尝试

尝试就是对课文后面的复习思考题或练习题进行尝试性的回答，以检验预习的效果。

课前预习还应注意以下两个问题。一是思想重视、持之以恒。要提高认识，明确课前预习的意义和作用，提高预习的自觉性。把预习列为学习计划的内容，并坚持下去，逐步养成习惯，不断提高预习的能力。二是从实际出发，突出重点。由于大学学习的专业不同、年级不同、各自的情况也不相同，因此，课前预习要从实际出发，要突出重点，不必平均用力。

（二）听课

听课是课堂学习过程中的中心环节，是教师传授知识技能、学生掌握知识技能的主要组织形式。大学生怎样才能上好课呢？一般应做到以下四点：

1. 充分做好课前准备

课前准备包括四个方面的内容。①物质上的准备。凡是上课所需的课本、笔记本和笔、尺等学习用具，在课前都要准备好，以便随时取用。②生理上的准备。上课需要大脑进行感知、记忆、思维、想象，因此使大脑保持最佳的兴奋状态是很重要的。为此，要求大学生要养成良好的用脑习惯，保证睡眠时间和运动时间，做到劳逸结合，使大脑保持最佳的兴奋状态。③心理上的准备。由于在学习过程中，学习的动机、兴趣、情绪、意志等非智力因素对学习效果起到很大的作用，因此，为了提高听课的效率，学生必须保持强烈的求知欲、饱满的学习热情、浓厚的学习兴趣、坚强的学习意志等，这就是学习的心理准备。④知识上的准备。前面讲的预习实际上就是课前的知识准备。

2. 集中注意力，专心听课

俄国教育家乌申斯基曾经用比喻形象地说道："注意是学习的窗户，没有它，知识的阳光就照射不进来。"的确，一个注意力涣散的学生，尽管他天天在上课，也必然一无所获。因此，集中注意力、专心听课，是提高听课质量的关键。为了集中注意力专心听课，首先要做出主观努力，明确听课的目的和任务；同时要调节和控制自己的情绪，以顽强的意志来克服外界刺激的干扰，根据注意力的规律来进行注意力的转移，养成良好的注意习惯。

3. 勤于动脑，积极思考

知识的掌握包括知识的领会、巩固和应用三个阶段。要在课堂上掌握所学的知识，必须把重点放在认识事物的思考过程上，而不能跨越这一过程死记硬背。因此，在听课的过程中要使自己处于自觉、能动的状态，勤于动脑，积极思考，注意领会。同时要敢于存疑、质疑，对于教师所讲的观点是否正确、材料是否真实可靠、论证是否合乎逻辑等,都要有自己的思考,都可以质疑,这样听课,才是真正理解和掌握知识。

4.做好听课笔记

在听课过程中认真做好听课笔记,是提高听课质量的有效方法。

记笔记有助于指引并稳定学生的注意力。要想在听课的同时记好笔记,必须要跟上教师的讲课思路,把注意力集中到学习的内容上。光听不记则有可能使注意力分散到学习以外的其他方面。

记笔记有助于理解学习内容。记笔记的过程也是一个积极思考的过程,可调动眼、耳、脑、手一起活动,这样就促进了对课堂讲授内容的理解。

记笔记有助于对所学知识进行复习和记忆。如果不记笔记,复习时只好从头到尾去读教材,这样既花时间,又难得要领,效果不佳。但如果在听课的同时记下讲课的纲要、重点和疑难点,并用自己的语言记下对所学知识的理解和体会,这样对照笔记进行复习时,既有系统、有条理,又觉得亲切、熟悉,因而复习起来,往往能事半功倍。

记笔记有助于积累资料和扩充新知。记笔记时可以记下书本上没有的知识,也可以记下教师在课堂讲授的一些新知识、新观点,这样不断积累,便能获得许多新知识。

做笔记时应注意以下问题:

(1)做好记笔记的准备工作

笔记本是必不可少的,最好给每一门课程准备一个单独的笔记本,不要在一个本子里同时记几门课的笔记,这样会很混乱。准备两种不同颜色的笔,以便通过颜色突出重点,区分不同的内容。

在每页笔记的右侧画一竖线,留出1/3或1/4的空白,用于课后整理笔记时拾遗补阙,或写上自己的心得体会,或加上注释、评语等。左侧的大半页纸用于做课堂笔记,记下听课内容。

(2)笔记方式多种多样

学生在课堂上常用的笔记方式有要点笔记、提纲笔记及图表笔记等。

要点笔记:不是将教师讲的每句话都记录下来,而是抓住知识要点,如重要的概念、论点、论据、结论、公式、定理、定律等,对教师所讲的内容用关键词语加以概括。

提纲笔记:这种笔记以教师的课堂板书为基础。首先记下主讲章节的大、小标题,并用大、小写数字按授课内容的顺序分出不同的层次,在每一层次中记下要点和有关细节，这样条理清晰，使人一目了然。

图表笔记：利用一些简单的图形和箭头连线，把教学的主要内容绘成关系图，或者列表加以说明。图表比单纯的文字更加形象和概括。

（3）提高书写速度

书写速度太慢，势必跟不上讲课进度，影响笔记质量。要学会一些提高记笔记速度的方法，不必将每个字都写得工工整整，可以快速书写；可以简化某些字和词，建立一套适合自己的书写符号。但要注意不要过于潦草和简化，以免自己也看不懂所记的内容是什么。速写的目的是提高记笔记的效率。

（4）在笔记出现遗漏时，要保持平静

上课时，如果有些东西没有记下来，不要担心，不要总是惦记着漏了的笔记，而影响记下面的内容。可以在课后求助于同学或教师，尽快补上遗漏的笔记。

（5）课后要及时检查笔记

下课后，从头至尾阅读一遍自己写的笔记，这既可以起到复习的作用，又可以检查笔记中的遗漏和错误。将遗漏之处补全，将错别字纠正，将过于潦草的字写清楚，同时将自己对讲课内容的理解、收获和感想用自己的话写在笔记右侧的空白处，这样可使笔记变得更加完整、充实、完善。

（6）详略得当，层次分明

对讲课内容越不熟悉，越要详细记笔记，讲课内容如果很难找到参考资料，就必须做详细的笔记。记录内容要有条理、有层次，分段分条记录，不要将几个问题掺杂在一起记录。

（三）复习

复习是防止遗忘、巩固学习效果的最基本的方法。通过复习，可以加深对课堂知识的理解，加强记忆；可以"温故知新"，有新的收获和体会；可以加强新、旧知识的联系，使知识系统化；可以使基本技能进一步熟练，为独立运用知识打好基础。

复习分为课后复习和系统复习两类。课后复习是指当天上课后的复习；系统复习是指对一学期或一学年所学知识进行系统的回顾和整理。

课后复习的任务主要是理解、巩固当天所学的知识。不少学生往往不重视课后及时复习，上完一天的课，就把所学的知识丢在脑后，一直拖到临近期末，为了应付考试，才打开课本，此时发现学过的知识几乎全部遗忘。其实，这时的复习几乎是重新学习了。可想而知，这样学习的效果肯定会受到影响。课后复习必须注意以下三个问题：

1. 复习时间

学习离不开记忆，一切学习活动都是从记忆开始的。所谓记忆，就是对输入大脑的信息进行编码、储存和提取的过程。德国心理学家艾滨浩斯开创了对记忆的实验研究，发现了遗忘的一般规律，即遗忘的进程是不均衡的，有"先快后慢"的特点。在识记的最初时间遗忘很快，后来逐渐缓慢，而一段时间过后，几乎不再遗忘了。根据遗忘规律，要想防止和减少遗忘，就必须及时复习。同时，为了巩固学习效果，还要根据实际情况，做到经常复习、系统复习。

2. 复习方式

复习方式不应该是单调的，单调的复习方式容易使学生产生疲劳、枯燥、乏味的消极情绪，从而影响复习的效果。有关研究表明，多种记忆类型的协同记忆以及多种感官的协同作用，比单一类型或单一感官的识记效果好。因此，复习的方式要注意多样化。

（1）集中复习与分散复习相结合

复习在一定时间内连续进行叫集中复习。复习在一定时间内分次进行，即在各次复习之间间隔一定的时间，叫作分散复习。实践证明，在一般情况下，分散复习的效果优于集中复习。当然，具体的复习次数、时间间隔的安排，还应根据学习材料的数量、性质等因素而定。

（2）反复阅读和尝试回忆相结合

在复习过程中，采用反复阅读和尝试回忆交替进行的方式可以提高复习效率。反复阅读容易使学生大脑产生抑制，读而不知所以然。而通过尝试回忆，学生能够看到自己的成绩，并清楚地了解回忆过程中存在的问题和错误，及时纠正，因而可以抓住复习过程中的难点和重点，使复习更具有目的性。

（3）注意变换复习内容和方式

单调、重复的刺激容易引起大脑皮层的疲劳而产生抑制，只有不断地增加一些新的刺激，才能使大脑处于最佳的兴奋状态。针对这一神经生理特点，我们必须考虑复习方式的变化。在内容上，可将不同内容和性质的学科交替进行复习，把复习课堂内容和看教材、参考书结合起来；此外，同一内容也可从不同角度进行复习。在形式上，可以采用提问、做练习、见习、实习、调查、讨论等相结合的方式。总之，在复习时尽可能把视觉、听觉和运动觉调动起来，使大脑处于最佳的兴奋状态，提高复习效率。

3. 复习次数

学习某一新内容后，需要复习多少次记忆效果才能达到最好？这就涉及过度学习的问题。所谓过度学习，也称为超额学习，指在学习达到刚好掌握的程度以后的附加学习。适当的过度学习可以加深记忆以增强记忆效果。研究表明，学习程度达150%时，即附加或超额50%时效果才达到最好。比如，当我们背诵一首诗时，读了10遍刚好能背诵，还要再朗诵5遍，记忆效果最好。但要注意的是，这并不意味着重复次数越多越好，超过150%的过度学习，效果不但不会随之增强，反而会引起疲劳、注意力分散甚至厌烦情绪等不良后果。

（四）作业

作业是学生运用所学知识分析和解决问题的过程，通过做作业，既可检查学习情况，加深对知识的理解和记忆，也可以形成解决问题的技能、技巧。

做作业应遵循以下步骤。第一，做好准备。做作业前，先复习，以便为做作业做好知识的准备。第二，仔细审题。明确问题的目的、要求和所给条件，经过独立思考，形成解决问题的思路和方案。做作业既不能生搬硬套公式定理，更不能抄袭别人的作业，一定要依靠自己的独立思考，形成自己的思路。第三，认真解题。首先要注意思路、表达、运算正确无误；其次要规范，严格按照规定的格式做，条理清晰、书写工整、整洁悦目；最后要快速，尽可能提高效率。第四，耐心检查。这既是保证作业质量的必要步骤，也是培养发现问题能力的重要途径。第五，及时改错。对作业中的错误应及时纠正，同时分析出现错误的原因，以利于今后改进。另外，做作业的数量要适当，太少了不行，太多了也没有必要。教师布置的作业是经过选择的、有代表性的，要认真地完成，有余力的话再自选一部分题目练习。

除了上述介绍的学习方法外，还有许许多多的学习方法和策略，如阅读方法、组织策略、元认知策略等。当然，学习是一种非常复杂的认知活动过程，它需要多种因素共同参与、协同作用。要取得好的成绩，除了受到个体学习方法和策略的影响外，还受到个体的健康状况、智力水平、个性特点、动机水平、原有基础和教师及其教学方法等因素的制约。

第九章 大学生健康人格塑造与健康心理

第一节 人格概述

无论是东方还是西方，人们很早以来就将认识自我作为一个重要的探索主题，在对自我的认识中，人们最为感兴趣的往往是那些自身稳定的行为或者认知特征，以及个体自身和他人的差异，这些都是人格心理学研究的内容。

一、人格的含义

人格一词最初来源于拉丁文中的"persona"，是面具的意思，在艺术表演中同一个演员可以戴不同的面具来扮演不同的角色，体现个体人格的多面性。此外，面具比人的面部表情变化更少，寓意人格的稳定性。基于它的上述特点，该词后来被引入心理学领域，用来描述人的心理。

在日常生活中，人格是一个名词，具有评价的意义。比如我们说某某人格高尚，在这里人格主要是指道德品质。而在心理学中，人格不具有道德评价或者比较的意义。

在心理学中，对于人格及其相关因素的研究已经非常丰富和深入，但是，关于人格的定义目前仍然没有形成一致的意见。我国著名心理学家黄希庭将人格定义为："人格是个体在行为上的内部倾向，它表现为个体适应环境时在能力、情绪、需要、动机、兴趣、态度、价值观、气质、性格、体质等方面的整合，具有动力一致性和连续性的自我，是个体在社会化的过程中形成的给人以特色的身心组织。"

二、人格的特征

目前没有明确的对人格的定义，但是将研究者关于人格的解释进行归纳分析，我们不难看出人格具有稳定性、独特性、整体性的特征。

1. 稳定性

人格的稳定性是指个体行为或者意识跨越时间和空间的一致性。个体在行为或者意识方面一时表现出来的特征，不能称为人格。例如，我们大家熟知红楼梦中林黛玉的郁郁寡欢，三国演义中张飞的冲动、吕布的偏执，这些人格特征在较长的时期内都不会有较大变化，这就是人格的稳定性。

当然，强调人格的稳定性并不是否定人格的可变性，环境和生理的变化以及个体遇到的重大生活事情都可以对人格产生影响。此外，心理咨询和治疗机构对于人格障碍的矫正与治疗体现出人格在稳定性之外的可变性。

2. 独特性

所谓"人心不同，各如其面"，正是这种千姿百态的人格差异的强力注释，才是人格独特性的说明。

龙生龙凤生凤，老鼠的儿子会打洞说的是遗传对人格的影响；女大十八变说的是个体发展对人格的影响；"近朱者赤，近墨者黑"说的是环境对个体的影响。可见，不同的遗传、成长及教育环境的相互作用促使个体形成个体人格的独特性。当然，我们也应该看到人格的相似性，如很多群体和民族都具有相似的人格特征，如我们经常评价中华民族具有"勤劳、朴实"的美德，这些是人格的相似性。

3. 整体性

人格包括气质、性格、自我认知、自我体验、自我控制等多个成分，所谓的整体性就是指这些部分之间不是相互独立的，而是存在密切联系的一个整体。人格中的任何一个因素的变化都会对其他因素产生影响。一个人从吝啬到慷慨的转变，会引起认知、行为、情绪方方面面的改变，他人感受到的不仅仅是行为的改变，更是整个人的改变。这种个体整体性是心理健康的重要指标，当个体人格的各个方面协调一致时，他的人格就是健康的。否则，会出现各种人格的冲突，表现为分裂等人格障碍。

三、人格的内容

人格是一个复杂的系统，包括气质、性格、自我调控、认知风格等。在人格的内容中，最为大众所关注的主要有两个方面，即气质和性格。

气质是指那些与生俱来的心理和行为特征，也就是那些被遗传和由生理因素所决定的行为和心理特征。大量研究证实，人的部分气质特点生来就有并且保持终生。如刚生下来的婴儿，有的安静内向，有的烦躁外向。这些气质特征受遗传和生理因素的影响较大，而受环境和教育的影响很小。类似于在日常生活中，人们通常所说的脾气、性情、禀性。

关于气质类型的研究中，古希腊医生希波克拉底提出人体内有四种体液，分别为血液、黏液、黄胆汁和黑胆汁，这四种体液组合形成了人的体质，不同的人体内占优势的体液不同。罗马医生盖伦将这四种体液进行配合并用气质来表示体液组合的概念，认为某种占优势的体液决定一个人的气质，并据此提出多血质、胆汁质、黏液质、抑郁质四种气质类型。

多血质的人血液在四种体液中占优势，血液具有湿而热的性质。这类人思维敏捷、反应快、容易接受新事物、能够较快地适应环境、善于交际。胆汁质的人黄胆汁在体液中占优势。这类人行为反应迅速但不灵活，自我控制能力差。黏液质的人黏液在体液中占优势。这类人注意力稳定，做事有条不紊，耐心而细致，但对事物反应迟缓，容易墨守成规，变通性不强。抑郁质的人黑胆汁在体液中占优势。这类人聪明、观察力强、对外界事物敏感、想象丰富、内心体验深刻，但行为内向、不善交往、孤僻、动作迟缓、多愁善感，有较强的防御性。

此外，我们还需要明白，上述四种气质类型是对典型特征的描述，我们大多数都处于某种气质类型的中间型或者是多种气质类型的混合，所以在学习心理学的过程中有一个重要的原则就是要从实际出发认真分析自己和他人，切不可简单地对号入座。

性格是指人对现实的态度和行为方面的比较稳定的心理特征，它反映的不是个体在日常生活中一时的态度和行为，而是人对现实的稳定态度以及与之相适应的、习惯化的行为方式。一个人助人为乐，是他性格的特性，遇到别人有困难他会毫不犹豫地去帮助别人。别人看到他的助人行为也会觉得很自然，很符合他的性格特点。

性格不同于气质，更多体现了人格的社会属性，它受社会历史文化的影响，有明显的社会道德评价的意义，直接反映了一个人的道德风貌。性格是在社会生活实践中逐渐形成的，一经形成便比较稳定，它会在不同的时间、地点表现出来。但是，性格具有稳定性并不是说他是一成不变的，而是可塑的，随着生活环境的重大变化也会带来他性格特征的显著变化。所以，个体之间的人格差异的核心是性格的差异。

在关于性格类型的研究中，瑞士心理学家荣格根据个体力比多（Libido，来自本能的力量）的流向将性格分为外向型和内向型。力比多指向外部的属于外向型，其特点是活泼开朗，性情外露，善于交际，容易适应环境的变化；力比多指向内部的属于内向型,其特点是沉静多思,孤僻内敛,交际面窄,适应环境能力差。心理学家培因和李波特根据理智、情绪、意志三种心理机能在性格结构中所占优势的不同,把人的性格分为理智型、情绪型、意志型。理智型的人能够对遇到的事情进行理智的思考,用理智支配和控制自己的行为;情绪型的人情绪体验深刻,行为易受情绪左右;意志型的人行动目标明确,积极主动,有较强的自制力。

四、大学生的人格特点

大学生群体在智力、生活环境、生活内容等方面与其他群体之间存在差异,而这种差异可能导致大学生作为一个群体表现出独特的人格特点。

我们可以结合相关的经典理论来阐述国外关于大学生人格发展的研究。心理学家埃里克森将人格发展分为八个阶段。他认为自青春期以后,个体的人格发展是以同一性为特征的,这是一个极其脆弱而同时又会激发潜力的关键时期。依据埃里克森的标准,大学生阶段处于成年早期,但是他同时也认为这一阶段不是简单地按照时间阶段而是依据个体是否获得亲密感开始的。在多年的教学实践中我们发现,有部分学生在大学期间非常迷茫,不知道自己是什么样的人,可以做什么,应该做什么,这是自我同一性尚未习得的特征。所以,我们认为大学生的人格发展处于青年期后期和成年早期前期的这一阶段。他们不仅要习得自我认同,克服角色混乱,同时也要通过与他人建立亲密关系避免孤独。

国内外学者也对我国大学生的人格特点进行了研究,结合我们的实践经验将大学生的人格特征归结为下述几点。

(一)完善的自我认知

自我认知是指对自己的洞察和理解,包括自我观察和自我评价。大学生具有较为完善的自我认知,他们能够正确认识自己的优缺点,在反思的基础上对自我给予客观评价。大学生能够结合实际,确立奋斗目标,制订有效的计划,并为实现目标做出积极努力。虽然与青春期一样仍然在意他人对自己的态度与看法,但是此时独立意识进一步增强,随着人生目标的明确,自控能力也显著增强。

(二)良好的社会适应能力

因为个体的生存环境几乎每时每刻都在发生变化,所以适应社会是所有社会个体需要不断去调整和实现的目标。大学生大多面对陌生的学习和生活环境,需要他们调整以往的学习方式、适应新的生活和人际环境。有调查显示,我国大学生在生活中谨慎、有责任心、能够忍耐，在人际交往中谦让、克己。在面对压力时能采取积极的应对方式，学业倦怠水平较低，主观幸福感水平较高。由此可见，有良好的社会适应能力是我国大学生的人格特点之一。

（三）积极、丰富的情感

大学生生活丰富多彩，面对丰富多彩的生活必然产生多样的情感。但是，大学生情绪还不够成熟，容易产生波动。已有研究表明，我国大学生热爱祖国，热爱家乡，关爱家人，表现出情感的丰富性。此外，他们还能够树立正确的人生观和价值观，积极进取、奋发图强，体现出积极向上的生活态度。

（四）较强的事业心

当代大学生在学习和生活中普遍具有创造性和竞争意识。他们能把事业看成生活的重要组成部分，在事业上有较强的进取心和责任感；具有竞争意识，思想开放；喜欢创造，勇于创新，甘愿冒险，独立性强，态度积极务实。

综上所述，我们不难看出，大学生人格发展基本状况良好，他们在认知、情感和行为层面都有较为明显的优点，但是正如我们大家所熟知的任何事物都有两面性，大学生同样存在一些不良的群体性人格特征，我们将在下面的章节进行论述。

五、大学生的人格结构

北京师范大学心理学院院长许燕对大学生的人格特征进行全面的分析。她以北京地区大学生为被试，分析整理出大学生具有的核心人格因素为敢为性、道德感、开放性、责任感、情绪性、务实性和宜人性七项人格特征。这七项特征反映了人格的不同侧面以及人格在相应领域的功能。

敢为性是指大学生所表现出来的积极向上的态度和积极进取的行为特征。敢为性首先基于我们的时代背景，现代社会强调创新精神、强调积极的社会实践。其次是大学生适应社会发展，并通过自身的努力促进社会发展的时代需求。同时，大学生处于人生的黄金时期，想要为自己的人生打下坚实的基础，必须具有积极进取的人生态度和勇于开拓的精神，也就是说大学生所处的人生发展阶段也促使他们在人格上体现敢为性。大学生的敢为性具体体现为意识层面的自立、自强和自信；行为层面表现为勤奋拼搏、执着坚韧。

道德感是一项具有两极性的人格特征。正向特征以对国家、对社会、对家庭的道德行为为内容，如爱国、大公无私、正直等。负向特征以损人利己、见利忘义等行为为内容。大学生人格中的道德发展具有两极化的特征，一方面他们热爱祖国、有社会责任感和正义感，另一方面由于长期地专注于学习，没有养成为他人着想的习惯，喜欢以自我为中心，表现出自私自利的特征。这也体现出提高大学生道德修养的必要性。

开放性是指大学生较容易接受外界事物，对他人和社会持开放的接纳态度。他们渴求接触到新鲜的、独到的见解，追求时尚，喜欢追随潮流，表现出与时俱进的行为特征。这种开放性一方面促进大学生不断地创新、不断地学习和成长，另一方面可能会让他们对一些消极的事物不加辨别地接受，从而影响他们身心的发展。因此，对于大学生开放性人格特征，我们需要辩证地看待。

责任感是一种应用于工作领域的人格特征。每个个体在生活领域都需要有责任感，对大学生来说这种责任感表现在学习责任感、社会责任感、职业责任感等方面。责任感影响到大学生的社会性发展以及在学习生活与未来工作中的成就。一个具有学习责任感的人才会积极地获取并应用新知识，一个具有社交责任感的人才会得到他人的认可与信任并得到他人的帮助，一个具有职业责任感的人才会为自己的职业生涯制订规划并积极准备。

情绪性与道德感相似，也是一项具有正负两极的人格特征。它与大学生的心理健康状况密切相关，乐观的情绪能促使个体获得更高的生活满意度和主观幸福感。相反，消极的情绪如冷漠、忧郁和不稳定等不利于个体自身的身心健康。

务实性是指大学生将自身的发展与社会需要结合起来，立足现实，制订自身的发展计划，并且采取现实的手段解决发展中面临的问题。这一特征不仅是大学生崇尚实用型价值观的表现，也是大学生人格趋于成熟的表现。但是我们要警惕的是由这一人格特征所导致的极端实用主义。

宜人性是指大学生在人际交往中所表现出来的人际交流和助人两个层面。在人际交流层面，宜人性水平高的个体待人真诚、热诚、友好、谦虚、豁达，重视他人的评价，而在助人层面则表现为有积极的助人倾向、利他、有奉献精神。这一人格特征也包括两极。一方面为促进良好人际关系建立的特征，如诚实守信、乐观豁达、乐于助人等；另一方面则包括以自我为中心、刚愎自用、孤僻等阻碍人际关系发展的特质。

六、影响人格形成和发展的因素

基于人格在个体发展中的重要性，关于人格如何形成，受哪些因素的影响，这些因素之间影响力的差异，以及影响因素之间的相互关系，一直都是人格心理学研究者和发展心理学研究者关注的热点。

（一）遗传因素

在我们的现实生活中，我们经常听到这样的评价"小红像她妈妈一样内向"或者"小刚像他爸爸一样倔"。除此之外，人们有时还能发现自己与父母以及兄弟姐妹之间在人格方面存在一些相似性。这就是人们通常所讲的遗传对于人格的影响。由于人格的稳定性，一些心理学家认为遗传是影响个体发展的主要因素，并在此类研究的基础上形成了遗传行为学。遗传行为学主要研究人格特质和行为方式受遗传影响的程度，双生子研究是采用较多的方法。

以往研究表明，几乎所有的人格特质都受遗传的影响。艾森克的研究指出，在同一环境中成长的同卵双生子，在外向性上的相关系数为 0.61，虽然在不同的环境中成长的同卵双生子在这一人格维度上的相关系数降到了 0.42，彰显出环境的影响，但是异卵双生子在这一人格维度的相似性却仅有 -0.17，这一结果有力地证明了遗传对人格特质的影响。此外，艾森克的研究还证实在神经质维度，即使分开抚养的同卵双生之间的相关性（0.38），也显著高于在相同环境中成长的异卵双生子之间的相关性（0.11）。这同样说明遗传对于个体人格特质的影响。

此外，无论是弗洛德鲁斯等人在瑞典对 12 000 名双生子的调查，还是黎曼等人对德国（660 名）和荷兰（340 名）扩大被试量和文化范围的调查，或者是我国学者开始的长达 20 年从时间维度展开的调查，都证实遗传因素会对个体的人格特质产生影响。受影响的人格特质不仅包括前面提到的外向性和神经质，还包括支配性、社会性、社交性、责任心、抑郁、躁狂、病态人格、精神分裂症等多个人格维度。

遗传因素对于个体人格发展的影响，目前还不能得出明确的结论，但是我们可以有一些基本的观点，如遗传对人格的影响是客观存在的、遗传因素对于不同人格特质影响的作用不同。对于受生理因素影响较大的人格维度，如气质，遗传因素的影响较大；而对于与社会因素联系紧密的人格特质，如价值观，遗传因素的影响较小。

（二）环境因素

《荀子·劝学》中以"蓬生麻中，不扶而直"来描述环境对个体的影响；北齐时期颜之推的《颜氏家训·风操》中的名句"近朱者赤，近墨者黑"也说明了环境对个体发展的重要性。作为个体发展的重要方面，人格也自然会受到环境因素的影响。

家庭环境是个体发展的基础环境，也是非常重要的环境之一。尤其是家庭环境中父母对子女的教育对于个体人格的养成与发展起到了非常重要的作用。目前关于家庭环境对个体人格的影响主要集中在父母教养方式对子女人格发展的作用上。心理学家鲍姆林德将父母的教养方式归纳为权威型、放纵型和民主型三种。权威型的父母要求孩子的一切都应该由父母控制，对于孩子表现的过于支配。受权威型教养方式的影响，孩子可能显得被动、消极、懦弱、服从、缺乏主见，为了讨好父母他们甚至会出现欺骗等不诚实的人格特质。

放纵型的父母过于溺爱自己的孩子，对他（她）们百依百顺，让孩子随心所欲，父母有时也感觉到对孩子失控。在这种教养方式下成长起来的个体可能出现的人格特征为任性、幼稚、自私、野蛮、蛮横无理和以自我为中心。民主型的教养方式广受推崇，民主型的父母与孩子能够和谐平等地相处，父母尊重孩子，给予子女一定的自主权并给予正确的引导。在民主型家庭成长起来的个体多表现出诸如活泼、乐观、自立、善于交际、善于分享与合作、谦和有礼等积极的人格特质。由此可见，家庭因素的确能够对个体的人格发展产生影响。

自然环境也是影响个体人格发展变化的重要特征之一。巴理研究发现，特姆尼人以农业为主，以种田为生，生活在灌木丛生的地带。灌木地带决定了他们从事以农业为主的生活，以农业为主的生活使他们具有紧密的社会结构和分化的社会阶层。受这种社会结构和阶层的影响，形成了父母早期的疼爱和晚期的严格管教的教养方式，并最终影响到特姆尼人的孩子形成依赖、保守服从的人格特质。

国外研究者也证实了气温对个体性格的影响。做一个简单的概括，我们认为，生活在热带地区的人性格暴躁易发怒，居住在寒冷地带的人，能控制自己情绪，具有较强的耐心和忍耐力。比如生活在北极圈内的因纽特人，被人们称为世界上"永不发怒的人"。此外，也有研究者认为，水乡地区气候湿润，风景秀丽，充满生机，因此，当地居民往往对周围事物很敏感，比较多愁善感，也很机智敏捷。由于山区山高地广，人烟稀少，开门见山，所以山区的居民大都朴实、直爽。

对于今天生活在高楼林立、工矿企业众多、温度较高、降水量少、居住环境狭小而封闭的都市人，是否会形成孤僻忧郁的性格这一点值得研究者关注。

（三）社会文化因素

由于人的社会性特征，每个人都处于一定的社会文化环境中，社会文化影响并塑造了个体的人格特征，使某种文化类型中的人出现群体性人格特征，如中国人的勤劳与朴实。

父母对于子女的训练不系统、奖罚标准不明确,且常常前后矛盾。这些文化环境造成他们严重的人格整合失调。他们常常对他人持怀疑态度,生活中缺乏自信,显得焦虑不安,经常习惯性地欺骗他人。

第二节 大学生常见的人格障碍、人格缺陷及其调适

一、常见的人格障碍类型

在日常生活中,我们经常会发现有些人对挫折和遭遇过度敏感,常常将他人的行为误解为敌意或者轻视;也有的人情绪不稳定,发起脾气来不分场合,遇事稍不注意就大发雷霆,有伤害自己的行为;也有些人做作,情感表露过分,总想引起他人的注意。

人格障碍的问题很早就被研究者所认识,但是对其概念一直存在较多争议。参考美国精神病协会公布的《精神障碍诊断与统计手册》第4版,人格障碍是指个体在广泛的社会范围内表现出来的与禅境和自身紧密相关的持久性的知觉模式,并引起明显的功能损害或者主观的不适应。通俗地讲,人格障碍是个体表现出的稳定而持久的认知模式,如有些个体强烈的以自我为中心,并且刚愎自用。这种模式让个体被其他社会成员拒绝,表现出社会适应性障碍,并且个体也觉得自己的这种思维模式给自身带来困扰,因而痛苦。

根据世界卫生组织提出的分类,人格障碍分为偏执型人格障碍、冲动型人格障碍、分裂性人格障碍、癔症型人格障碍、表演型人格障碍、强迫型人格障碍、回避型人格障碍、依赖型人格障碍、其他人格障碍、未特定的人格障碍,共10种。但是常见的人格障碍主要有以下几种。

(一)偏执型人格障碍

偏执型人格障碍以敏感、多疑、固执己见为特征。这种人格障碍没有持久的诸如幻想或者妄想等精神病性症状,主要表现为对外界他人及事物不信任、多疑且敏感,对别人的意图往往做消极推测,常常把别人的好心当作恶意;通常会无端地怀疑别人要伤害、欺骗或者利用自己,或者认为有针对自己的阴谋诡计,所以过分警惕并对外界抱有敌意;在遭遇挫折或者失败时,常常推卸责任,认为是客观原因或者他人的原因,习惯性地夸大别人的缺点或者失误,容易和他人发生冲突,将自己的失败归咎于他人,而不寻找自身的主观原因;对他人常有病理性嫉妒观念,怀疑自己的亲人或者家属,容易记恨别人,报复心

强，对自己的能力估计过高，总感觉自己怀才不遇，不被重视，受压制、被迫害，甚至上告、上访、不达目的誓不罢休；不愿意宽容他人的过错，固执地追求不合理的目标，通常是权利或利益，忽视或者不愿相信与自己想法不相符的客观依据，因此，较难通过认知疗法，以说理的方式改变偏执型人格障碍。

（二）分裂型人格障碍

分裂型人格障碍通常是以社会疏离、情感疏远、行为古怪和多疑为主要特征的人格障碍。具有分裂型人格障碍的个体，由于对他缺乏温情，所以很难与他人建立深厚的感情。在家庭关系中，对家人冷漠，不能有效地表达人类细腻的情感，故这类人大多独身，即使结婚后也由于不能和家人处理好关系而矛盾重重。分裂型人格障碍患者通常不在意他人的评价，无论是积极肯定还是消极批评，均不能对他们造成影响。他们往往沉浸于读书、听音乐、思考等属于独处的被动安静的活动。其中一部分人能凭借对非社交互动的兴趣在某一行业取得成功，但总体上，这类人刻板，较难适应现代社会生活。他们总是以冷漠无情的方式来应付环境，以事不关己高高挂起的态度来逃避现实，但是他们同时内心也存在焦虑。

分裂型人格障碍常常被人与精神分裂症联系在一起，但是并未得到确实的证据。有研究者对分裂型人格障碍者进行长达20年的观察，发现只有极少数分裂型人格会变为精神分裂症。对血清的对比研究发现，分裂型人格被试并不比正常群体具有更多的精神分裂症患者的特征。

（三）表演型人格障碍

表演型人格障碍又称寻求注意型人格障碍或者癔症型人格障碍。它是以过分的感情用事或者通过夸张做作的动作、语言和行为吸引别人的注意，且情绪不稳定为特征的人格障碍。具有表演型人格障碍的个体的明显特点就是做作、情感表露过分，总希望引起别人的注意。这种患病率两性无显著差异，各种年龄层次都有，25岁以下居多。他们情感肤浅，整个精神活动都带有浓厚的感情色彩，且感情极不稳定，变化迅速。他们通过多种方式表现自己有较好的艺术才能，演技逼真；喜欢表现自己，往往通过夸张做作的动作、语言和行为，吸引别人的注意，喜欢哗众取宠；在外貌和行为方面表现过分，喜欢装腔作势，以自我为中心，为了满足自身的需要不择手段，渴望受到表扬，追求刺激、富于幻想，喜欢操纵他人为自己服务。

(四)冲动型人格障碍

冲动型人格障碍又称爆发型或者攻击型人格障碍，是一种患者出现阵发性情绪暴怒，并伴随明显冲动行为的人格障碍。通常男性多于女性。这类人情绪不稳定，且反复无常，容易不分场合地发怒。这种情绪的爆发不可遏制、不可预测，对自身的行为不计后果。在行动之前无计划，缺乏目的性和坚持性。人际关系不稳定，一般没有交情持久的朋友。部分个体还有自伤行为，也可能自杀。

(五)自恋型人格障碍

自恋型人格障碍的特点是以自我为中心，夸大自己的优点，需要他人的肯定与赞扬，并缺乏共情能力。这类人过分地自高自大，认为自己比他人优越，认为自己的思想比他人深刻。希望得到他人的赞扬，渴望得到持久的关注和赞美，对于外貌、权利、社会地位、爱情有非分的幻想。当受到批评时总是愤怒或者感到羞耻，从而通过贬低他人来寻求自我保护。他们不关心他人，很少能设身处地考虑他人的感受与需要。表现出来的虚伪的热情可能会因为对自我的吹嘘和对别人的抨击而显得苍白，嫉妒他人的成功，但又不愿意与社会地位不如自己的人交往。人们在与他们相处之后就会发现他给人的印象远不如他精心打扮的外表那么讨人喜欢。

(六)依赖型人格障碍

依赖型人格障碍是一种以对他人的过分依赖，不惜以顺从和依附行为与他人保持联系，并害怕离开他人为主要特征的人格障碍。这种人理所当然地认为别人比自己优秀、比自己理智、比自己更能做出合理的选择。他们有强烈的无助感，希望别人为自己做出决定，如选择什么专业、在哪里上学、和谁谈朋友等。他们缺乏主见，在没有得到他人的建议之前，不愿对一件事情做出抉择。他们很难单独地做自己的事情或者完成自己的计划。他们过度容忍，为了讨好别人不惜做自己不喜欢的或者不愿意做的事情。他们难以接受分离，往往把亲密关系的终止看成世界末日，在咨询的过程中，不愿结束咨访关系。通常把与他人关系的不良归结为自己的原因。

(七)回避型人格障碍

回避型人格障碍又称焦虑型人格障碍，以行为退缩为特征，长期和全面地脱离社会。这种人行为退缩，对需要社会交往的活动或者场合尽力回避；敏感羞涩，对排斥和批评过分敏感，害怕在他人面前抛头露面，夸大社会生活中的潜在威胁，有意地回避；很容易因为别人的否定或者批评而感觉受到伤害，个人交往十分有限，由于缺乏勇气，除了亲人之外，很少有朋友。除非是确信对自己没有威胁，否则不愿意参与别人的事务。

二、大学生常见人格缺陷及矫正

大学生处于青春后期和成年早期，他们的身心还未成熟，他们的人格缺陷如果不能被发现并及时矫正，将会影响到个体健康人格的形成，影响到未来的生活质量。大学生的人格缺陷主要包括以自我为中心、嫉妒、拖延、羞怯、虚荣等方面。

（一）以自我为中心

所谓以自我为中心是指将自己作为思考问题的出发点和处理问题的中心，凡事都只希望满足自己的欲望，要求人人为我，却置别人的需求于不顾，不愿为他人做出牺牲，不关心他人，表现为自私自利。有些学生在家里是小皇帝，家里的一切成员都以他为核心，在学校里面是班干部，是尖子生，学校的教师和同学都会照顾他的情绪。因此，被周围的人关注被认为理所当然，并且成为一种需要，那么个体的以自我为中心的人格缺陷就产生了。他们希望上大学时仍然受到教师和同学的关注，以他的需要为出发点，宿舍里面的同学应该按照自己的作息时间，班上的活动应该符合他的兴趣等。

以自我为中心的人由于喜欢一切从自己的需要出发，因此易和周围的同学发生冲突，经常有挫折感。因为不关心他人的感受，所以很难维持长期的友谊。要矫正这种人格缺陷，我们需要从以下几点入手。

第一，学会换位思考。以自我为中心的人要尝试在遇到问题的时候首先进行换位思考，想想看对方会怎么想。自己的想法、做法会对他们产生什么样的影响。只有了解了他人的感受才能使自己说话、做事相对得体。

第二，谦虚豁达。在面对他人的建议时要谦虚，不能总觉得自己高人一等，要相信别人的建议是对自己的有益补充，即使面对别人的批评指责也要认真思考别人批评的建设性，努力改变自以为是，固执己见的心理。

第三，学会倾听。以自我为中心的人往往只能听到自己的需要和想法，而不愿或者很难去认真倾听别人的看法和建议。在人际交往中，要努力养成先倾听别人的意见，在正确理解他人意图的基础上温和地发表见解的习惯。

（二）嫉妒

嫉妒是指人们对处于同一竞争领域的幸运者或潜在的幸运者怀有的一种冷漠、贬低、排斥，甚至是敌视的心理状态。嫉妒是源于个体自私自利、唯我独尊的心理。它会让当事人迷失自我，失去理智。当事人通常将别人的优势或者成就当作威胁，因为将自己与别人的优势做比较时产生焦虑、恐惧，甚至愤怒的情绪，不愿意通过自身的努力改善自己的不足，而是采取贬低、诋毁甚至诽谤破坏的方式，干扰他人的成功来试图缩小与对方的差距，以获得内心的片刻满足。有人将嫉妒比喻成插在自己身上的一把刀子，嫉妒越厉害，刀子插得越深，对自己伤害越大。

大学生来自不同的地区和家庭，在外貌、经济条件、社交能力，甚至语言发音等方面的差异都可能使他们出现嫉妒心理。我们可以从以下方面进行调试。

第一，克服狭隘，保持豁达。要清楚道高一尺魔高一丈的道理，要明白强中自有强中手是正常的现象，正如自己在某些方面比他人有优势一样，他人在某些方面也可能比我们强。正所谓"尺有所短，寸有所长"，要坦然接受别人的优势，接纳别人比自己强并不是对自己的威胁，而是促进。

第二，学会正确评价自己。面对他人的成功时，要承认自己与对方存在的差距，并且也要相信自己通过努力能够改善自己所处的劣势，缩小差距。同时，也要正确分析自己潜在的优势和实际需要，将精力用在自己真正需要、有优势、有价值的方面，避免赌气式的、无谓的竞争。

第三，化嫉妒为动力。当看到别人的成功或者优势时，不要看成对自己的威胁，而是要当作给自己的一个成功示范，仔细思考能从他人的成功中获取什么有价值的经验启示，并尝试将其应用到实际生活中。看到别人成功时的喜悦要真心分享，作为自己前进的动力。

（三）拖延

拖延是指不及时地完成工作，经常将事情延后的现象。也就是我们通常看到的将事情不断地推到以后的不良习惯。拖延的人一般工作效率不高，或者在最后期限来临时仓促完成，难以保证所完成工作任务的质量。拖延还会影响到个体的生活和工作，可能使个体失去很多机遇，甚至影响到个体的诚信。当个体将任务拖到最后一个完成时，工作的压力和焦虑以及内疚感会影响到个体的心理健康。

大学生中拖延的现象较为常见，总喜欢把自己的作业一拖再拖，甚至像洗衣服这样的事情也是不到最后不去完成。造成拖延的原因有很多，如惰性、对事物没有明确的目标或者试图逃避困难或者厌烦的事。对于拖延的不良习惯我们应该从下述方面进行矫正。

第一，深刻认识拖延的危害。大学生需要明白拖延一旦成为一种行为习惯就会对自己未来的事业成功和未来发展造成不良影响。今天可以拖着不交作业，生活中就可能拖着不去做家务，工作中就可能拖延完成任务。这样的学生，生活、工作都不能做得出色，也很难成功。

第二，挖掘自己拖延的根源。要改变拖延的问题，必须找出自己拖延的根源。如果是因为惰性，那么就可能在所有事情上拖延，这要引起个体的高度重视。如果是因为对学习或者某项事物目标不明确，那就要首先思考任务对自己的意义。如果是因为逃避困难，则要思考自己面对困难时的应对方式等。

第三，学会管理时间。现代社会节奏飞快，很多人是因为不会有效地管理时间而使任务一再拖延。首先，个体要对任务按照轻重缓急进行分类，其次要有周密的时间安排，并且努力保持工作的连贯性。同时，个体要养成良好的工作习惯，每次只考虑或者完成一件事情，不要贪多。最后，要在工作之初和结束之后仔细回顾工作安排的合理性，按时完成后及时给自己以肯定。

（四）羞怯

羞怯可以看作害羞和胆怯的组合概念。当个体面对新的环境或任务时会显得腼腆、犹豫或者过分沉默，就是通常说的害羞。同时，有研究者发现有接近13%的人在生活的某一方面过于胆怯。

羞怯在大学生尤其是大学新生中非常普遍，他们面对新的同学和教师时会出现羞怯。此后的大学生涯中，在面对新环境中的社交活动时会表现出诸如害羞、拘谨、胆怯等不自然的表现。随着不断的成长，他们在新环境中的锻炼和心智的成熟降低了羞怯的程度。但是，仍然有一部分大学生在社交活动中过分约束自己的言行，不敢充分表达自己的愿望和情感，与人沟通困难，从而妨碍了良好人际关系的建立。

羞怯产生的原因有三方面，首先是由生物因素导致的器质性羞怯。有学者认为人的脑垂体控制下的皮质腺素分泌过旺会导致脸红、紧张等羞怯的行为表现。我们在日常生活中也看到有的个体天生就具有胆小退缩、犹豫不决、沉默内向的器质性羞怯。其次是认知性羞怯。这部分个体过分在意自己在他人心目中的形象，因而关注自己的一举一动，对他人的评价敏感，总是认为别人在关注自己。由于担心自己说错话或者行为不得体，所以缺乏交往的主动性，羞于与人交往。最后一种是创伤性羞怯。这类被试是因为在生活中经历过创伤性的交往事件，如被人当众羞辱或者有过失败的社交经历，因此变得消极被动，并且在被迫的社交活动中显得小心翼翼。

矫正羞怯的方法有很多，我们主要从四个方面进行阐述。首先，进行一些放松训练。羞怯的人在社交环境中都容易紧张，这个时候进行一些必要的心理学放松训练是必需的，如可以想象自己处于不同的社交环境中，同时以较慢的速度讲话，深呼吸，保持镇静，等等。其次，改变观念。清代的李渔说过："圣人之事，犹有不可尽法者。"因此，对于我们来说，说错话、做错事其实是非常正常的，不要认为自己说错一句话，做错一件事，别人就会否定我们。再次，肯定自我、树立自信心。每个个体都要欣赏自我、悦纳自我，当我们在社交领域取得哪怕很小的进步，如鼓起勇气和别人说话、当众做自己以前不敢做的事情，这时需要及时地给自己肯定，并且通过这一次次的成功树立自信心。最后，正确面对他人的评价。每个能快乐生活的人都注重自己内心的标准。他人的评价可以作为我们生活的参考，但最重要的是自己的评判，因为无论怎么做都不可能人人说好，所以在人际交往中勇敢地做自己认为正确，同时又不会对他人造成伤害的事情。

（五）虚荣

虚荣是指以虚假的方式来保护自己自尊的心理状态。通常是为了谋求他人的赞赏与尊重，不顾现实条件去追求表面上的荣耀或虚假的荣誉。虚荣的产生与很多因素有关。如自卑的个体往往为了获得他人的肯定与赞扬而积极地去营造一些不符合自己现实情况的虚假荣誉。研究发现，虚荣心强的人一般多愁善感、情感脆弱、性格内向，虽然自己清楚在某些方面比别人逊色，但却极力掩饰，在意别人的评论，与他人交往时会故意美化自己的形象，有极强的防御心理且不容侵犯。

大学阶段是个体自尊心成熟的关键时期，大学生重视自己的声誉，希望被他人肯定和重视，为了树立和维护自己的良好形象，他们极力从衣着打扮、言行举止等方面去完善自己，有时甚至不切实际地追求荣誉、名声、地位，因而在不能把握尺度的情况下由自尊转化成虚荣。

对于虚荣的矫正，我们可以通过以下方式来进行。首先要深刻认识虚荣的危害性。其次要正确认识自我。尺有所短，寸有所长，每个人都应该正确地认识到自己的优缺点。如果不能正确地认识自己的长处就可能在自己不擅长的领域去刻意追求那些很难得到或者根本无法得到的荣誉。同样，如果不能正确认识自己的缺点就会认为自己无所不能从而导致更多的挫败。最后，要正确地看待荣誉。个体要对荣誉、面子、声望、金钱、地位有一个正确的认识。虽然每个人都想得到但不是每个人在任何时候都可以得到的。在上大学期间，金钱方面主要依靠父母，故要依据实际量入为出，要正确看待，合理分析，什么时候应该看重什么，可以追求什么，不可以贪多，不能盲目。

第三节　健康人格的培养与发展

现代社会节奏变化快，生存压力加大，要能够适应现代社会发展并取得生活和事业的成功，不仅需要专业的知识和吃苦耐劳的精神，而且健康的人格是必不可少的。有健康人格的个体，对自己有清醒的认识，能够正视现实、立足现状，并且有生活目标，能够实现自己的人生价值，能够过上幸福生活。

一、何谓健康人格

健康人格一直是国内外相关研究关注的问题。最早的人格模式是奥尔波特提出的"成熟人格"的概念。他认为人格健康的人应该达到六个标准。①具有自我扩张的能力，即能够参加多种活动，并能从活动中体会到乐趣。②情绪上的安全感和自我认可。能够承受很多的冲突和压力，情绪稳定，在面对挫折和失败时也能够基于自己正确的评价，并肯定自己。③保持客观化自我。拥有健康人格的个体能够正确看待自己，即能认识到优点也不否认缺点，他们清楚理想自我和现实自我的差距。④具有建立亲密人际关系的能力。豁达宽容，能够接受自己与他人在世界观、价值观等领域的差异，并且能够理解和关心他人，因此能够与他人保持亲密的人际关系。⑤具有知觉的现实性。能够现实地看待周围的事物，实事求是，尊重事物的规律，而不是根据自己的主观意愿来看待或处理事物。⑥有一致的人生观。生活中有稳定一致的人生目标，并且为了实现人生目标而生活。

罗杰斯提出了"机能完善的人"的概念，即人格健康的人。他认为健康人格应该包括四个方面的特征。①经验开放。罗杰斯认为个体应该真诚地面对自己的人生经历，无论成功的或者失败的都能接受，对自己的经验持开放的态度。②相信自己的评判。如果他们经过思考认为一件事情应该做，他们就会义无反顾地执行，不会因为以往的准则或者他人的想法而放弃。他们相信自己的感觉和判断。③活在当下。一个拥有健康人格的人将自己的时间和精力放在当下的事情上，生活在当下，在此时此刻，他们既不沉迷于对过去的追忆，也不沉迷于对未来的幻想，他们生活在现实里，脚踏实地地做人做事。④不屈从于权威与社会。拥有健康人格的人比大多数人更看重自己的兴趣、需要和价值观。他们能深刻地体会自己的感受，不太屈从于社会的要求。

对于健康人格，马斯洛提出了"自我实现者"模式。他认为自我实现的人就是人格健康的人。我们可以简单将他关于自我实现者的特征归纳为三个方面。首先是对人，自我实现的人能认同和接纳自己、他人和自然；能发展与他人的深厚友谊，具有不带有敌意的幽默感。其次是对事，自我实现的人以问题为中心，而不是逃避问题、能分辨目的与手段的区别，有创造性、有明确的伦理和道德标准。最后是对环境，自我实现的人能准确地认识现实、对自然和社会环境具有相对自主性，关心社会，有民主的性格特征，他们有独处和独立的需要，不消极地适应现存的社会文化类型。此外，就个体特征来看，自我实现的人自发、单纯、有高峰体验。

此外，弗兰克提出了"超越自我者"模式，认为一个人只要清楚生活的目标，并且努力为之奋斗，那么他就是一个人格健康的人。弗洛姆则提出了"创造者"模式，他认为创造性的人就是人格健全的人。

二、大学生健康人格的基本特征

大学阶段是个体身心发展的重要阶段，大学生是社会中的一个有代表性的特殊群体，关于他们健康人格的基本特征，即与其他社会群体存在共性，同时，也存在其自身的特殊性。对大学生群体健康人格基本特征的揭示，不仅有利于大学生群体的健康成长，而且对构建和谐社会、促进社会发展与进步都具有重要意义。

我国研究者常青认为，大学生健全人格包括四大基本要素。①独立自主的能力。他认为独立自主的能力首先体现一种独立思考和独立判断的一般能力，应该始终放在首位。②积极进取的品格。有积极进取品格的人能自觉驾驭自己的生活，即使面对挫折，也仍能坚持不懈地努力从事有意义的事业。当代大学生是推动我国未来社会发展的生力军，是中国特色社会主义事业的接班人。③高尚的道德情操。大学生必须具备高尚的道德情操，以身心统一的方式活动于当代社会，和谐面对和处理与其他个体、群体之间的矛盾，积极调整自己的行为方式，使之与社会、法律、习俗、风尚保持相对一致。④正确的价值取向。价值取向是指人们对特定事物采取的价值观。它与具体事物和情境相关，是人们在特定对象之上所进行的价值选择。大学生要有正确的价值取向，学会正确的自我关注，以个体的生存发展为目标，积极进取、自强不息，要崇尚开放公正的社会竞争环境，在不断的竞争中提高自己的认识能力和竞争能力，要有诚信宽容的价值取向，拥有坚定的信念，注重个人对集体和国家的忠诚。

目前国内外关于大学生健康人格基本的特点的研究很多，大多数研究都认为大学生健康人格的基本特征包括以下几个方面：

（一）良好的社会适应能力

社会适应能力是一种综合的心理及能力特征，它是指个体适应社会环境和社会生活的综合能力特征。其表现为个体能够适应环境，并能够根据客观环境的实际需要而做出必要的调整。人格健康的大学生能够适应新的学习和生活环境，并对国家政策、社会事务保持关注，能够在了解社会的同时使自己的思想、行为紧跟时代发展，符合社会需要，积极地为个体毕业后的职业发展做好准备。

（二）客观的自我意识

自我意识是一个多维度的概念，主要是指个体对自我身心及其活动的觉察，包括对自己生理状况的认识，对自己心理特征的认识以及对自己与他人或者环境关系的认识。具有健康人格的大学生能够客观地评价自己的外貌特征，无论高矮胖瘦都能够悦纳自己，能够正确地认识并评价自己的心理特征，能积极发挥优点，也能努力克服缺点，并且善于扬长避短，能够有效处理自己内心的冲突并保持平和，既不高傲自满，也不妄自菲薄。在学习生活中，能够客观地评估自己，制定合理的目标并且积极为之努力。

（三）良好的人际关系

人际关系是对个体人格状况的整体体现。人格健康的大学生能积极主动地与他人交往，不回避、不拒绝他人的友善行为。在与他人相处时，既能合理表达自己的感受，也能尊重他人的言行，并理解他人的感受。他们经常以坦诚、谦虚、豁达、平等的态度与他人交往，而很少对他人产生嫉妒、敌对或者毫无根据的猜疑。他们既能与自己观点不一致的人合作，也拥有可以推心置腹的朋友。

（四）积极乐观的人生态度

人生态度是指个体对生活所持的总体意向。它形成于个体的生活实践，是对人生问题的一种稳定的心理倾向和意愿。大学生积极乐观的人生态度主要是指他们对自己的学习和生活充满兴趣、富有热情。对自己未来的生活和事业以及家庭持积极乐观的态度，即使在生活或是学习中遇到困难也能积极面对，努力寻找解决问题的办法，不回避、不退缩、不放弃。他们能够立足现实，把握现在，不怨天尤人，即使长期处于困境中，也对未来充满希望。他们把困难看成是暂时的和可以改变的，并且认为其对自己未来的人生是珍贵的积累。

三、大学生塑造健康人格的必要性

（一）时代发展的需要

个体的现代化是社会现代化的必要条件，而在心理和行为特征上的现代化即人格的现代化，是个体现代化的集中表现。一个时代的发展会受到其社会成员人格的现代化水平的影响。

（二）国家发展的需要

培养具有健康人格的大学生是国家发展的需要。梁启超的《少年中国说》深刻地论述了青少年对国家发展的重要性，他指出："少年智则国智，少年富则国富，少年强则国强，少年独立则国独立，少年自由则国自由，少年进步则国进步。"将他的话在人格层面进行延伸，我们可以说青少年人格健康，则国健康。大学生作为一个国家和民族发展的后备力量，他们的人格健康，不仅能够使他们形成对国家和民族的责任感，而且是一个国家健康形象的体现，是我国与世界其他各国和谐相处的保障。

（三）社会发展的需要

马克思认为，生产力是最活跃、最革命的因素，是社会发展的最终决定力量。在现代社会，科学技术是第一生产力，大学生是这一生产力的主要继承者，也是社会发展的推动力量。拥有健全人格的大学生能够正确处理科学技术与自身发展的关系，关注并投身于促进社会发展、造福人类的科学技术领域，并通过自身的努力为社会做出应有的贡献。此外，拥有健康人格的大学生群体会通过自身的影响力和示范作用，促进整个社会的稳定、和谐、发展。可见，大学生的健康人格无论是对社会的物质文明的发展，还是对精神文明的进步，都具有极其重要的作用。当然，培养健全人格最为重要的目的是促进大学生自身的发展，这一目标适应时代的需要，与促进国家发展和社会的进步具有高度的一致性。

四、大学生健全人格的培养

健康人格对于大学生的身心发展，对于时代、国家、社会的发展具有十分重要的作用，那么我们就应该在学习和生活中积极地培养健全的人格。对于如何培养大学生的健康人格有以下几点看法。

第一，要培养积极乐观的生活态度。积极乐观的生活态度是个体努力奋进的动力，也是应对挫折的有效方式。它能使个体充满热情地投身于自己的生活，在遇到挫折与失败时依然保持良好的心态，并更快地进行调整。对这种生活态度的培养主要是让学生学会积极的归因方式，即将成功归因为自己努力的结果，只要按照相似的方式努力就可以稳定地获得，而且是受自己掌控的。同时，将失败归因为外部的因素，归因为不可控的、不稳定的因素。这样，个体就能很快重整旗鼓，积极地实现目标。

第二，要培养坚强的意志和顽强的毅力。大学生处于世界观、人生观和价值观形成的重要时期。由于观念的不明确、发展的不成熟，难免会在学习和生活中碰到各种各样的挫折和失败，而应对这些挫折和失败，坚强的意志和顽强的毅力就显得非常重要。学校要积极开展各种交流活动，让学生从身边的榜样或者历史人物身上学习。此外，学校还应该开展多种活动，在积极的实践活动中培养学生坚强的意志和顽强的毅力。

第三，培养广泛的兴趣爱好。拥有广泛的兴趣爱好可以使大学生的生活更充实、知识更丰富、视野更宽阔，不仅有利于智力的开发和能力的提高，还易于取得成就，同时有助于适应社会各方面的变化。学校要开设丰富的选修课程，以满足学生的需要，同时要举办多种文体或者社会实践活动，增加他们的实践机会，通过实践提高兴趣，并培养出新的有益身心的兴趣。

同时，我们还应该注重培养实事求是的精神，培养爱祖国、爱集体、爱科学、爱劳动的态度，培养高尚的情操，树立正确的人生观和世界观等。关于大学生人格培养的方法，应该具有时代性，因地制宜，因人而异。

第十章 大学生职业生涯规划与择业心理

第一节 职业生涯规划概述

每一位大学生都希望自己拥有一个成功的职业生涯,职业生涯是一个长期、系统的过程,其中的每一个环节都对个人的职业生涯产生重要影响,所以,大学生的职业生涯从一开始就要有一个科学、合理的规划,指导自身走好职业生涯的每一步。

一、职业生涯规划相关概念

职业是人类社会分工的结果,是个体在各种不同的环境中进行的某一类活动。生涯是指人生的发展道路。职业生涯就是一个人的职业经历和发展过程,包括一个人一生中所有与职业相联系的行为与活动,以及个体职业兴趣、能力、价值观等方面连续性的发展过程,是一个人依据职业目标、寻求职业适应、促进职业完善、实现职业理想的过程。职业生涯规划是指个人与社会职业需求相适应,在对一个人职业生涯发展的主客观条件进行分析、评估和总结的基础上,确定最佳的职业奋斗目标,并为实现这一目标而做出科学合理的安排。

二、人职匹配理论

(一)帕森斯的特质因素理论

特质因素理论最早由美国波士顿大学的帕森斯教授提出,是较早用于职业生涯辅导的理论。

帕森斯在其所著的《选择一个职业》一书中,明确提出了职业选择的"三部曲"。

第一,要对自己有清晰的认识,包括个人的兴趣、能力、态度、优势与不足等。第二，要深入地了解各种职业的特征和获得职业成功所需的条件，包括职业报酬、发展前景、所需的知识等。第三，在前两步的基础上进行合理决策，实现人职匹配。

帕森斯的理论对大学生职业生涯规划的指导起作用的关键在于个人的特质与特定职业的要求是否匹配。在做出职业选择之前，大学生首先要对个人的特质进行评估，了解自己的能力、兴趣、价值观、人格特征等，并尽可能多地获得职业信息，在此基础上对两方面的信息进行整合，做出科学的职业选择。

（二）霍兰德的人格类型理论

霍兰德是美国著名的职业指导专家，他以自己多年从事职业咨询的经验为基础，通过对个人职业生涯发展的深入研究，提出职业选择是个人人格特征在职业领域中的反映和延伸，某一类型的职业通常会吸引具有相同类型人格特质的人，而人们也乐于去寻找那些符合他们的态度和价值观、能够施展自己才能、体现自己价值、令自己感到愉快的职业。

霍兰德认为，人的人格特征分为六种类型，即现实型、研究型、艺术型、社会型、企业型和传统型，职业环境也可以分为同样的六种类型，每一种类型的人都倾向于对相应的职业类型感兴趣，具体表现在：

1. 现实型

现实型的人重实际、守规则、性情安定、不善言辞、动手能力强、喜欢有规则的具体劳动和需要基本操作技能的工作。与现实型的人相对应的职业类型主要是需要运用工具或操作机械的各类工程技术、农业工作，包括建筑、农业种植、园艺、机械操作、维修安装、驾驶、测绘等工作。

2. 研究型

研究型的人具有聪明、理性、独立、好奇、创造性和批判性强等人格特征，他们一般擅长抽象思维，求知欲强，思维缜密，肯动脑筋。研究型的人喜欢智力的、抽象的、分析的、独立和富有创造性的工作。与研究型的人相对应的职业类型主要是各类科学研究和社会实验工作，包括自然科学和社会科学方面的研究人员和专家、实验室工作人员、工程设计师、程序设计员等。

3. 艺术型

艺术型的人具有想象力丰富，理想化色彩浓，直觉力、创造力、个性表现力强等人格特征，他们一般擅长形象思维，情感丰富，喜欢以各种艺术形式的创作来表现自己的才能，表达自己的情感，实现自身的价值，具有特殊艺术才能和个性。与艺术型的人相对应的职业类型主要包括诗人、作家、音乐家、舞蹈演员、导演、乐队指挥、节目主持人、室内装潢师等。

4. 社会型

社会型的人具有对人友善、乐于助人、善于合作、责任感强、洞察力强等人格特征，他们关心社会问题、喜欢社会交往和为他人服务、渴望发挥自己的社会作用。与社会型的人相对应的职业类型主要是需要与人建立关系、能够为他人提供服务的工作，包括教师、律师、心理咨询师、医生、护士、保育员、营业员、公务员等。

5. 企业型

企业型的人具有自信、乐观、精力充沛、富有支配欲和冒险精神等人格特征，他们喜欢竞争、敢于冒险、善于交际、具有领导才能、追求物质财富。与企业型的人相对应的职业类型主要是敢于冒险和承担责任，能够组织与影响他人共同实现组织目标的工作，包括企业领导、房地产商、政府官员、推销商、投资商、保险代理人等。

6. 传统型

传统型的人具有顺从、谨慎、细心、稳重、效率高、依赖性强、能自我控制等人格特征，他们工作踏实、遵守纪律、忠诚可靠，喜欢按规则和计划办事，习惯接受他人的指挥和领导，不喜欢冒险和竞争。与传统型的人相对应的职业类型主要是严格按照规则与计划进行，有系统、有条理、规范化的工作，包括秘书、办公室人员、会计、出纳员、打字员、统计员、图书馆管理员、邮递员、保管员、外贸职员等。霍兰德认为，在同等条件下，人和职业环境相匹配将会提高个体的工作满意度。

当然，人格类型与职业环境之间的关系也并非绝对的一一对应，霍兰德在研究中发现，尽管大多数人的人格类型可以主要地划分为某一类型，但个体之间也存在差异性，比如有些人有着广泛的适应能力，其人格特征有比较大的包容性，在某种程度上同时具备两种相近的人格类型特征，则能够适应两种不同的职业类型。

三、大学生职业生涯规划的原则

从上述职业生涯规划理论的介绍中可以看出，虽然这些理论的表述各不相同，但他们都有一个共同的主题，那就是在职业生涯规划中努力做到人职匹配。因此，人职匹配是大学生职业生涯规划的核心原则，具体表现在以下方面。

（一）职业生涯规划要符合自己的实际特点

职业生涯就是一个人的职业经历和发展过程，是非常个性化的。大学生做职业生涯规划要实事求是地结合自己的个性特征，如性格、能力、兴趣、价值观等，进行合理的职业定位，既不要好高骛远，也不要人云亦云。

（二）职业生涯规划要符合职业的实际要求

每一个职业都有自己的特殊性，有自己独特的人才需要和工作要求。当然，这些人才需要和工作要求也会随着社会经济、文化等因素的发展而发生一定的变化。比如，随着信息化技术的发展，对教师职业的能力要求增加了熟练应用现代教育技术的能力。因此，大学生做职业生涯规划，要用心关注社会的政治、经济、文化等方面的发展状况，洞察相关职业的社会需求变化，结合职业的人才需要和工作要求，有针对性地设计自己的职业生涯。

四、大学生职业生涯规划的环节

要做好职业生涯规划就必须按照职业生涯规划的流程，认真做好每个环节。职业生涯规划的环节主要包括自我评估、环境评估、职业定位、制定策略、反馈与调整五个方面。

（一）自我评估

人职匹配的第一个要素是人，即自己的实际特点。自我评估的目的就是全面了解自己。在职业生涯规划的环节中，正确的自我评估是最为基础的一环，这一环节出现偏差，可能导致整个职业生涯规划出现问题。

1. 自我评估的内容

自我评估，要评估自己的哪些方面呢？一般来说，在自我评估中，最重要的是兴趣、职业价值观、能力、人格四个方面，即寻找我喜欢做什么、我看重什么、我能做什么、我适合做什么等问题的答案。

（1）兴趣

兴趣是指人们对某一对象或某一活动的积极态度体验和情感反应，是对我喜欢做什么的思考与回答。

当人的兴趣指向职业活动时，就形成了人的职业兴趣。职业兴趣对人的职业选择和职业实施过程有着重要的影响。人们在符合自己兴趣的职业活动中，往往能够产生积极的情绪状态和情感体验，如愉悦感、幸福感、满足感等。心理学研究表明，人的情绪和情感具有动机功能。积极的情绪状态和情感体验能够激发出人们的工作热情，使人自觉地、主动地投入工作，享受工作的每一个细节。在工作遇到困难时，能够表现出持之以恒的意志力。这一切都因为一个原因，自己喜欢这一职业。

可见，大学生在做职业生涯规划时，兴趣是一个重要的考虑因素。如果一个人兴趣匮乏，对什么都没有热情，不知道自己喜欢做什么，只是被动地等待他人的安排，又谈何职业生涯规划呢？因此，大学生应该努力培养自己多方面的兴趣，并且在众多兴趣中，注意发展自己的中心兴趣，即大学生兴趣群中最重要、最值得关注、最有条件发展的兴趣，使自己在进行职业选择时可以既有一个宽广的适应范围，又有一个方向。当然，兴趣的培养不是想出来或等出来的，是大学生通过丰富的生活实践体验出来的。如一名大学生在进入大学后，同时参加了新闻社团和舞蹈社团，在不断的实践过程中，她发现自己对新闻写作更感兴趣，于是确定了把新闻写作作为主要发展方向的初步计划。但如果她没有参加新闻社团，没有接触新闻写作，她可能也无法凭空对新闻写作产生兴趣。因此，大学生要积极参加社会实践，丰富自己的生活阅历，多接触，多体验，为发展多方面的兴趣提供可能性。

（2）职业价值观

价值观是个体关于什么是"有价值的""值得做的"等问题的认识。价值观在职业领域中的体现构成了职业价值观理念，它反映了一个人在职业生涯中最看重什么，最希望从工作中获得什么。

马丁·凯茨提出了十种与职业活动有关的价值观，分别是：

高收入——能够获得丰厚的工作报酬。

社会声望——所从事的职业本身有良好的声誉和影响力，能够得到人们的尊重。

独立性——可以在职业活动中有更多自主做决定的机会。

助人——能够通过自己的工作帮助他人，使更多的人受益。

稳定——在较长的时间内拥有稳定的工作环境和工作收入，不会轻易被解雇和经常性地变换工作。

多样化——所从事的职业要能够参与不同的活动，面对不同的问题，而不是长期从事单一的工作形式。

领导性——在工作中能够组织与影响他人，对事情有控制力并承担责任。

兴趣——所从事的职业是自己感兴趣的领域。

休闲——所从事的职业有一定的休闲时间。

尽早工作——希望节省时间，尽早进入工作领域。

一个人的职业价值观在很大程度上会影响职业选择的倾向性，如具有"助人"价值观的人在职业选择中往往倾向于能够利用自己的知识和能力帮助他人的职业，如心理咨询师，在为他人提供帮助中实现自己的价值。

当然，一个人的职业价值观并不是唯一的，有些人会同时具有多个价值取向，这些价值取向有些是可以通过一个职业共同体现出来的，如教师职业就兼备助人性和良好的社会声望两个特点；但有的就难以兼得，需要我们做出取舍，这就要求我们对自己的职业价值观认真进行分析，知道什么样的价值观是我们最看重的、最关注的，找到最重要的一个方面。

（3）能力

能力是一个人顺利完成某项工作所必须具备的心理特征，它体现了个体能够把事情做好的可能性。

人们做任何一件事情，都必须以一定的能力为前提，同样，要胜任某一种职业，也必须要求从业者具备相应的职业能力。因此，大学生在做职业规划时，需要考虑自己的能力现状和潜能发展情况，否则，抛弃能力要素，不假思索地进行职业规划，就很可能做出过高或偏低的选择，使自己"好高骛远"或"妄自菲薄"。

我们要胜任一个职业，仅靠一种能力是不够的，有时需要多种能力的结合。能力是一个复合的体系，可分为一般能力和特殊能力。一般能力是人们完成大多数工作都必须具备的，主要包括记忆力、观察力、想象力、注意力、人际交往能力等，特殊能力是人们从事特定专业活动所必须具备的能力。例如，作家需要具有较强的想象力和文字表达能力；画家需要具有良好的空间知觉及色彩辨析能力；科学家需要具有出色的抽象思维和创造思维能力；等等。一个人要顺利完成某项工作，需要一般能力和特殊能力的共同作用。

大学生在做职业生涯规划时，要着重关注自己的优势能力。在能力系统中，每一个人都有自己的优势领域，比如有些学生的语言能力比较强，有些学生则擅长数理逻辑思维。对职业决策而言，我们更倾向于那些能够更好地发挥自己优势能力的职业。

（4）人格

一个人的人格特征可分为气质和性格特征。气质是人的心理活动比较稳定的动力特征。气质可分为四种典型的类型，即胆汁质、多血质、黏液质和抑郁质。

气质与职业生涯规划的关系非常密切，它的个性化和相对稳定性导致了气质必然成为我们在职业生涯中长期要关注的因素。不同气质类型的人会呈现不同的个性特征，这些特征也成为我们职业选择的重要影响因素，它在一定程度上决定了我们更适合什么样的职业类型。

胆汁质的人情绪体验强烈、精力旺盛、反应敏捷、做事勇敢果断、为人热情豪爽、朴实真诚，但容易鲁莽急躁、感情用事。他们能以极大的热情和旺盛的精力投入工作，适合工作强度较大、充满刺激而富有挑战的职业，如导游、节目主持人、演员、野外作业人员等。

多血质的人情感丰富、外露、思维敏捷、活泼开朗、热情大方、善于交往、适应性强，但稳定性差，缺乏耐心和毅力。多血质的人适合工作形式多样化、变化性强、反应迅速、社交广泛、对适应性有较高要求的职业，如外事工作人员、记者、销售人员、服务人员、企业管理人员等。

黏液质的人情绪内敛、安静沉稳、自制力强、耐受性高、思维周密、做事踏实，但思维敏捷性差、行动迟缓。黏液质的人适合做一些耐心细致、相对稳定的工作，如外科医生、会计、法官、统计员、图书管理员等。

抑郁质的人情绪体验深刻、细腻、持久，多愁善感，富有想象力和观察力，做事小心谨慎，注重内心世界。抑郁质的人适合平稳细致、独立性强的职业，如打字员、校对员、化验员、文字排版人员、档案管理人员等。

当然，在生活中，完全是单一气质类型的人并不多见，很多的人都具有复合气质类型特征，如胆汁—多血质的人同时具备胆汁质和多血质的相关特征，只不过以某一种类型特征为主。大学生在做气质分析时，要关注自己贴近哪一种气质类型，结合自己的气质类型帮助自己做好职业规划。

2. 自我评估的方法

（1）从他人的评价中去认识自我

著名的心理学家库里提出过"别人的存在就像是你的镜子"的观点。通过别人对自己的评价来了解自己，判断自己，是认识自我的重要方法。在生活中，我们总是非常关注他人对自己的评价，我们也经常自我提问："在父母的眼里，我是一个什么样的人？在老师的眼里，我是一个什么样的人？在同学的眼里，我是一个什么样的人？"我们利用他人评价的机会，获得更多"他人"对于"我"的描述，可以更全面地了解自我。这里，我们可以运用"重要他人"访谈法，即请自己的父母、亲戚、教师、同学、朋友，或其他认为了解自己的重要的人，对自己进行评价，在此过程中，通过提出一些问题，了解他们从旁观者的角度对自己的看法。

当然，在人际交往中，人们也会不可避免地受到一些心理效应的影响，如晕轮效应、刻板效应等，使他人对自己的评价失真，所以，我们要对他人给予的评价进行认真的分析，从中找到对正确地了解自我有价值的信息。

另外，我们可以在课外参加一次"方桌评价"活动。四个彼此深入了解、情感融洽的同学围着方桌坐成一圈，然后每个人分别说出另外三个人的三个优点和三个缺点。记住，在活动中，每位学生都要做到足够的坦诚。试着做一下，也许会得到意想不到的收获。

（2）通过对现实生活的反思去分析自我

俗话说："以史为鉴，可以知兴替。"这个"史"是社会发展的历史。其实，我们每个人不是也有自己的历史吗？这就是我们的过去。经常反思我们的过去，可以帮助我们回答"我是谁"这么一个问题。很多学生之所以不能清晰地认识自己，是因为在大学期间，太多的外界诱惑，如评奖学金、做兼职赚钱吸引了学生的注意力，以至于根本没有精力静下心来反思一下自己。其实，在大学期间，抽一个空闲时间，好好反思一下过去一段时间的经历，这段时间取得了哪些成绩，有哪些进步，又犯过哪些错误；有哪些优点，又有哪些不足；哪些事情自己能够胜任，比别人做得好，哪些事情做起来感到困难；哪些事情很喜欢做，做起来很开心，哪些事情不喜欢做，做起来很勉强；等等。通过反思，不断对自己的能力、兴趣、性格特征、优势与不足等方面加深认识，在职业生涯规划中能够更好地把握自己。

这里，我们可以通过个人卡片的方式去有意识地分析自我，设计一些关于自己的个人卡片，如"我是谁""我喜欢做什么""我能够做什么""我希望在工作中得到什么"等，并在卡片的下方尽可能详细地回答这些问题，回答时要结合自己的情况，实事求是，详尽具体。

在回答完后，对每一张卡片上的信息进行排序，比如在"我喜欢做什么"的卡片中，把自己喜欢程度最高的活动排在第一位，以此类推；在"我希望在工作中得到什么"的卡片中，把自己最看重的、最想得到的排在第一位，以此类推。通过排序，逐渐发现自己的中心兴趣、核心能力、核心价值观等。

由于人的很多方面都是不断发展的，个人卡片的分析也不能一劳永逸，需要随着个人的实际发展状况而适时地更新，如获得了某项新的能力（学会了驾驶）等。

（3）利用一些个人特质测量量表

在自我评估中，可以使用一些标准化的个人特质测量量表，去测量自己的兴趣倾向、能力水平、人格特征等，如"霍兰德职业人格能力测验问卷""库德职业兴趣调查表""一般能力倾向测验"等。

（二）环境评估

环境评估是大学生对自身以外的环境以及各种类型的职业的分析和评价，包括社会环境评估和职业环境评估。通过评估，大学生可以了解自己与环境的关系、自己在环境中的地位以及环境给自己带来的优势和劣势。

1. 社会环境评估

从大环境上说，社会环境评估即大学生对社会政治、经济、文化、教育、就业状况等方面现状及发展趋势的分析，包括各方面的相关政策、重要措施等。这些政策和措施的出台，具有广泛、深远的影响力，对相关行业的人才需求、发展前景具有重要的影响作用。

从小环境上说，社会环境评估即大学生对所在地域、学校、班级等周围环境的分析。例如，自己所倾向的职业在当地的人才需求情况，是饱和的还是有很大市场的；所在大学的社会声誉和影响力如何，所学专业的毕业生就业情况如何，学校对所学专业的学生提供的实习机会情况；等等。这些要素也会在一定程度上影响自己的职业规划。

2. 职业环境评估

职业环境评估包括对各个职业（重点是与所学专业相关的职业）的性质、人才需求情况、发展前景、工作要求、与自己的适合程度等方面进行全面准确的把握。

对职业环境的评估要具有前瞻性，用发展的眼光去看待职业环境，即我们不仅要了解某一职业的现实情况，还要努力洞察该职业的未来发展趋势，如人才需求状况、职业要求等。

（三）职业定位

1. 职业定位的概念和意义

职业定位是在个人特质和职业环境之间谋求最佳匹配。良好的职业定位是以自己的优势、不足，环境的有利和不利条件等信息为参考依据的。合理的职业定位能够帮助大学生扬长避短，在职业选择中最大限度地发挥自己的优势，获得成功。

2. SWOT 分析法

SWOT 分析法是一种常用的职业生涯规划方法，它是通过对自己内外环境的分析，了解自己的优势和不足，以及相关行业发展的有利和不利条件。具体来说，就是分析以下四个方面的内容：

S 代表 Strength（优势），即我们对自身优势的分析，包括与他人相比比较突出的能力和特长；在大学期间所学到的知识和技能；丰富的大学生活和社会实践经历；自己所具有的有利于职业成功的良好性格等。

W 代表 Weakness（劣势），即我们对自身弱项的分析，包括自己不擅长的能力领域；性格上的弱点；工作经验不足等。

O 代表 Opportunity（机会），即进入该职业可以利用的条件，增加了我们进入该职业的可能性，包括政治、经济、文化、教育、科技等领域的发展趋势和相关政策措施对职业的积极影响；职业本身的发展潜力等。

T 代表 Threat（威胁），即外界可能影响自身职业发展的不利因素，如相关职业人才需求下降，就业竞争加大；社会对相关职业人员的素质要求提高，自己面临学历、能力等一系列的挑战。

（四）制定策略

制定策略就是要制定实现目标的行动方案，要有具体的行为措施来保证。没有行动，职业目标只能是一种空想。要制定周详的行动方案，更要注意去落实这一行动方案。

行动方案的制定，首先要结合自己的职业定位，针对目标职业的现实要求和未来的发展趋势（将来可能会出现的新要求）审视自己，找到自己与职业要求的差距，了解自己在哪些方面还存在不足，有针对性地进行弥补，使自己更加符合职业的要求，一点一点地开辟职业通道。比如说，一些师范生毕业后，在初次讲课时非常紧张，他们不敢正视听众，自始至终一直低着头，这就不符合教师的教学体态要求。从学生到教师，从坐在底下听讲到站在讲台上讲课，他们由处于注意的边缘转变为被关注的对象，从隐匿于群体之中变为展示在大众面前，情境的变化使许多新教师产生不适应感。由于在大学期间，他们没有意识到自己与职业要求的差距，没有进行有针对性的训练，导致试讲的失败。如果大学生意识到了这一点，尽早进行一些适应教学情境的训练，如教学情境模拟练习，经常参加一些能够在众人面前表述自己的观点的活动，如辩论赛、演讲赛等，让自己不断感受那种被关注的情境，让教学情境从陌生变为熟悉，那么在应聘工作时就会更加游刃有余。

行动方案制定后，更需要持之以恒地去实践这一方案，没有切实的行动，再科学的方案也只是一张白纸。只有在实践的过程中，我们才能发现制定的策略是否有效，还有哪些缺陷，以便做出及时的调整。

(五) 反馈与调整

职业生涯规划不是一次性就能够达到完善的，它是一个持续动态的过程。在最初做职业生涯规划时，有许多因素会影响职业生涯规划的科学性，如随意的态度、对自己的认识模糊、对相关职业的发展趋势的判断不准确等。所以，有效的职业生涯规划需要在实践中去检验，才能不断发现在生涯规划各个环节出现的问题，并及时修正。

另外，对职业环境的分析不能是静态的。随着社会政治、经济、文化等领域的发展，各种职业的人才需求状况和发展前景会发生相应的变化，我们应该结合这些变化，与时俱进，及时调整我们的职业生涯规划。

总之，反馈与调整是职业生涯规划的重要环节，也是保障生涯规划能够有效实施和长期保持科学性、合理性的关键环节。

第二节　大学生择业常见的心理误区

大学生在择业过程中，树立良好的心态是非常重要的。一些不当的择业心理会影响到择业的效果。

一、自负心理

自负是一种脱离实际的盲目自信。拥有自负心理的大学生在做职业选择时，对自己的实力和相关职业的市场需求缺乏正确的评估，往往过高地估计自己的实力，做出不切实际的职业目标定位，择业过程带有明显的理想化色彩。而且，这类大学生对于自己的职业理想比较执着，不肯轻易放弃这种过高的目标定位。在择业过程中，对于一般的用人单位不闻不问，坚持用自己心中的择业标准做出自己的选择，导致自己由于能力不济而经常碰壁，也错过了很多非常不错的就业机会。

二、自卑心理

自卑心理是一种由不正确的自我评估而造成的过分自我否定。在自我评估时，一些学生只局限地看到自己的不足，过分地关注自己与他人的差距，认为自己这也不行、那也不行，从而产生了习惯性的自我否定。他们常常会说"那么好的单位，怎么会要我呢？" "算了吧，去应聘了也是失败"等。这类学生在择业过程中常常采取回避、消极的态度，他们不敢去竞争激烈的单位应聘，怕遭到用人单位的拒绝而丢面子，被同学看不起。

自卑心理产生的原因很多，有些是因为学历和专业问题，比如一些学生认为自己是专科生，或学的是冷门专业，应聘时没有竞争优势，从而感到悲观；有的是因为在校表现平平，成绩和其他方面的能力都一般，没有担任过学生干部，没有拿过奖学金，没有获得很多的荣誉证书，自己觉得竞争不过他人；有的是因为容貌和身高的缺陷而觉得低人一等；有的是在择业过程中受到暂时性挫折或求职屡次受挫后，产生了一定程度的自我否定。

其实，每个人在客观认识自己缺点的同时，也应该看到自己的优势。例如，有些学生学习成绩不好，但人际交往能力很强；有些学生语言表达能力一般，但工作非常踏实；等等。这些优势是我们在择业中的重要财富。

三、焦虑心理

大学生由于缺乏择业经验，在面临就业时，会出现不同程度的焦虑心理。

首先，面对多重的职业生涯发展道路，一些大学生感到犹豫不决。大学生在毕业前，会有很多的人生选择，考研、就业、自主创业，哪一个更适合自己，哪一个是最佳选择，一些学生在人生的十字路口感到迷茫，产生了很多顾虑。如果选择考研，几年以后就业压力会不会加大，能不能找到自己满意的工作；如果选择就业，会不会失去一次继续深造的机会。这种迷茫和顾虑使大学生产生了很大的焦虑感。

其次，随着职业选择的多元化，大学生在就业市场上面对众多的用人单位，常常感到无所适从，如该选择哪份工作；如果跟这一家签了就业协议，会不会失去更好的单位；能否通过激烈的面试竞争；能否做好这份工作。这些想法使自己的心理压力增加，从而产生焦虑。

最后，一些学生由于择业的目标过高，一直没有找到自己理想的工作，看到身边的同学都签了就业协议，自己的心理开始紧张、焦虑起来。

我们可以看到，大学生出现焦虑心理的一个主要原因是缺乏明确、合理的职业生涯规划。择业是一个在不断了解自我、了解社会的基础上做出合理选择的过程，它需要长时间的积累。可见，大学生学会做职业生涯规划是非常重要的。

四、依赖心理

在求职择业过程中，一些大学生会表现出依赖性强的特点。他们不愿通过自己的努力获得工作，而把择业的期望寄托于家人、亲戚、教师或朋友的帮忙上，他们整天待在家里或学校"待业"，在"等待"中错失了很多就业的好机会。

实际上，他人的帮助可能会为个人的就业提供一些机会，但他人的帮助不可能伴随我们的整个职业生涯，一个人职业的成功归根到底还是需要自己的努力。比如他人为我们提供了一个岗位招聘信息，但我们无法通过面试；或他人为我们提供了一份工作，但我们无法胜任。那么，这样的帮助也是于事无补的。因此，大学生在择业时，应树立主人翁意识：就业是自己的事情，自己需要为之而努力。

五、盲从心理

在大学生择业过程中，不少学生会存在盲从心理，其特点是对职业缺乏自主的选择，不顾各种主客观条件，盲目从众。别人找什么工作，自己也找什么工作，别人认为什么职业好，自己也挤向什么职业。如大家都说某个企业待遇好，自己也去应聘这个企业；很多人说公务员工作好，自己也积极地准备公务员考试。

其实，一个人职业生涯的成功，不是他找到了大家都认为好的工作，而是这个工作是适合他个性心理特征的。所以，在择业过程中，适合自己的，才是最好的。

六、攀比心理

拥有攀比心理的学生对自己缺乏客观全面的评价，没有真正考虑到专业特长、兴趣爱好和以后的发展前景，总想找到十全十美并在各个方面都超过或不差于别人的工作。他们认为找到这样的工作，跟身边的同学比起来就有优越感，就能体现自己的价值。如果自己的工作在某一方面不如其他同学，就会有强烈的不平衡感，对现有的工作失去热情，甚至抛弃现有的工作去寻找更好的，结果使自己失去了很多就业的良机。

第三节 大学生求职择业的对策与技巧

成功地获得目标职业，是大学生实现职业生涯目标的必要一环。因此，大学生要掌握一些求职择业的对策和技巧。

一、大学生求职择业的准备

（一）充分掌握就业信息

大学生在求职择业过程中，充分掌握就业信息是一个基础性工作。丰富、及时的就业信息能够让自己获得更多成功就业的机会。大学生可以通过多种渠道去获得就业信息，如学校就业指导中心发布的各专业的招聘信息、各级人才市场公布的社会招聘信息、各种信息媒介（电视、报纸、杂志、网络等）公布的用人单位招聘信息、各种社会关系（亲戚、教师、同学、朋友等）提供的就业信息等。

大学生在获得大量的就业信息后，要学会对这些就业信息进行加工，结合自我评估和职业定位选择适合自己的就业信息，知道什么信息是自己感兴趣的，是对自己有价值的。在求职择业时确定清晰的就业方向，而不至于面对纷繁复杂的信息而不知所措。

（二）制作简历

制作简历的目的是争取下一轮参加选拔的机会。招聘单位面对着所收到的成百上千份简历，只能从中选择有限的若干人进入下一轮的面试。如果没有被选入参加下一轮面试的名单，那么应聘者即使有再强的能力，也无济于事。因此，简历的制作是大学生求职择业的基础性工作，制作的简历要有足够的吸引力，能够让一个陌生人在很短的时间内了解并关注自己的基本情况。

大学生在制作简历时，应注意以下几个方面。

第一，制作简历不是一个"复制"的过程，而是一个"量体裁衣"的过程，应做到"有针对性"。

有些大学生制作简历，套用一个公共的模板，对各个板块的内容设计是想到哪写到哪，这样制作的简历是没有吸引力的。高质量的简历是要尽可能地向用人单位传递"我适合这份工作"的信息。因此，在制作简历之前，要详细地了解所应聘的岗位的工作要求，即用人单位的人才需求标准。结合这些要求来考虑在哪些方面更能表现自己的亮点，自己对工作的适应性，并把它有针对性地反映在简历的各个板块上。

简历的板块一般包括个人基本情况、求职意向、教育经历、所学课程、奖励与荣誉、社会实践、个人描述、联系方式等。

个人基本情况是方便用人单位在第一时间了解自己的基本情况，包括姓名、性别、年龄、籍贯、学历、专业、毕业院校、政治面貌等，个人基本情况的介绍要简明扼要。

求职意向是向用人单位介绍自己所倾向的职业领域。撰写求职意向时，要注意它的范围，一般情况下不宜过广，如一位汉语言文学专业的大学生在撰写求职意向时写道："中学语文教师、报刊记者、出版社编辑人员、行政或企业办公文秘人员等。"如此广阔的就业目标会让用人单位觉得应聘者缺乏职业生涯规划。

所学课程是向用人单位介绍自己在大学期间学习的专业课程，目的是让用人单位知道自己已经学习了相关领域的知识和技能。列出的课程不必面面俱到，要着重突出与相关领域有密切联系的课程，把这些课程写在前面。如应聘一名小学语文教师，应把教育学、心理学、班级管理、儿童心理学、小学语文教学法等课程排在前列。

奖励与荣誉是向用人单位介绍自己取得的各项成绩，奖励与荣誉的内容不一定要按照时间的顺序，可以把那些影响力较大（如国家级、省市级荣誉）和与所应聘的工作关系最密切的荣誉放在前面，如某位学生应聘教师岗位，如果他取得了"师范生教学技能大赛""课件设计大赛""普通话比赛""粉笔字比赛"等活动的奖项，可以把这些荣誉写在前面。

社会实践是向用人单位介绍自己在大学期间的实践经历，这一板块应重点突出影响力大的和能反映自己具有胜任相关工作能力的实践活动。

个人描述是用简明的语言向用人单位介绍自己的能力、兴趣爱好、性格特征等，在个人描述中，要重点介绍自己确实具备且符合相关职业要求的个人特质。介绍时要客观平和，切勿自我吹嘘。

联系方式是大学生向用人单位介绍能够联系到自己的方法，包括固定的手机号、电子邮箱、通信地址等，便于用人单位在面试时通知自己。这是大学生制作简历时，很容易遗漏的一个板块。如果没写联系方式，即使自己有机会进入下一轮面试，用人单位也无法通知。

第二，简历的内容一定要实事求是。一些大学生在制作简历时，为了提高自己的身价，会刻意编造一些信息，如增加一些不存在的奖励和荣誉，或编造一些不真实的社会实践经历。这些信息一旦被用人单位识破，会给用人单位留下非常不好的第一印象，所以简历要向用人单位展示一个真实的自己。

第三，简历要言简意赅、流畅精练、注意细节。一些大学生在制作简历时，生怕对自己的介绍不全面，于是在很多板块上累加了冗长的话语，其实，招聘人员面对堆积如山的简历，阅读一份简历的时间一般都很短，所以简历要言简意赅、一目了然。

此外，在制作简历时要注意细节，千万不要出现错别字。细节决定成败，在简历中出现错别字会让招聘人员觉得应聘者做事不够细心，可能影响应聘者的印象分。

二、大学生求职择业的面试技巧

（一）面试——熟悉的陌生人

面试被称作"熟悉的陌生人"。说它熟悉，是因为一般来说，面试中的很多问题都是我们熟悉的领域，如优点和缺点有哪些、有什么兴趣爱好、有什么社会实践经历、专业知识测试等。说它陌生，是因为对这些熟悉的问题我们却没有真正深入思考过，我们经常在思考社会，思考他人，而对最熟悉的自己却很少思考，以至于这种熟悉的问题也变得非常陌生。再者，面试是一个"陌生人"还体现在我们对面试情景的陌生上，有些面试几十个评委同时关注着自己，桌子上放着一个闹钟嘀嘀嗒嗒的倒计时，我们对桌子上放着的三张纸条中的问题依次回答，在我们回答的过程中，评委没有任何表情，不管回答得好不好，评委都不会做出神情上的反应。还有些面试，像无领导小组讨论，我们与其他若干名应聘者一起组成一个小组，共同对某些争议性较大的问题展开讨论。这些被众人关注、无反馈、自主讨论等情景都是学生不常经历的，突然面对时我们会感到很陌生。

（二）面试准备——预则立，不预则废

如何才能让自己在面试中有更好的表现，《礼记·中庸》中说："凡事预则立，不预则废。"在面试之前，我们需要做精心的准备。

1. 熟悉应聘单位、职位的相关信息

俗话说："知己知彼，百战不殆。"在面试的过程中，主考官的很多问题都围绕考查应聘者对用人单位、应聘职位的了解来进行。如为什么选择我们单位，对我们单位印象如何，认为做好这份工作最重要的是什么等。原因很简单，心理学研究表明，认知是情感的基础，知之深方爱之切，如果我们对自己应聘的单位和职位一无所知的话，主考官如何相信我们会对这个集体、这份工作产生真挚的情感。所以，在面试之前，我们可以通过阅读用人单位的招聘启事、宣传资料，查看该单位的网站、所办报纸与刊物、留心该单位的新闻媒体报道等方式，了解用人单位的性质、主要职能、组织结构和规模、组织文化、发展前景，应聘职位的性质、内容、规章制度、工作程序和方法、工作重点，对应聘人员的知识、能力、心理素质、性格特征、专业特长等方面的要求，在正式面试中做到心中有数。如果有条件，应聘者可以亲自到应聘单位所在地去参观、感受。

2. 仪表设计

在很多面试过程中,每个评委手里都有一张"面试成绩评分表",其中有一项是对"举止仪表"的打分。表面上看,一般这个部分的分数占总成绩的10%左右,但是根据社会心理学关于首因效应的研究,良好的第一印象可以产生强烈、持久的影响力,在实际的面试过程中,考生的举止仪表带给考官的第一印象会直接影响到考生的整体得分,所以仪表设计是学生面试前的重要准备。比如,在面试当天,要把头发和面部清洗干净,给人以整洁、清新的印象,头发不要过长和凌乱,男生一般要求剃须,不要给人胡子拉碴的印象,女生不要化过浓的妆,这样会显得很不自然。面试时,应聘者应坐姿端正,不要跷二郎腿或慵懒地靠在后背椅上。

3. 心理准备

面试的成败,不仅取决于个人的能力,还会受到个人心理素质的影响。一个人如果有充足的信心、平稳的心态,就能够在面试中不慌不乱,良好发挥。在面试之前,心理准备工作包括:

(1) 适应面试情景

俗话说,有备无患。充分的准备是心态平稳的基础。面试作为"陌生人",其中一个方面就是我们对面试情景的陌生。当我们面对一个陌生的情景时,会产生不适应感,从而出现紧张的情绪。所以,心态平稳的前提是让陌生的面试情景习惯化。这就需要我们在平时学习和生活中,经常模拟训练面试的过程,感受面试的氛围,可以通过有面试经验的人的指导,了解面试的程序,逐步打消我们对面试的紧张心理。

(2) 积极的自我暗示

在面试前几天,我们可以通过一些积极的自我暗示来树立信心,保持心情的愉悦。如语言暗示,提示自己"我的能力能够应对面试,胜任这份工作""我并不比别人差,我在模拟面试中表现得很好""我有自己的优势,我能够在面试中展示自己"等;再如行为暗示,在面试前几天出门时,走路要步伐轻快,抬头挺胸,见到认识的人,要面带微笑,主动打一个招呼;在面试当天出门前,对着镜子给自己一个微笑,提醒自己,很有信心,很愉快。

另外,在面试的当天,可以提前十分钟到达面试地点,给自己一个心理缓冲的时间,如果感到紧张,可以通过深呼吸,想象一些恬静、舒适的情景进行心理放松。

(三) 面试过程

面试是整个求职过程的核心阶段，也是用人单位最为看重的阶段，它可以全面考查应聘者的综合水平。大学生在面试时需要注意以下几个方面：

1. 遵守时间，按时到达

面试的过程不仅仅是十几分钟的主考官与应聘者的对话，它能够从各个细节考查应聘者，能够按时到达面试地点，是对应聘者的基本要求。如果面试迟到，会给主考官留下没有时间观念的不良印象。因此，在面试之前，我们要清晰地记住面试的时间、地点，考察好从居住地到面试地点最佳的乘车方式，在面试前一天检查好需要带齐的物品，如个人简历、成绩单、相关证书等，以防止第二天急急慌慌、丢三落四。面试当天可以提前出门，防止路上遇到堵车等而耽误了时间。

2. 注意言行，把握细节

面试不仅考查应聘者的知识和各方面的能力，还会着重考查应聘者的道德素质和礼仪修养，这种考查往往不是通过面对面的对话，而是通过一些细节观察和生活事件设计，来考查应聘者的言行举止。在面试过程中，也许我们的一句话、一个行为都会导致面试的成败。

3. 诚信应试，展示真实的自己

面试，是对一个人综合素质的考查，现在很多用人单位都非常关注应聘者的道德素养，其中一个重要的方面是诚信意识。在面试中，一些大学生会出现这样的认识误区，那就是为了追求完美的表现，往往通过说谎来掩盖自己的某些不足之处。但有时候，丢失了诚信比暴露了缺陷更可怕，一旦这种谎言被主考官识破，将会给自己的面试带来严重的影响。

第十一章 大学生心理障碍

第一节 心理异常概述

一、心理异常的含义

心理异常是指低于界定的界限，带有一定否定意义的病态心理。一般说来，心理异常按其程度划分有三种，即轻度心理异常（心理问题）、中度心理异常（心理障碍）、重度心理异常（心理疾病）。一般人人都发生过轻度的心理异常，即心理问题，而且也随时可能发生，如受教师批评而产生的不快，因自尊受损而产生的反感、抗议等。如果心理适应性强，自我调节能力较强，多数心理问题能随时得到解决。但也有的人因心理适应性差，自我调节能力较弱，或得不到及时的正确心理疏导，一些心理问题不能随时排除，积淀过久，就会加重心理异常的程度，导致心理障碍。如果心理障碍再得不到及时矫治，就会发展到严重的程度，成为心理疾病，即人们所恐惧的精神病。

二、心理正常与异常的区分

为什么要区分心理正常与异常呢？这是因为心理疾病的诊断主要依据心理症状，而心理症状就是心理状态异常的表现。要认识心理异常就必须与心理正常状态做比较，通过分析比较，才能确定哪些心理反应是异常的。

一般来说，心理正常与异常之间必然存在一种界限，两者存在着实质性的差异，而且应该有一个区别它们的标准。但实际上要找到一个判定心理正常与异常的固定不变的、通用的标准是困难的。因为个体心理正常与否与他所处的时代环境、社会文化和风俗习惯等有密切关系。

但是，在相同的社会文化背景下，人们还是可以划定出一般人正常心理活动的常态范围的。将个人的心理状态与社会认可的行为常模比较，以及与其本人一贯的心理状态和人格特征加以比较，就可以判定此人的心理是否异常，其心理异常的程度如何。

划分心理异常的标准是困难的，正常与异常没有绝对的分界线。但是，多数专家认为，根据心理科学的理论原则，可以从以下三个方面来认识和判定个人心理状态是否正常。

（一）心理与环境的统一性原则

心理是客观现实的反映，因此任何正常的心理和行为都必须与客观环境保持一致。例如，街道上出现一只疯狗，人们都很害怕，一些人拿起棍棒把疯狗打死，以免疯狗咬伤他人，这些人的思想、感情和行为是正常的表现。假如在场的其他人均未看到疯狗，而有人却清楚地看到一只疯狗在咬人，那么此人可能是心理异常。所以正常的心理活动必须保持与环境的一致，如果人的认识、情感和行为与客观现实相脱离，那么这个人的心理可能就是不正常的了。

（二）心理活动的内在协调一致性原则

人类的心理活动过程是由认知过程、情感过程和意志过程等部分组成的。认知、情感、意志过程等各种心理过程是一个动态的有机完整统一体，各种心理过程之间具有协调一致的关系。在心理活动过程中，如果它们之间表现出不统一和不协调，也就是说失去了心理活动的统一性和协调性，就代表出现了心理异常。如正常人想到或遇到高兴的事就会感觉愉快而发笑，遇到悲伤的事就会伤心甚至哭泣，这是心理正常的表现。假如一个人无缘无故地发笑或哭泣，或者是遇到伤心的事反而不停地笑，那就是心理异常的表现了。

（三）人格的稳定性原则

人格是个人在长期的生活历程中形成的独特的个性心理特征。每个人的个性特征也就是人格特征都具有相对的稳定性。俗话说"江山易改，本性难移"，这说明人的个性是不易改变的。如果在没有重大的外部环境变化的情况下，一个人的个性特征却发生了明显变化，那么这个人的心理可能出现了异常。如一个一向比较开朗、乐观、外向的人，没有遭遇什么明显变故，却突然变得沉闷、寡言、悲观、内向，这个人的心理和行为偏离了正常轨道，可能打破了人格稳定性，有可能是心理异常反应。

第二节 大学生常见的心理障碍

心理障碍是指心理异常反应剧烈，又持续时间长久，形成自身难以克服的精神负担。心理障碍一般是由心理问题积淀过久而演变成的，往往发生在认知环节上。在心理发展过程中，人们由于认知能力的局限，常出现不正确的认知，从而得出片面的、不准确的结论，直接影响情绪的变化。下面笔者简单介绍几种大学生常见的心理障碍。

一、神经方面的障碍

神经方面的障碍一般称神经症或称神经官能症，是指人的整体心理的某些方面受到影响，大脑一般没有组织上的器质性损害，只是在高级神经系统活动方面表现失调。患者心理活动各个方面的协调性受到一定的影响，对周围环境的适应能力明显减弱，人际关系往往不够和谐。但他们能理解并认识到自己的心理处于失常状态，因而主动寻求改善自身不正常状态的办法和措施；能自理生活，日常工作和社会生活可以正常进行。患者主要表现为精神活动能力降低（如注意力不集中、记忆力减退、学习与工作效率降低等）；情绪失调，如情绪波动过大、烦躁、抑郁等；慢性疼痛，如紧张性头痛、腰痛等；睡眠障碍，如失眠、噩梦、早醒或睡眠过多等；有疑病强迫观念；有各种明显的躯体不适应感，但体检时找不到器质病变。

（一）神经衰弱症

神经衰弱是一种很常见的神经症，患者多数是青壮年脑力工作者，尤其以青年学生居多。但是，有的青少年对神经衰弱认识不足，仅仅因为自己失眠健忘就给自己扣上了神经衰弱的帽子。根据我国制定的诊断标准，神经衰弱症状有以下五个方面的表现。

1. 衰弱症状

患者经常感到精力不足、萎靡不振、反应迟钝、困倦思睡，特别是工作、学习稍久即感到注意力不集中、思考困难、记忆力下降、学习效率不高，即使得到充分的休息也不能消减其疲劳感。

2. 兴奋症状

患者在阅读书报或收看电视时精神容易兴奋，会不由自主地产生回忆和联想，而且控制不住。

3. 情绪症状

情绪症状主要表现为容易烦恼和容易激动，烦恼的来源主要是生活中难以解决的各种矛盾。

4. 紧张性疼痛

患者经常感到头晕、头有紧压感或颈项僵硬，有的则表现为腰酸背痛或四肢肌肉疼痛。

5. 睡眠障碍

最常见的睡眠障碍就是入睡困难，躺在床上辗转反侧，心情烦躁，难以入睡；其次是多梦、易惊醒或感到睡得不稳不深，似乎整夜都未曾入睡。

如果一个人同时有上述五种症状中的三种以上，那么可能患有神经衰弱。若只符合其中的一种或两种，绝不能给自己扣上神经衰弱的帽子。其实神经衰弱并不可怕，可怕的是对神经衰弱的焦虑、紧张、担心。因为过分的紧张、焦虑、担心会加重神经衰弱本身的症状。

（二）癔症性神经症

癔症性神经症简称癔症，又称歇斯底里症，是由精神刺激或不良暗示引起的一类精神障碍。癔症大多突然起病，患者可出现神经功能紊乱，或短暂的精神异常。检查常不能发现有相应的器质性病变。这类症状可因暗示产生，也可因暗示而改变或消失。

癔症发作与精神因素关系密切。患者感到委屈、愤怒、羞愧、窘困或惊恐，常为本病的初发病因，以后可因联想或重新体验到当时的情感而发病。躯体症状大多由暗示和自我暗示引起，而精神症状则由明显的强烈情感因素所促发，有易感素质者遇到较轻的精神刺激即可发病。有癔症个性特点者较易发生本病，其情感反应强烈而不稳定，容易走向极端，对人对事常感情用事，富于幻想，易受暗示，好表现自己。癔症的表现如下。

1. 精神障碍

（1）情感爆发

在精神受刺激后立即发病，患者情感反应强烈，尽情发泄，一般发作历时不长，10分钟至2小时后逐渐安静。

（2）意识障碍

患者处于昏睡、木僵或朦胧状态；有的答非所问、每答必错，称为癔症性假性痴呆；有的能针对问题回答，但答案近似而不正确，称为甘瑟综合征；有的患者言语、表情幼稚如儿童,称童样痴呆。

(3)精神病状态

类似精神运动性兴奋的表现,意识障碍不明显,可能有幻觉或妄想,但时间短暂,常在3～5分钟内安静下来,此外尚有阶段性遗忘、神游、双重人格或多重人格、附体体验等表现。

2. 运动障碍

运动障碍表现为痉挛发作、瘫痪、抽搐、舞蹈样动作或失声等。

3. 感觉障碍

感觉障碍表现为突然失明,或出现弱视、管状视野或单眼复视,也可突然耳聋,出现躯体感觉缺失或感觉过敏区,或有咽部梗阻感。

4. 自主神经和内脏功能障碍

自主神经和内脏功能障碍可表现为神经性呕吐、呃逆、腹痛、尿痛、尿急、假孕等症状。本症可以通过暗示作用影响患者近亲或周围人群,引起短暂的癔症流行。无论患者有何症状,通过检查都不能发现相应的器质性病变,其症状体征也不符合解剖生理规律,且可在暗示影响下改变或消失。

(三)强迫性神经症

强迫性神经症简称强迫症,是指患者主观上感到某种不可抗拒的和被迫无奈的观念、意向或行为的存在,表现为强迫观念、强迫意向、强迫行为。

1. 强迫观念

强迫观念是强迫症的核心症状,生活中最为常见。例如,有些患者在头脑中反复思考某些并无实际意义的问题,如"动物为什么要分雌雄";出门后总是怀疑门、窗没有锁好、关好等;有的人看到或听到某一事物时就会联想到可怕的、不愉快的情景,如见到别人抽烟就联想到火灾,见到"黑"就不由自主地想到"白",见到"友好"就联想到"危险"。

2. 强迫意向

强迫意向是最折磨人的一种强迫状态,患者常常被某种与正常心理相反的意向所纠缠,产生一些令患者感到害怕和紧张的冲动,虽然他们也知道这种冲动和意向是违反自己的意愿和人格的,但却难以摆脱这种不堪设想的状态。例如,患者来到窗前便会产生跳楼的冲动等。事实上,冲动不等于行动,他们绝对不会真正做出这种行为,只是此种强迫意向似乎显得"强有力",让他们不能控制，从而反复出现在脑海里，常常给患者带来焦虑和恐惧的情绪反应。

3. 强迫行为

有人表现为洁癖，如反复洗手、脸或某一部位；有人表现为强迫计数；有人表现为强迫检查等。

（四）恐怖性神经症

恐怖性神经症简称恐惧症，是指对某种特定的事物或情绪产生持久的、特殊的、不合理的强烈的恐怖感。这种恐怖感与引起恐怖的情境很不相称，让人难以理解。患者明知这种恐怖没有必要，但无法控制，于是就千方百计回避恐怖源，行为退缩得十分明显，从而影响正常的工作和学习。恐惧症依据恐怖对象不同可分为社交恐怖、水恐怖、空旷恐怖、疾病恐怖、动物恐怖、登高恐怖、声音恐怖等。

（五）抑郁性神经症

抑郁性神经症简称抑郁症，是一种以持久的心情低落为特征的精神障碍。患者表现为心情压抑、郁闷、沮丧，遇事老往坏处想，对生活失去信心，对日常活动缺乏兴趣，对各种娱乐或令人高兴的事体验不到乐趣，常常夸大自己的缺点，自卑、自责、内疚，精神疲惫，思维迟钝，感到前途暗淡、生活没有意义，有自杀的企图或想法等。

（六）焦虑性神经症

焦虑性神经症简称焦虑症，是以发作性或持续性焦虑、紧张为主要特征的精神障碍。患者的焦虑情绪并非由现实情况所引起，而是常伴有自主神经功能障碍和运动性不安，严重者可有惊恐发作。患者主要表现为没有明确对象和内容的恐惧，提心吊胆，惶惶不安，感觉似乎有大祸即将临头或死亡将至，但说不出怕什么，或会发生什么危险和不幸。患者常出现头痛、头昏、失眠、晕厥、震颤、多汗、心悸、恶心、呕吐、胸痛、呼吸急促、窒息样感觉、腹泻、尿频等。生化改变可有血糖升高，白细胞增加等。

焦虑性神经症根据疾病表现形式可分为三种类型。

1. 急性焦虑症

急性焦虑症发作可持续数分钟或数小时，以后可再发，或一天发作多次。

2. 亚急性焦虑症

患者表现为遇到困扰或受到刺激而产生焦虑、紧张反应。患者个性特征多为胆小羞怯、自卑过敏、易忧心忡忡。这种情况可持续终生。

3. 慢性焦虑症

患者有胆小羞怯、自卑过敏、易忧心忡忡等性格特点，常处于持续焦虑状态之中，为一些小事而苦恼、自责，对困难过分夸大，遇事往坏处想，常无病呻吟，对躯体不适特别关注，注意力不集中，记忆不佳，常失眠、多梦。

（七）疑病性神经症

疑病性神经症简称疑病症，又称臆想症。患者表现为对自身健康状态过分关注，对身体的微小不适或感觉过于夸大和做出不切实际的解释，深信自己患了某种躯体或精神疾病，到处求医，迫切要求治疗。各方检查和医生对疾病的解释也不能消除患者固有的成见，从而焦虑、恐惧，担心得了不治之症而惶惶不安。

二、人格障碍

人格障碍是指内心体验或行为模式明显偏离正常且根深蒂固的社会文化环境和行为方式，适应不良的异常人格模式。人格障碍一般始于童年或青少年，而持续到成年或终生。一般认为它是在不良的先天素质的基础上，遭受到环境有害因素（特别是心理社会因素）的影响而形成的，通常有不同的表现类型。

（一）偏执型人格障碍

偏执型人格障碍又称妄想型人格障碍。患者的主要表现是思想固执，敏感猜疑，不信任或者怀疑他人，过分警惕与防卫，将别人的友好行为误解为敌意或轻视；强烈地意识到自己的重要性，有将周围发生的事件解释为"阴谋"、不符合现实的先占观念；过分自负，认为自己正确，将挫折和失败归咎于他人；不接受批评，易冲动，缺乏幽默感；容易产生病理性嫉妒；对挫折和拒绝特别敏感，不能谅解别人，长期耿耿于怀，特别好斗；对个人权利执意追求，常与人发生争执或沉湎于诉讼，人际关系不良等。

（二）分裂型人格障碍

分裂型人格障碍在日常生活中是比较常见的，主要表现如下。

（1）牵连观念

患者会毫无道理地将周围环境中的各种变化和与自己无关的事情与自己联系起来而深感不安。

（2）过度的社会焦虑

患者在有陌生人在场的时候表现出极度不安。

（3）奇特的信念和想法

有些患者感到自己有透视能力或有"第六感官"，对奇异功能特别着迷。

（4）奇怪的、反常的、特别的行为或外貌

有的患者穿衣戴帽非常奇特；有的患者不修边幅，行为不合时宜，不符合习俗或自己的行为目的不明确。

（5）言语怪异

患者说话离题或用词不当，表达意思不清楚。

（6）不寻常的知觉体验

患者经常产生错觉或幻觉。

（7）缺乏温情，行为怪异

患者的人际关系较差，难与别人建立起深切的情感关系，没有亲密的朋友或知己；对别人的意见漠不关心，无论是赞扬还是批评，均无动于衷，过着一种孤独寂寞的生活。

符合以上七种表现中的四种，一般就可以认定是分裂型人格障碍。

（三）反社会型人格障碍

反社会型人格障碍在现实生活中也是常见的，患者主要表现为缺乏道德情感，没有怜悯、同情心和内疚感，做了坏事心里一点儿也不觉得难过，对别人的痛苦漠不关心，脾气暴躁，不能容忍丝毫的挫折，总是责怪他人或环境，不真诚、不坦率，没有责任感和义务感，常常会做出一些违反社会规则和社会公德的行为。

（四）自恋型人格障碍

自恋型人格障碍患者有以下表现。

（1）不能接受批评

患者受到批评后往往产生强烈的愤怒、羞愧和耻辱感。

（2）喜欢指使别人

自己什么都不干，却指使别人干这干那，要他人为自己服务。

（3）过分的自高自大

对自己的能力夸大其词，特别希望受到别人的关注。

（4）过分自信

患者认为自己的家庭、长相、气质等是别人无法比拟的。

（5）想入非非

患者对成功、权利、荣誉、理想、爱情等有非分之想。

（6）唯我独尊

自己想干什么都行，但别人不行，自己可以指使别人，别人绝对不能指使自己。

（7）虚荣

特别好面子，把自己的脸面看得比什么都重，特别希望得到别人的赞扬。

（8）冷漠

只关心自己，对别的人和事漠不关心。

（9）多疑

疑心比较重，总是怀疑这、怀疑那。

只要符合以上九种表现中的五种，一般就可以认定是自恋型人格障碍。

（五）冲动型人格障碍

冲动型人格障碍也称为爆发型人格障碍。患者主要表现为对人对事往往做出爆发性反应，稍不如意就火冒三丈，易于爆发非常强烈而又难以控制的愤怒情绪；行为有不可预测和不考虑后果的倾向；不能在行动之前事先计划，有不可预测和反复无常的心境，行为爆发时不可遏制；特别在行动受阻或被批评时易与他人争吵，此类人经常变换职业和酗酒。

（六）回避（焦虑）型人格障碍

回避（焦虑）型人格障碍患者的主要表现为懦弱胆怯，自幼胆小，易惊怒；有持续的紧张、忧虑的感觉；敏感羞涩，对任何事情都表现得惴惴不安；敏感、自卑、退缩，面对挑战采取逃避态度或无力应付，日常生活中习惯于夸大潜在的危害，回避某些活动；个人交往十分有限，对与他人建立关系缺乏勇气。与分裂型人格障碍患者不同的是，他们不与他人来往并非出于自己的意愿。他们常被迫采用多种心理防御机制来应付外界的要求。

三、特殊意识状态

特殊意识状态包括以下几种情况。

（一）催眠状态下或梦境状态下的心理变化

催眠状态下或梦境状态下的心理变化主要表现为意识模糊或意识范围狭窄，并在此基础上产生各种心理变化，只要催眠状态解除，梦境状态结束，心理即恢复正常。

（二）社会交往或感觉剥夺状态

社会交往或感觉剥夺状态是由大脑失去了适度的兴奋刺激的支持而功能失调导致的，主要表现为注意力涣散、记忆力减退、意志力和自控能力严重下降、思维混乱、情绪不稳、烦躁不安、焦虑压抑或出现孤独感。

（三）服用精神活性物质或是物质滥用所致的精神障碍

这里所说的物质是指能够影响人们的心境、情绪、行为，改变人们的意识状态，并可能有依赖作用的物质，如一氧化碳、香烟、酒精、镇静解痛药、兴奋剂等。这种中枢兴奋剂所致的兴奋、不安、过分警觉、判断失误或站立不稳、妄想等，在一定情况下易引起精神障碍。这类药物如致幻剂等导致的心理、行为异常表现大多使人处于正常心理和变态心理之间的交叉或边缘状态，而且许多表现都是一过性的，即引起异常表现的各种状态消失以后，患者的心理与行为便恢复正常，大多数人无须治疗即能恢复常态。

四、严重的心理异常

严重的心理异常指人的整体心理机能瓦解，不仅心理活动各方面的协调一致遭到严重的损害，而且机体与周围环境的关系也严重失调。严重的心理异常概括起来主要有以下三方面的表现。一是患者的反应机能受到严重损害，对客观现实的反应是歪曲的，可出现精神失常现象，如幻觉、妄想、思维错乱、行为怪异、情感失常等，因而丧失正常的言行、理智与行为反应。二是患者的社会功能有严重损失，不能正常处理人际关系，不能理解个人生活，也不能正常参与社会活动，甚至会给公众社会生活造成危害。三是不能理解和认识自身的现状，不承认自己有精神病，对自己的处境完全丧失自知力。各种精神病都属于严重的心理异常。

（一）精神分裂症

精神分裂症是最严重而且常见的精神病，患病率为 0.3% ～ 0.7%，发病多在青春期及成年初期，病程多迁延。其发病原因尚不明确，虽然能在遗传、生化、心理、社会等方面找到一定的证据，但并未完全说明问题，这也影响到对该病的理解和诊断。精神分裂症的特点是患者基本个性改变，出现感知、思维、情感和行为障碍，精神活动各方面及与环境的关系均不协调，但一般无智力缺陷和意识障碍。其症状复杂多样，较常见的有思维联想障碍、原发性妄想、幻觉、情感倒错或淡漠，紧张综合征，被控制感、被操纵控制感、被洞悉感等。本病可分为急性和慢性两种，急性起病愈后较好，慢性起病愈后较差。精神分裂症可分为多种类型，如单纯型、青春型、紧张型、妄想（偏执）型等。

由于精神分裂症多在青年期发病，因此在大学生中发病率相对较高。如何早期发现、早期治疗，是大学生心理健康教育一项重要任务。如果大家都有一点这方面的基础知识，并能适当地关心，那么情况就会好得多。

精神分裂症的早期症状（或称前驱期症状）如下。①感知觉异常。②没有思维逻辑，说话语无伦次。③常有奇特的想法，并因此而影响行为。④情感迟钝或倒错等。⑤有明显的怪异或奇特行为，如当众自言自语及做诡秘动作等。⑥明显的退缩或社会隔离。⑦兴趣、动机、意志力明显减退。⑧学习和工作能力明显下降。⑨生活懒散，个人卫生或形象明显受损。

（二）躁狂抑郁症

躁狂抑郁症是另一种重度精神疾病，它是以原发性情感情绪障碍为主要临床表现，且发作期和完全正常的间歇期反复交替出现的一种精神病。躁狂发作期以言语明显增多、观念飘忽、注意力不集中而随意转移、自我感觉良好、自我评价过高、情绪极端高涨、行为活动显著增多、精力充沛、行为轻率等为特点。抑郁发作期则与此相反，以言语明显减少、思维迟缓、思考能力下降、体感不适、自我评价过低、情绪极为低落、反复出现轻生念头、行为活动显著减少、自责、自罪等为特点。

第三节 大学生心理障碍的成因

一、生理原因的影响

人是一个身心统一的整体，其生理健康和心理健康是交互影响的，健康的心理寓于健康的身体。生理因素是导致大学生心理障碍的一个重要因素。

（一）遗传因素的影响

遗传是指父母把自己的生物性状，即生理结构和机能的特点传递给子女的现象。遗传是生物界共有的普遍现象。人的心理问题能否遗传，这是人们非常关注的一个问题。一般来说，人的心理活动是不会遗传的，它主要是在后天的社会环境影响下，在社会实践活动中形成和发展起来的。然而，人作为一个身心统一的整体，与遗传的关系十分密切，尤其是一个人的体形、气质、神经结构及活动特点、能力等的某些成分直接受到遗传因素的影响。现代的大量研究资料表明，在精神疾病，尤其是精神分裂症、躁狂抑郁症和癫痫等所谓的内源性精神病的致病因素中，遗传占有十分重要的地位。

（二）发育因素的影响

个体生长发育的特点和速度，对其心理健康发展也有一定的影响。青春期的身体发育是影响学生心理健康的一个不可忽视的因素。青春期是一个人长身体、学知识的黄金时期，也是培养个性的重要时期。生理的剧变会不可避免地引起心理上的反应。这时，性发育给他们带来的最初的性冲动，如女孩的初潮和男孩的首次遗精，往往使一些缺乏必要性知识的学生产生羞耻感、罪恶感、内疚感、焦虑、烦恼甚至恐慌等情感体验；而体格发育的特点（如过高、过矮、过胖、过瘦）、发育的时间（过早、过晚）也都会引起大学生的一些不良的心理反应。

（三）生理疾病、外伤和中毒等因素的影响

大学生的生理疾病、外伤和中毒等因素，因为可能会给大脑带来伤害或者引起生理变态反应影响神经系统的机能，进而引起各种心理障碍，所以对大学生的心理健康也有不利的影响。

1. 生理疾病

发烧、炎症等都能使脑组织的活动发生变化，对脑的局部或全部机能有破坏作用，从而引起心理疾病；许多病原体都可以产生毒素，这些毒素也能侵犯脑组织而影响脑的机能活动；此外，有些传染病会使身体发生变态反应而影响神经系统的机能，进而引起各种心理障碍。

2. 外伤

当身体受到物理性的伤害（如机械性创伤、电伤、放射性伤害、烫伤、烧伤、冻伤等）后，一方面可能损害中枢神经系统而导致心理障碍的产生，另一方面还可能由于外伤而引起个体强烈的心理应激反应，使心理发生异常。

3. 中毒

导致个体中毒的毒素可能是由体外输入的化学物质，如麻醉剂、兴奋剂、镇静剂及安眠剂等，也可能是某些系统性疾病导致机体产生的异常代谢产物。例如，急慢性肝病会使肝功能严重受损，肝的解毒作用减弱，导致体内血氨含量增高，临床上患者可出现意识障碍、记忆力减退、个性改变等症状；肺功能受损会导致二氧化碳潴留、动脉血氧含量及氧分压降低、二氧化碳分压增高、血pH值下降、大脑缺氧，临床上患者可出现意识模糊等心理障碍。有许多化

学物质都能作用于人的中枢神经系统而改变人的正常心理活动，从而造成心理障碍。在工业化越来越发达的现代社会，各种污染越来越多，毒素已成了影响人心理健康的重要因素。

（四）神经系统和内分泌系统异常因素的影响

人的神经系统包括中枢神经系统和周围神经系统。个体心理障碍的产生与整个神经系统，尤其是大脑有着最为密切的关系，而周围神经系统对人的心理健康也有较大的影响。内分泌功能正常，人的发育就正常；内分泌功能失调，人体就会发生病变，从而直接或间接地影响神经系统，并引起心理活动的异常。例如，甲状腺功能亢进会引起机体新陈代谢速度加快，使患者易激动、紧张、烦躁、多语、失眠等；而甲状腺功能不足又会引起机体新陈代谢速度减慢，使患者智力下降、记忆力减退、联想和言语减少、嗜睡等。又如，肾上腺功能发达的人，情绪易于兴奋、激动；而肾上腺功能不足的人，则易抑郁、疲劳、缺乏学习兴趣等。此外，脑垂体功能发达者，会表现出淡漠无情、注意力易分散、语言迟缓、健忘等症状；而脑垂体功能不足者，则会造成身心发展延缓。近年来，对一些心理健康问题的研究都证明，神经系统和内分泌系统的种种异常因素确实可以影响人们的心理健康。

二、社会因素的影响

大学生是在一定的社会环境中生活成长起来的。因此，一定的社会文化背景、社会经济地位、风俗习惯等因素都对学生的心理健康产生影响。

（一）社会文化背景的影响

不同的社会文化关系（或环境）不仅制约着人的心理异常表现的内容，而且影响到心理异常的表现方式。每个人在家庭、学校中所受的教育，都离不开社会文化因素的影响。在任何时候、任何情境下，作为教育者的父母或教师都是一定文化因素的"负荷者"。社会正是通过他们，把其原则、规范、准则等灌输给每一个新的成员，使每一个新成员形成其理想、信念、世界观、需要、动机、兴趣等心理品质的。因此，社会文化背景对大学生的心理健康的影响是不言而喻的。

（二）社会经济地位的影响

人的心理健康与其社会经济地位有一定关系。生活条件艰苦、物质贫乏的人，其得到的食物营养、关心注意、教育机会及家庭的照顾等相比其他人较少，导致他们在生理成长发育和心理发展方面都受到损害，很容易发生心理健康问题。

（三）社会政治局面的影响

社会政治局面的安定或动荡情况，也是影响人的心理健康的重要因素。不能适应形势变化的人，由于对客观现实的变化不能认识、不能理解、不能接受，因此会感觉自己不能主宰自己的命运，不能与社会沟通，失去了社会的支持，常常觉得茫然或孤立无助，导致情绪上的彷徨、失望、怀疑、忧虑、悲伤、恐惧、愤怒及绝望，等等，对其心理健康发展产生严重的影响，导致心理或生理上的异常表现。

（四）社会意识形态的影响

社会意识形态以社会信息为媒介对人的心理健康产生影响。现在一些不健康的电影、电视、录像、小说、报刊等已侵蚀了许多大学生的心灵，对他们的心理健康发展造成了极大的危害。

（五）社会风气的影响

社会风气作为一种社会心理环境，不可避免会对生活在其中的学生产生影响。例如，现今社会上"走后门""托关系""请客送礼""以权谋私"等已严重污染了大学生的心灵，有的学生甚至因此走上违法犯罪的道路。

三、心理因素的影响

大学生产生心理障碍最直接的原因是心理因素。不了解心理障碍产生的内部机制，就不可能找到大学生心理健康问题产生的原因，就不能"对症下药"，更不能找到防治的具体方法和措施。因此，探讨和研究影响大学生心理健康的心理因素，对于提高学校心理卫生工作的质量具有重要的现实意义。

（一）心理冲突的影响

心理冲突又称动机冲突。动机是直接推动个体进行活动的内部动因或动力。它一经产生，便会引导个体进行实现目标的活动。个体在有目的的活动中常常会同时有一个或数个所追求的目标，同时又有两个以上相互排斥的动机。如果这些并存的目标不能达到或完全达到，动机不能获得满足或不能全部获得满足，就构成了心理冲突。这种使人难以做出抉择、左右为难的矛盾状态，就形成动机冲突的心理状态。

人的动机冲突是非常复杂的。在心理学上一般把动机冲突分为四种类型。

1. 双趋式冲突

个体在有目的的活动中会同时有两个并存的目标，而且两个目标对其具有同样的吸引力或引起同样强度的动机。当个体因实际条件的限制（如时间、空间）而无法同时达到两个目标，即"两者不可兼得"时，就会在心理上产生难以取舍的冲突情境，这便是双趋式冲突。这种冲突在大学生中很常见，如某一学期同时开设了两门选修课，上课时间相同，某学生对这两门课都感兴趣，都十分想学习和了解，但却只能择其一，这时其心理上就会产生双趋式冲突。

2. 双避式冲突

同时有两个可能对个人具有威胁性的事件发生，因为对个体都是不利的，个体对两者都想躲避，但迫于情势，只能躲开一件，而无法避开另一件，在选择接受某一件时，就会产生双避式冲突。例如，既不愿学习，又怕考试不及格，两者都想逃避，但必须选择其中之一，这也是双避式冲突。

3. 趋避式冲突

趋避式冲突是指对于同一个目标，个体同时有趋近与躲避的两种动机，即同一目标，对于个体来说，可能会满足其某种需要，但同时也可能会构成威胁。一个目标对个体形成了既有好的一面，又有坏的一面，既有吸引力又有排斥力的矛盾的心理情境，就是趋避式冲突。这种动机冲突在日常生活中最为普遍，如有的大学生既想参加学校组织的各种活动，又怕耽误学习。人在生活中对任何一件事情做决断时，都要考虑决断后的利害得失。从"利"与"得"方面看，个体会倾向于做出趋近的决定；但从"害"与"失"方面看，个体又倾向于做出躲避的决定，而所谓的利害得失，又没有一个客观标准，只凭主观感受。因此，在这种情况下，个人进行正、反两面的反复考虑时，常常会陷入犹豫不决的困扰情境之中。

4. 双重趋避式冲突

双重趋避式冲突是双趋式冲突与双避式冲突的复合形式，也可能是两种趋避式冲突的复合形式，即现实中两个目标或情境对个体同时具有吸引与排斥的两种力量。例如，在找工作时，可能会遇到一种是物质待遇优厚而社会地位不高的工作，另一种是社会地位高但物质待遇菲薄的工作。这些都是双重趋避式冲突。

在现实生活中，动机的冲突情境不仅是经常出现的，情况也是错综复杂的，而且常常不能轻易地解决。如不能妥善处理、及时解决，就会使个体产生强烈的情绪波动，陷入困惑和苦闷，甚至颓废和绝望之中，并使矛盾冲突加剧而无力自拔，从而给个体的身心健康带来严重的威胁，甚至使个体的精神状态趋于崩溃。

（二）心理挫折的影响

在现实生活中，人人都有抱负，有种种雄心壮志。但是，"人生逆境十之八九"，任何人的一生都不可能是一帆风顺的，人在为实现某种目标而奋斗的过程中，常常会遇到种种障碍，碰到许多困难，使目标不能实现，即受到挫折。而心理挫折可以说是直接导致大学生心理健康问题的内部因素。

个体在遭受挫折后，总要设法将自己因动机不能获得满足而产生的情绪状态表现出来，常见的表现形式有如下几种。

1. 攻击行为

当个体受到挫折后，常常会产生愤怒的情绪，进而出现攻击性行为。

（1）直接攻击

个体受到挫折后把愤怒的情绪和行为直接指向造成挫折的人和物，表现为对人反唇相讥，甚至咒骂、拳脚相加和损物伤人。

（2）转向攻击

转向攻击指不能直接攻击阻碍自己达到目标的对象，而是把攻击行为转向某种代替物。这种攻击往往采取寻找"替罪羊"的形式，或者由于对自己缺乏信心而自卑、悲观，因此把攻击方向转向自身，产生自责、自残行为。

2. 倒退现象

倒退现象指人们在受到挫折后，表现出与自己年龄不相称的幼稚行为来应付挫折情境以满足自己的欲望。例如，有的学生每当学校举行考试时就声称自己头痛或者肚子痛，因为头痛或肚子痛就可以不去参加考试。倒退行为在疑病症中最常见，有人认为疑病症本身就是一种倒退的表现。因为，在他们的意识中，认为有病就可能得到别人的帮助，有病就可以逃离现实。

3. 冷漠

冷漠指个体在挫折情境下持漠不关心与无动于衷的态度。冷漠大多出现在以下情况。①长期遭受挫折。②情况表明已无希望。③情境中包含心理上的恐惧与生理上的痛苦。④个体心理上产生攻击与压抑之间的冲突。

冷漠并不表示个体不愤怒，而是把愤怒压抑罢了。因此，冷漠往往会对个体心理健康产生更为有害的影响。

4. 推诿

推诿指一个人受到挫折后，把自己的不良行为归罪于别人，以此来减轻内心的不安、内疚或焦虑。例如，有的学生考试不合格，就归罪于教师教得不好，试题出得太难太偏或评分不公平，而不承认是自己平时不用心听讲、不充分复习或学习能力差等造成的。推诿是一种有害的受挫后行为反应方式，对人对己都没有好处。惯用这种方式的人，一般人缘较差，难以建立良好的人际关系，也不容易得到别人的谅解，严重的还可能导致人格分裂。

5. 焦虑

焦虑是人在遭受挫折时最普遍的心理反应，是预期要发生不良后果时的一种复杂的情绪状态。焦虑一般会导致心理活动的增加，以至于个体表现出忐忑不安、失眠并伴有头痛；在言语变化方面，焦虑会使个体说话越说越快而不间断，或提高音量，或变得吞吞吐吐、犹豫躲闪，或因选择词汇困难而口吃，或注意力不集中，对简单的问题也难以回答；在举止方面，焦虑会使个体无效操作增加，并出现一些看来很不协调的动作等。如果焦虑持续时间过长，会不可避免地给个体的心理健康带来影响。

6. 逃避

逃避是个体处在挫折或冲突情境中常见的一种行为反应。生活中可以经常看到这样的大学生，一拿起书本就打瞌睡。实质上，他们并非睡眠不足，而是用打瞌睡来作为一种应付挫折或适应困难的方式。因此，有些大学生明知第二天要考试却在晚上复习时打瞌睡，第二天，他（她）又会向别人诉说自己由于睡觉没复习或由于失眠没休息好，以此来推卸考不好的责任。

7. 自我心理防御机制

自我心理防御机制指个体处在挫折与冲突的紧张情境中时，在其内部心理活动中具有的自觉或不自觉地解脱烦恼、减轻内心不安，以恢复情绪的一种适应性倾向。有的人在受到别人欺辱而又无力反抗时，常常自我解嘲说"虎落平阳被犬欺"等话，来解脱现实中所遭到的不安和痛苦而暂时获得安慰，以补偿自己心理上的不平衡。

总之，尽管大学生受挫后的行为反应方式多种多样，但不外乎积极方式和消极方式两类。积极方式，即能正视现实、承认挫折，冷静地分析产生挫折的主客观原因，不断总结经验教训，从而改善行为、提高能力以战胜或减少挫折。消极方式，究其实质都是回避矛盾，掩盖矛盾，从表现上看使心理冲突暂时缓和了下来，但并没有从根本上消除，潜在的冲突必然会逐步积累起来，结果会使人的心理健康问题变得更为严重。

（三）心理压力的影响

心理压力是指受内外环境的强烈影响所产生的情绪上的波动和生理上的变化。一个人长久地承受巨大的心理压力，就会产生各种疾病，从而影响心理的健康发展。当今学生面临着众多的心理压力，如考试、升学、师生关系、同学关系、家庭关系、就业，等等，如果不能合理地释放压力，就会不可避免地对心理发展造成消极影响。

第四节　大学生心理障碍的调适方法

一、精神分析法

精神分析法又称心理分析法，是心理治疗中最主要的一种方法。它主要通过移情分析、自由联想、释梦、分析口误和笔误等方式，深入患者内心世界，发掘患者潜意识中的心理矛盾，揭示病症的无意识动机，启发患者对自我获得重新认识，从而使病症自然消失，达到治疗的目的。

精神分析法是弗洛伊德创建的一种心理治疗方法，主要用于对心理不健康或心理变态的治疗。它是西方心理治疗的一大学派。该学派认为，人的不健康心理主要来自心理的压抑与创伤，尤其是幼年的压抑与创伤，这种压抑与创伤潜伏在潜意识的层面上，在一定的时机就会以象征性的行为形式表现出来，形成心理障碍的症状，而障碍者自己无法觉察出这种症状的根源。心理分析的任务是通过各种方式探明其症状的根源，了解患者病源所在，然后把它们带到意识领域，向患者指明其不适应行为的象征意义及根源，使患者对此有所认识，并在现实的原则下纠正或消除它们，这样就能使患者恢复到正常状态。

精神分析法集多种心理治疗方法于一身，因此它可适用于多种心理病症，尤其对精神分裂症、妄想症、思维障碍、退缩型人格、各种人格障碍等患者有较好的疗效。

二、行为主义方法

行为主义方法也称行为疗法，是以行为主义学习理论为指导，按一定的程序，来消除或纠正人的异常或不良行为的一种心理治疗方法。这种方法认为，个体所有的异常行为或不适应行为，都是个体在其过去的生活经历中通过学习而固定下来的。因此，也就可以设计某些特殊的治疗程序，通过条件反射的方法即学习的方法，来消除或矫正这些异常或不适应行为。行为疗法有许多技术，包括系统脱敏疗法、放松疗法、厌恶疗法、暴露法、自我调整法、行为演练法、行为塑造法等。行为疗法已经在很多领域中得到应用，以帮助人们改正各种问题行为。

（一）系统脱敏疗法

系统脱敏疗法是行为疗法的一种，是由交互抑制发展起来的一种心理治疗方法。在对患者施加焦虑和恐惧刺激的同时，施加一种与焦虑和恐惧相对立的刺激，从而使患者逐渐消除焦虑与恐惧，不再对有害的刺激敏感。采用系统脱敏疗法治疗时需经过以下三个步骤。

1. 建立恐怖或焦虑的等级层次

建立恐怖或焦虑的等级层次是进行系统脱敏疗法的依据和主攻方向。

第一，找出所有使患者感到恐怖或焦虑的事件，并说明他（她）对每一事件感到恐怖或焦虑的主观程度。这种主观程度可用主观感觉尺度来度量。主观焦虑程度一般分为心情平静、轻度恐惧、中度恐惧、高度恐惧、极度恐惧五个等级，每个等级为 0～100 分。

第二，将患者的恐怖或焦虑事件按等级程度由小到大的顺序排列。

2. 进行放松训练

一般需要 6～10 次练习，每次练习时间为半小时，每天 1～2 次，以全身肌肉能够迅速进入松弛状态为合格。

3. 进行分级脱敏练习

在完成以上两项工作之后，即进入分级脱敏练习。脱敏练习需在患者完全放松的状态下进行，一般分为三个步骤。

（1）放松

具体方法参照放松疗法。

（2）想象脱敏训练

由医生口头描述某一等级的刺激物或事件，并要求对方在能清楚地想象此物或此事时伸出一个手指头来表示，然后让患者保持这一想象 30 秒左右，之后反复重复以上过程，直到患者不再对想象感到焦虑或恐惧。想象脱敏训练一般在安静的环境中进行，想象要求生动逼真，像演员一样进入角色，不允许有回避、停止行为产生,一般忍耐1小时左右视为有效。一次想象训练不超过4个等级。若患者在某一级训练中仍出现较强的情绪反应,则应降级重新训练,直至完全适应。

（3）进行实地适应训练

实地适应训练是治疗的关键步骤,其从低级到最高级,逐级训练,以达到心理适应。一般重复多次,直到情绪反应完全消失再进入下一等级。每周治疗1～2次,每次30分钟左右。

系统脱敏疗法是最常用的心理治疗法。它设计合理,疗效好,适用于神经症、焦虑症、恐怖症、自我封闭心理等各类心理障碍。但由于系统脱敏治疗时间长,方法繁杂,因此需要患者高度的配合,否则收不到应有的效果。

（二）放松疗法

放松疗法又称松弛疗法或放松训练。它是一种通过训练有意识地控制自身的心理、生理活动,降低唤醒水平,改善机体紊乱功能的心理治疗方法。

人的各种行为和活动都是在意识的支配下产生的,当人的情绪紧张时,躯体也会产生紧张反应。因此,通过意识控制使肌肉放松,同时间接地放松紧张情绪,从而达到心理放松,以便于治疗疾病。

放松疗法常和系统脱敏疗法结合使用,也可单独使用,它适用于神经症、恐惧症、焦虑症等各种情绪紧张症状,对于身心系统疾病都有较好的疗效。

（三）厌恶疗法

厌恶疗法是把需要消除的行为或症状与某种厌恶性或惩罚性的体验和刺激结合起来,以建立厌恶条件反射,从而消除某种适应不良行为的心理治疗方法。

人的各种不良的、病态的行为,既然可以在心理创伤的体验中,通过条件反射的建立而逐渐形成并固定下来,那么,同样可以在痛苦的反应或惩罚性的体验中,通过厌恶条件反射的建立来抑制和消除。例如,喝酒可作为"提神"的信号刺激建立条件反射导致嗜酒,也可让有酒瘾的人喝酒时口含能引起恶心的药物,使酒成为痛苦体验的信号刺激而建立厌恶条件反射,从而达到戒酒的目的。厌恶疗法通常有以下三种形式。

1. 电击厌恶疗法

将患者的习惯性不良行为反应与电击连在一起,一旦这一行为反应在想象中出现就予以电击。电击一次后休息几分钟,然后进行第二次。每次电击治疗时间为20～30分钟。

2. 药物厌恶疗法

当患者出现病态的行为欲望时，让其服用催吐药，产生呕吐反应，从而促使该行为反应逐渐消失。

3. 想象厌恶疗法

将医生口头描述的某些厌恶情境与患者想象中的刺激联系在一起，从而使患者产生厌恶反应，以达到治疗的目的。

厌恶疗法操作简便，适应性强，主要用于强迫症和种种行为障碍的治疗，如日常生活中想戒烟、戒酒、控制饮食等也可采用此方法。但厌恶疗法实施时会给患者带来极不愉快的体验，因此一般要征得患者的同意后才使用此法。

（四）满灌疗法

满灌疗法是一种把引发患者恐惧反应的某事物或某刺激呈现在其面前，让患者暴露在各种刺激情境中，使其逐渐忍受并适应，从而使恐惧反应逐渐消退的心理治疗方法。

满灌疗法是一种快速脱敏疗法。如果患者配合得好，一般在几天或几周内，最多在两个月内就能取得明显疗效。采用满灌疗法时，治疗一开始就要让患者进入最使他恐惧的情境中，因为对患者的刺激越强、冲击越突然、刺激持续时间越长，患者的情绪反应就越强烈，这样才称为满灌，也才能使患者最焦虑或最恐惧的反应消失。满灌疗法主要适用于恐惧症、焦虑症等。在具体运用中，还应当考虑患者的文化水平、受暗示的程度、病因及身体状况。对于体质虚弱、胆小、有心脏病和高血压的患者，最好不采用此疗法。此外，治疗时需要有医生密切配合，当患者体验到了恐惧反应时，一定要忍耐1～2小时，不许有回避行为，否则会加重病情，导致治疗失败。满灌疗法的实施步骤如下。

①确立引起患者恐怖、焦虑的人、事或物。②向患者解释清楚治疗的意义、目的、方法和注意事项，必要时取得家属的配合。③治疗过程中，坚持做医生留的"家庭作业"，以便巩固疗效。④根据患者情况，医生采用示范疗法，与患者一同进行练习。⑤学会进行放松训练，在做好充分心理准备的情况下进行满灌治疗。

三、患者中心疗法

患者中心疗法是人本主义心理学家罗杰斯创立的一种治疗方法。患者中心疗法对治疗社会性孤独、表达感情有困难及缺乏自尊心的患者效果最佳。

患者中心疗法认为，人类有自我实现的潜能，能够了解自身，使自己的生活态度和行为产生建设性的改变。在与治疗者建立融洽的关系后，患者的这种潜力就能得到释放与发挥。因此，对于不正常的行为，只要患者得到治疗者的鼓励，他们就能发挥出内在的潜力，完全有能力做出合理的选择，使自己恢复正常。患者中心疗法要求治疗者在治疗中像患者的一个有专业知识的朋友一样，与患者建立融洽的关系，使患者感到温暖并产生信任感。治疗者不对患者发出指令，也不控制治疗的程序与内容，只决定治疗时间的长短，并努力创设融洽的环境，使患者感到自由、轻松、安全、无所畏惧，并乐于大胆倾吐。治疗者要完全接受、了解与同情患者，抱着充分理解与宽容的态度，愿意倾听患者的陈述，并不需要去引导患者的讲述，也不需要表达自己的意见。患者在倾吐内心痛苦经验的过程中会恢复正常的自我，从而解决自己的心理问题。总的来说，患者中心疗法主张给予患者充分的时间，让他们以自己的方式来探索其处境，使患者感到自己是独立自主的，而不像在日常生活中总是受他人的评价、拒绝或劝说。这样就可以帮助患者从消极防御的情感中解脱出来，产生健康的认知。

四、森田疗法

森田疗法主要适用于对强迫症、恐惧症、神经症、疑病症等患者的治疗。

日本精神病学家森田认为，神经症的特征是具有内向性和强烈的自我意识，过度追求完美。具有这种特征的人，当他遇到生活环境的改变，甚至很轻微的精神创伤时，会倾向于产生自卑感。这种人竭力追求尽善尽美，但越是追求，就越感到焦虑，最终形成精神交互作用，产生神经症。森田疗法根据神经症产生的规律来引导患者正确认识自我，要求患者对症状有一个正确的认识。首先承认现实，不必强求改变，做到顺其自然反而会不改自变。因为心理学规律表明，注意力越集中，情感就越强烈；顺其自然，不予理睬，强烈的情感反而逐渐消退。当然，在进行森田疗法治疗时，必须使患者认识情感活动的规律，在顺其自然的同时，还要让患者忍受一定的痛苦，即面对现实，不要把症状当作自己身心的异物而任意抵抗、排斥或回避。只有努力去做应该做的事，才能真正从痛苦中解脱出来。

第十二章　高校心理素质教育模式研究

第一节　心理素质概述

一、心理素质的定义

谈到心理素质，先要了解什么是素质。

素质原是生理学的概念，是指个体先天生理解剖的特点，主要指神经系统、脑的特点以及感觉器官和运动器官的特点。现在，它在教育领域被广泛使用；被认为是在先天禀赋基础上，经过与后天环境相互作用而形成的内在的较为稳定的身心组织结构的要素、特征或属性。

什么是心理素质？

对于心理素质的概念，国内学者有许多不同的论述。在诸多论述中，本书更倾向于学者张大均的论述。张大均认为，心理素质是以生理条件为基础的，将外在获得的东西内化成稳定的、基本的、衍生性的并与人的社会适应行为和创造行为密切联系的心理品质。

二、心理素质的结构

对于心理素质的结构，张大均认为，它是由认知品质、个性品质和适应性三个维度构成的。从结构—功能角度看，心理素质是心理和行为的内容要素与功能价值的统一体，其中内容要素包括认知和个性两项基本内容，而功能价值就是以内容要素为基础衍生形成的适应性（或叫适应能力）。具体来说，认知品质表现在人对客观事物如何反映的活动中，直接参与对客观事物认知的具体操作，是心理素质的基本成分。个性品质表现在人如何对待客观事物的活动中，虽然不直接参与对客观事物认知的具体操作，但是对认知操作具有调节机能，是心理素质要素的动力成分。适应性是个体在认知品质和个性品质的基础上，通过与社会生活环境的交互作用，对外进行学习、应对和防御，对内进行控制、理解和调适所表现出来的习惯性行为倾向，是心理素质结构中最具衍生功能的因素。因此，心理素质实质上是一个由认知品质、个性品质和适应性构成的心理品质系统。

三、心理素质与心理健康的关系

心理素质与心理健康究竟是什么关系？

张大均认为，心理素质与心理健康二者的关系是"本"与"标"的关系，即心理素质是心理结构的核心层，是心理活动之本（起支配作用），而心理健康是心理结构的状态层（表层或外显层），是一定心理素质的状态反映。具体来说，心理素质是人稳定的、内在的心理品质，而心理问题则是受心理素质支配的、消极的、负性的心理状态；心理素质水平的高低与心理健康水平的高低有直接的关系，心理健康是心理素质良好的标志之一。在一般情况下，心理素质水平高的人，很少产生心理问题，心理经常处于健康状态；相反，心理素质水平低的人容易产生心理问题，心理易处于不健康状态，良好的心理素质的培育是从根本上解决青少年及大学生心理问题的途径。

我们只有对大学生进行良好的心理素质教育，培养他们良好的心理素质，才能使他们心理健康。

四、心理素质与人的全面发展

心理素质在人的全面发展中起着重要的作用。

（一）心理素质是人的全面发展的基础

首先，人的心理素质影响人的体能。人的身心是一个统一的整体。一个自信、积极乐观、人际关系和谐、意志坚强、热爱生活的人，往往身体健康；而心理不健康，就会影响身体健康。巴甫洛夫曾经说过："一切顽固沉重的忧郁和焦虑，足以给各种疾病大开方便之门。"例如，人长期处于紧张、焦虑、抑郁、悲伤、恐惧、愤怒情绪之下，就会影响食欲，导致身体过胖或过瘦，影响体能，甚至会导致消化系统疾病，如肠炎、胃溃疡的发生。长期的焦虑、愤怒还会使血压升高，心脏受损，导致高血压、心脏病的发生，严重的可能会导致癌症。

心理素质也会影响人的智能的发展。例如，人在高度焦虑时，智能会受到抑制，会出现记忆力下降、反应迟钝，最常见的是考试焦虑时，不能正常发挥自己的智力水平，导致考试失败。

心理素质会影响人的活动能力。一个人的活动能力，即做事能力，是在不断地尝试迎接新挑战、勇于克服困难、突破自我的实践活动中，通过不断地积累经验发展起来的。当一个人缺少自信，不敢尝试做新的事情，缺少克服困难、经受挫折的勇气时，纵使他拥有潜在的智能和体能，也不能在实践中提高自己的能力。当一个人个性孤僻，不能与他人和谐相处时，则会影响各种活动信息的获得，缺少他人的帮助，其结果必定影响其做事的能力和做事的效果。

心理素质也会影响人的道德品质。当一个人过度自我认同，为人处世以自我为中心，不考虑他人的感受和利益时，难以形成良好的道德品质。

因此，心理素质在人的全面素质中具有基础性的作用。

（二）其他素质对心理素质具有促进作用

心理素质影响人的其他素质的发展，即影响人的全面发展，反之，其他素质也能促进心理素质的发展。

当一个人身体强健，充满能量时，往往对自己的身体比较自信，拥有积极的情绪。强健的身体可以帮助个人投入更多的实践活动，使自身从中获得自我价值感，增强自信。

良好的智能，可以使人拥有敏锐的感觉能力和灵活而深刻的思考能力，使人们更好地认识自我、他人与外在世界，拥有较强的适应能力。良好的智能可以使人拥有更好的活动能力，帮助人获取成功，实现自我价值。

人的道德品质也会影响人的心理健康。那些尊重、关心他人的人，总会赢得他人的尊重和喜爱，拥有良好的人际关系，从而也更容易拥有积极乐观的情绪。

五、心理素质教育是现代教育的必然要求

良好的心理素质是大学生成长发展的需要，是培养国家现代化人才的需要，学校应当重视和加强大学生的心理素质教育。

（一）大学生成长发展的需要

大学生的成长发展是伴随着人的身体发育成熟，人的认识、情感、能力和社会性等方面获得完善的过程。

埃里克森认为，人出生后与社会环境接触，并在与环境的互动中成长。一方面由于个体的自我成长需要，他希望从环境中（特别是在人际关系上）获得满足，另一方面又受到社会的限制，他在社会适应上产生一种心理上的困难。

埃里克森称之为发展危机。他认为，人一生随年龄发展经历不同的发展阶段，每个年龄阶段都可能产生不同的心理危机，即遇到不同的社会适应问题。这就需要人们不断地学习，在经验中调适自我，使自己不断地完成每一个阶段的适应任务，从而不断发展。

埃里克森认为人的心理发展有八个阶段。大学生处于人生发展的青年后期和成年早期阶段。大学生在这一时期适应和发展的主要任务是确立一个正确的自我概念，即能够独立地做决定，并能够承担起社会的责任；能够与别人建立亲密的关系，或在其中获得相互的认同。埃里克森认为，发展亲密感，建立良好的社会关系对于个人能否进入社会具有重要的作用。这一阶段心理发展任务的完成，是奠定大学生一生发展的心理基础，因此，学校应当通过心理素质教育，协助他们获得心理的更好发展。

对于大学生的发展，西方学者戚加宁提出了七项任务。

1. 发展能力

在大学期间，大学生可以发展多方面的能力，使他们更有信心来表现这些能力，包括智力、体力、社交及人际交往能力等。

2. 管理情绪

大学生每天面对许多挑战，有些来自学习，如选修科目、考试、写论文，也有些来自人际关系、家庭等方面，从而产生种种不同的情绪，有积极的也有消极的，大学生要充分了解、认识自己的情绪，并以恰当的方式来处理情绪。这对整个人生都有着深远的意义。

3. 从独立自主迈向互相帮助

作为大学生，学习自己独立承担责任是十分重要的。在学习独立的同时也要学习如何互相帮助，如何互相包容，因为每一个行动都会影响自己和他人，在有些情况下个人需要做出牺牲、让步以达成共识。

4. 发展成熟的人际关系

与别人建立关系对大学生的生活有很大的影响，建立良好的人际关系十分重要。一是要容忍和欣赏别人与自己的不同，二是要有能力与别人发展亲密关系。维持这样一种甜蜜、亲切的关系需要自我认识、自信心、支持及沟通等。

5. 确立自己的角色

确立自己的角色对于大学生来说十分重要，它既影响自尊心、自信心的建立，也影响他人对自己的满意及接纳的程度，还会影响自己对自己的评价等。

6. 发展目的

发展目的包括制订计划，确定方向、目标。其包括三个方面，一是职业上的计划及期望，二是培养个人兴趣，三是建立良好的人际关系。人生目标的制定往往与大学生自己的价值观及信念有关。

7. 发展整合

大学生的价值信念是引导他们行为的方向，也是他们为人处世的原则。整合的意思指的是行为与价值一致、顾及别人的利益、尊重别人的意见，同时能够肯定自己的价值观及信念。

联合国教科文组织提出了教育的四大目标，即学会求知，学会做事，学会合作，学会生存与发展。这是对当代大学生的适应和发展提出的任务和要求。

（1）学会求知

求知是一个终生的任务。大学生应当热爱学习，不断用新的知识充实自己，不但学好本专业的知识，而且学习与之相关的各种人文和自然科学知识，拥有跨学科的交融能力，拥有综合分析问题、解决问题和在复杂信息环境下检索和判断的能力，拥有不断创新的能力。学会学习，不仅是为了获得知识本身，重要的是获得一种认识世界的手段和能力。

（2）学会做事

大学生要有敬业精神和社会责任感，要有独立的生活能力、独立选择的能力、独立决断的能力、独立处理问题的能力和应付各种情况和各种环境的能力，能够不断积累做事的相关经验，使工作富有成效。

（3）学会合作

在现代社会中，人与人必须合作。学会与人和谐相处与合作，既是一种人际交往的能力，也是人生成功的一种人际资源。大学生应当尊重他人，能够接纳他人的长处与不足，能够与他人进行良好的沟通，在沟通中建立亲密的合作关系，在相互交流与分享中促进自我和他人的成长与发展。

（4）学会生存与发展

学会生存与发展，也就是要学会做人。适应与发展的目的在于使人日臻完善，使人格成熟，不断增强自主性、判断力和个人的责任感。

大学生要拥有正确的人生观、价值观，拥有明确的伦理道德观念和是非观念，能够遵守社会公德，使自己的各项行为符合新时期大学生的行为规范。

心理素质教育是协助大学生完成以上成长发展任务的需要。

（二）大学生适应现代社会的需要

我国正在经历历史上从未有过的巨大变革，社会竞争日趋激烈，生活节奏日益加快，社会变化多元、复杂，都给现代人适应和发展带来了许多挑战和压力。高科技引发的国家经济结构调整，带来了职业发展上的不平衡，一些新职业兴起，旧职业减少，给大学生就业和择业带来很多压力；知识、学历、能力的竞争使得学历贬值；收入、贫富差距日益拉大，使许多人的内心失去了平衡；市场经济诱发的急功近利，使许多人内心浮躁不安；传统与现代、东方与西方的价值观冲突搞得人们眼花缭乱、无所适从；竞争压力下人际关系的日趋紧张和淡漠，使人们普遍感觉到内心的孤独和寂寞。人们的社会适应问题比以往任何时候都突出。现代社会压力增大，人们的心理问题增多。压力即动力，挑战也是机遇。现代社会发展提出了一些新问题，如何才能拥有充分的自信和顽强的意志品质，以承受竞争的压力和迎接高科技发展带来的挑战？如何才能拥有敏锐的感受力和预见能力，善于捕捉有利于发展的新信息？如何才能有果敢的选择和判断能力，善于把握发展的机遇？如何才能拥有不断创新的能力，在社会的飞速变化中不断实现自我的价值？

处在人生发展的转折时期的大学生，面对社会的迅速变革，必然会承受来自学习、人际交往、求职择业、事业发展、恋爱婚姻等各方面的巨大压力。大学生想要战胜压力，在社会上有很好的适应和发展，就必须具备自信、乐观、创新、合作、进取等良好的心理品质。学校培养的人才必须拥有在现代社会中生存和发展的能力，这就需要加强心理健康教育。

（三）培养国家现代化人才素质的需要

美国著名的社会学家英格尔斯认为，在国家现代化的进程当中，人是最重要的因素。他认为，如果一个国家的人民缺乏一种赋予这种制度以真实生命力的广泛的现代心理基础，如果执行和运用这些现代化制度的人自己还没有从心理、思想、态度和行为方式上经历一个现代化的转变，失败和畸形发展的悲剧是不可避免的，再完美的现代制度和管理方法，再先进的科学技术也会在传统人的手里变成一堆废纸。在以英格尔斯为代表的现代化研究者的倡导下，国内外很多学者都把现代化定义为一种与人密切相关的心理态度、价值观和生活方式的改变过程。学者一致认为，人的现代化是整个国家现代化的核心和基础。一个国家只有实现人的现代化、实现人的素质的全面提高，使人从心理和行为上都转变为现代化的人，这个国家才能真正实现现代化。人的健全人格的培养，犹如一座大厦的基石，只有坚硬的基石才能托起高耸的大厦，而人们却往往只向往大厦的雄姿，忽略了埋在地下的基石。我们在看到现代化的时候，不要只看到现代化的物质外壳，而忽视了现代化的人，忽视了对人的健全人格的培养。在我们国家推进现代化建设的过程中，一些地区出现了只重视经济发展，忽视人的整体素质提高的现象，出现了贪污腐败、弄虚作假、自私自利、违法违纪、道德蜕化等问题。这些问题不解决，不但会影响我国现代化的进程，甚至还会将已经取得的社会主义现代化的成果毁于一旦。大学生是国家的栋梁，是国家的未来，是先进道德、精神文明的体现者和传播者，我们要建设一个现代化的强国，必须培养他们良好的心理素质。

第二节 高校心理素质教育模式的内容

一、目标

（一）高校心理素质教育的目标

高校心理素质教育的目标是以教育和发展为主，增强全体学生的自信，开发学生的潜能，提升学生的适应发展能力，提高学生的心理素质。

（二）目标的积极性

高校心理素质教育的目标以教育和发展为主，具有积极心理学的特征。首先，从人的发展来看，人的本质是积极的，每一个学生都有发展自己的愿望，都希望自己的身心健康发展。考入大学这一件事本身，就表明学生希望自己获得更高层次的教育，让自己可以全面地发展，以在未来的职业发展中实现自身的价值，因此，发展性的心理素质教育目标符合人性的本质，符合大学生的内在需要。其次，大学生在成长的过程中会遇到很多困惑，如自我意识的困惑、人际交往的困惑、学业上的困惑、恋爱中的困惑、就业择业上的困惑等，这些困惑都是暂时的。透过这些困惑，我们看到他们渴望成长发展，追求自我价值的实现。而且，处在大学阶段的青年，从心理发展规律来说，正是发展自我认同的阶段，一方面，他们心理趋于成熟，另一方面，他们还没有走向社会，还缺少社会的磨炼，缺乏社会经验，情绪还不够稳定，当遇到外界的种种压力时，容易产生困惑。因此，大学生的心理困惑是成长中的困惑，是发展中的困惑。这些心理困惑不能完全等同于心理障碍和心理疾病。著名心理学家萨提亚说："问题本身不是问题，如何应对才是问题。"因此，高校的心理素质教育是帮助学生开发自己的潜能，增强适应发展能力，走出困惑，实现成长。最后，高校的心理素质教育是面向全体学生的教育。纵然，我们也要帮助少数学生克服心理障碍，干预心理危机，但是，我们的教育对象是全体学生，目标是提高全体学生的心理素质。当学生整体的心理素质提高了，出现心理问题的学生会越来越少。因此，高校心理素质教育的原则是面向整体、兼顾个别。

（三）目标的独特性

高校心理素质教育不同于医院的心理治疗。医院的心理治疗对象是有心理障碍和心理疾病的病人，他们的治疗方式是生物医学模式，关注的是病症，往往要依靠药物治疗。高校的心理素质教育也不等同于社会上的心理咨询。社会上的心理咨询只是关注人们的心理问题，帮助方式主要是心理咨询。而高校心理素质教育的对象是广大心理发展正常的学生，教育的方式是全面的，包括心理健康课程的教学、心理素质教育的宣传、心理咨询、心理危机干预和心理素质教育的科学研究。

（四）目标的主动性

高校心理素质教育的目标是主动为学生提供教育，使学生学会运用心理学的理念和方法，调整自己的心理，保证自身的心理健康，这样就可以起到我国中医理论所说的"治未病"的作用，而不是被动地等待学生有了心理问题才为其提供心理帮助。因此，我国高校的心理素质教育符合我国传统文化的要求，优于国外一些高校的被动式心理咨询服务。

以这一目标为指导，我国高校心理素质教育的教师在实践探索中创建了一套教学与教育、咨询、科研"四结合"的心理素质教育模式。这套工作模式，将各种有利于学生心理发展的教育因素整合在一起，不仅符合学生的心理发展规律，符合高校心理素质教育实践的要求，而且相比国外，也具有本土化的价值。

二、"四结合"心理素质教育模式的内容

"四结合"心理素质教育模式的内容包括心理素质教育课程的教学、心理咨询、心理素质教育活动和心理素质教育的科学研究四个方面。这四个方面相互结合、相互渗透，共同统一于大学生的心理素质教育当中。课堂教学中心理知识的系统学习和心理体验，增强了学生的心理健康意识，使学生能自觉关注个人的心理发展，主动寻求心理咨询；心理咨询中发现的共性问题成为心理素质教育课程的重点，心理咨询中的具体个案为教学提供了丰富的资料；课外的心理素质教育活动拓展了课堂教育的内容，培养了一大批学生心理社团的骨干，推动了全校心理素质教育活动的开展；心理素质教育课程的教学、心理咨询及

心理素质教育活动的开展，为科学研究提供了丰富的实践资料；科学研究的理论成果，又深化了心理素质教育。

（一）开设心理素质教育课程

为了帮助学生运用心理学的知识调整自己的心理，高校陆续开设了大学生心理健康公共选修课和大学生心理健康必修课程，并在此基础上不断拓展课程内容。一些学校开设了"性心理与人格发展""大学生的人际交往""大学生职业生涯发展规划"等课程，通过教学这一主渠道培养学生的心理素质。"大学生心理健康"课程不同于传统的知识教育课程，它具有以下特点。

1. 内容体系

以素质培养为重点。从学生的实际需要出发，即以大学生心理成长发展中的常见问题设计课程内容体系，而不是以理论知识本身的逻辑体系来设计。例如"大学生心理健康"课的内容为"大学生的自我意识""大学生的人际交往""大学生的情绪管理""大学生的性心理""大学生的恋爱心理"等。从实际问题出发，选取与此相关的理论知识内容。课程内容贴近学生实际，因此他们爱学，学了就能用。

2. 教学形式

多重体验互动式教学方法。为了发挥学生在教学中的主体作用，调动他们自主学习的积极性，使心理健康知识转化为学生内在的素质，采用多重互动式的教学方法，把学生在课堂中的互动体验和知识讲授有机结合，让学生在做中学，在学中做，在参与中体验，在体验中领悟，在领悟中理解，在理解后内化，在内化后转变为自己的行动。教师探索了多种互动体验方式，如案例分析、互动游戏、角色扮演、心理剧等，这些互动体验活动配合课程的理论教学，使学生更有兴趣，参与积极性更高，加深了对理论的理解，学会了心理自助与助人的方法，获得了心灵启迪，提高了心理素质。

（二）开展心理咨询

心理咨询的专业性、保密性，对帮助学生深入认识自我，解决他们成长发展中的学习、交往、择业等心理困扰具有独特的作用。在心理咨询中发现的学生心理上存在的共性问题，是心理素质教育课的教学重点。高校心理咨询注重积极心理取向心理咨询。积极取向心理咨询的特点是协助学生认识并开发个人潜能，让学生运用自己的积极资源，自己解决心理困惑，获得自我成长。积极取向心理咨询符合高校心理素质教育的整体发展性目标。

1. 注重规范性

我们要吸收国外的先进经验，结合本国的实践经验，制定一套既达到国际水准又符合我国高校特点的科学规范的管理制度。其中包括心理咨询的原则、工作规程、心理咨询员的职能与要求、来访者预约咨询程序及注意事项、危机干预办法及规程、心理测试评估工作、专业督导制度等，以使心理咨询获得科学化的发展。

2. 注重专业性

高校专职心理咨询教师要有健康的人格特质，要有专业的资质，至少具备心理学专业的硕士以上学历，并不断接受专业的培训和督导，提高心理咨询的专业能力和专业水平，以期更好地为学生提供高质量的心理咨询服务。高校心理咨询也可聘用受过严格专业训练的兼职心理咨询师，但要确保他们具有合格心理咨询师的专业资质。

3. 注重个体性和团体性

在做好个别咨询的同时，积极开展团体咨询与团体辅导。团体辅导活动方式新颖，参加人数相对个别咨询较多，符合大学生的心理发展需要。

（三）开展多种心理素质教育活动

心理素质教育活动，不受时间、空间的限制，形式多样，是对大学生进行心理素质教育的重要渠道，也是广受大学生欢迎的教育方式，对学生的心理健康发展起到重要的作用。高校心理素质教育的活动有很多，如利用校报、校刊等媒体，广泛宣传普及心理健康知识；举办心理健康知识展览、专家讲座、心理沙龙、现场心理测验、现场心理咨询、团体训练、征文比赛等活动。

学生朋辈辅导是高校大学生心理素质教育的重要力量。学生社团、学生助理心理员、班级心理委员、宿舍长等学生骨干经过专业的培训，在大学生心理素质教育中发挥了自助助人的作用。

（四）开展科学研究

结合心理素质教育的实践，开展大学生心理素质教育的科学研究。例如，开展大学生心理健康状况的调查，探讨大学生心理发展的规律，总结教学、教育、咨询的实践经验，将其升华为自觉的理性认识。这些都能将丰富的实践经验转化为科学的理论，起到创新心理素质教育理论的作用，同时，用这些理论去指导实践活动，可以进一步深化心理素质教育。

第三节 高校心理素质教育模式构建的原则与方法

一种教育模式构建依据什么原则，遵循什么样的方法论，决定了这种教育模式能否实现教育的目标。

一、高校心理素质教育模式构建的原则

高校心理素质教育模式构建要遵循主体性、整体性、发展性和系统性四个原则。

（一）主体性原则

高校心理素质教育必须坚持以学生为主体的原则。主体性在这里包含三层意思。

第一，学生是心理健康教育过程中的主体，是具有自我意识的人，而非被动接受教育的客体。心理素质教育过程是把心理健康的理论、方法，转化为学生主体内部的心理品质的过程，这也就是内化的过程。如果没有内化的过程，再好的教育内容只是外在的存在，或是教育者的一厢情愿。在以往的思想政治教育中，存在着教育者视自己为教育的主体，学生为教育的客体的现象。上课时，教师不管学生是否爱听，只要自己按照讲义讲完了，就算完成了任务；在教育活动中，不管学生是否喜欢，教师只要自己举办了活动，就是进行了思想政治教育。对于这种情况，学生常常戏称"你们自己'玩'吧，我们不跟你们'玩'"。心理素质教育，是让学生心理内化的过程，必须摒弃那种以教师为主体，以学生为客体的教育观念，要牢牢确立以学生为主体的思想。

第二，要尊重学生的主体性。尊重学生的主体性，每一个学生都是独特的生命个体，要尊重每个学生的价值。由于每个学生各自先天的遗传和后天的生活背景、成长经历不同，每个人的性格都有其独特性。因此，我们在进行心理素质教育时，既要考虑他们的共性，又要考虑他们各自的差异，尊重他们的独特性。要努力做到兼顾共性和个性，而不是采用整齐划一的教育方式。尊重学生的主体性，还意味着教育者要保持一种开放的心态，多倾听学生的意见，不把自己的主观意愿强加给学生。

第三，要发挥学生的主体作用。要信任学生，相信他们有自我成长的能力，有创造力，要发挥他们自身的积极性。无论在心理健康教育的课堂互动中，还是在心理健康教育的各项活动中，我们常常看到学生惊人的领悟力和创造力。在心理咨询当中，我们也常常看到来访学生具有自我转化能力。因此，我们要

充分发挥学生的主体作用，调动学生的积极性。

尊重学生的主体性，发挥学生的积极性，并不意味着放任自流，也不意味着削弱教师的引导作用。相反，发挥学生的主体性，对教师的要求更高。要求教师激发学生的内在需求，研究学生的心理机制，调动学生自我教育的主动性和积极性。

（二）整体性原则

高校的心理素质教育针对的是全体学生。有些高校领导认为，有心理问题的学生毕竟是少数，因此不必那么重视，也没有必要让全校师生都来参与。对这个问题的认识涉及学校的培养目标，涉及是否需要心理素质教育的问题。

我们在前文已经阐述了高校的培养目标是让每一个学生都成为全面发展的人，那么，就意味着让每一个学生都成为心理健康的人。因此，心理素质教育是为了全体学生的健康发展，而不仅仅是为了少数有心理问题的学生。有心理问题的学生我们固然要格外关心和关注，帮助他们身心健康发展，但是，这并不是我们工作的全部。让每一个学生心中充满阳光，让每一个学生心理健康，是学校教育的职责，是学校心理素质教育的目标。正因为如此，我们要全方位地开展心理素质教育，即要进行包括心理健康课程建设、心理健康教育活动、心理咨询等在内的各种教育。我们只有着力于服务全体学生，对广大大学生进行心理素质教育，才能使学生拥有心理健康的理念，学会心理调解的方法，提高心理健康水平，有效地预防心理障碍和心理疾病的发生。否则，不但影响教育目标的实现，而且会使有心理问题的学生数量逐渐增加，影响学生的健康发展。

（三）发展性原则

高校的心理素质教育是以促进学生心理健康的发展为目标，以积极心理学为指导，以发展为取向的心理教育。然而，由于我国的心理素质教育起步较晚，在发展过程中受到西方生物医学模式心理治疗观的影响，一些学校的心理素质教育关注的是学生在学习生活中产生的问题和困惑，认为心理素质教育的主要内容就是解决心理问题。在这种消极心理学模式下，高校心理素质教育存在着以解决学生的心理问题为目标取向，将心理素质教育的内容放在针对那些行为失调、适应困难的个体心理咨询上，而对大学生群体的积极心理品质的发展性教育引导不够，对学生积极的心理体验和积极心理潜能的开发不够的问题。

这种生物医学模式的心理素质教育在现实性上不符合大学生的心理发展规律。因为，从大学生整体来看，绝大多数学生的心理是健康的。大学生出现的恋爱冲突、就业心理冲突等，都是他们在成长发展中不可避免的矛盾，是他们成长过程中必然遇到的困惑。对于这些问题，我们不能停留在被动地等待学生来寻求心理咨询上，而是应当通过全方位的教育、咨询，提升他们的自信，开发他们的心理潜能，促进他们的自我成长。

从理论上来讲，随着人类对自身认识的深入，人们更倾向于从积极的视角认识人性，从发展的取向促进人们的心理发展。因此，积极心理学成为当代心理学的最新发展趋势，它挑战了心理学界几百年来以研究心理疾病为主的思潮，倡导从积极的视野，以积极的心态重新解读心理现象，关注人类的健康、幸福与发展；关注人的潜力与创造力的发挥，帮助人们寻求和掌握获得幸福生活的方法与途径。积极心理学也研究心理问题和疾病，它对心理疾病的治疗和预防有独到的见解，它更注重研究人性中的优点与价值，并采取更加科学的方法来挖掘人自身的潜质，增强人们的自信心，坚定人们生活的信念，帮助人们过健康的生活。在预防方面，积极心理学提出了积极预防的思想。它认为单纯地关注个体身上的弱点和缺陷不能产生有效的预防效果，而应通过发掘处于困境中的人的自身的力量，系统地塑造各项能力，并培养出美好的品质，这样，才能进行有效的预防。

积极心理学的思想与高校培养目标是一致的。当前高校心理素质教育应以积极心理学为指导，确定一个发展性的目标，培养学生自尊自信的自我形象、积极乐观的情绪情感、和谐友善的人际关系、成熟完善的人格，努力创造有利于其心理成长的环境，使个体最大化地发挥出潜能，促进自我关爱、自我成长。

（四）系统性原则

大学生心理素质教育是一项系统工程。大学生心理健康课程的教学、心理咨询、心理素质教育活动、科学研究几个方面相互结合、相互渗透。课堂教学中心理知识的系统学习和心理体验，使大学生能自觉关注个人的心理发展，运用心理调解的理论和方法增进心理健康，减少心理问题的发生，而且课程教学增强了大学生的心理健康意识，他们也会主动寻求心理咨询；心理咨询中发现的学生的共性问题成为心理健康课程和心理素质教育的重点，心理咨询中的案例为教学提供了大量的资料，使课堂教学更具针对性；校园内外开展的心理素质教育活动拓展了课堂教育的内容，也为课堂教学提供了广阔的实践平台；大学生心理健康的课程教学，心理健康教育活动的广泛开展，心理咨询的有效进行，提升了学生的心理素质，使学生拥有积极乐观的人生态度，有效地预防了心理危机；而心理危机预防干预工作的深入开展，更能增强大学生的心理健康意识，使学生更自觉地参与到各项教育、教学、咨询活动之中。

大学生心理素质教育的各项工作组合为一个有机联系的整体，而且课程教学、教育活动、心理咨询、科学研究各项工作本身有其内在的规律性，每项工作的内在因素，各项工作的配合，都是彼此联系的。因此只有精心设计、认真扎实地做好每一项工作，并兼顾彼此之间的关系，才能搞好心理素质教育。

二、高校心理素质教育模式构建的方法论

大学生心理素质教育的目的是促进学生心理的成长与发展，因此在方法论上必须符合大学生的心理发展规律和特点，因此心理素质教育的方法论主要有互动、体验、实践。

（一）互动

所谓互动，是基于对教与学关系的审视和思考，以建构主义和认知学习理论为基础而建立起来的教育方法。互动式教育方式与传统式教育相比，在于互动，强调师生双方主动参与。在传统的教学中，强调教师的教，教师是主动的传授者，学生是被动的接受者。而在互动式教育中，学生从单纯接受者的角色转变为学习过程的主体，从"要我学"到"我要学"，从接受式学习改变为发现式学习、探究式学习，激发学生的创新欲望，培养学生产生新认识、新思想的能力。因此，在教育、咨询等活动中师生双方都是有意识的、能动的交换或传递者，都以积极主动的状态参与活动。

相对于传统灌输式教学，互动式教育的主要特征在于教学过程中的"沟通"与"对话"，强调师生及学生互相之间平等地开展讨论和交流，在交互、反馈和融合中，使教育过程成为一个协调的整体。互动式教育是对话的过程，是理解的过程，是创新能力形成的过程。

互动式的教育，强调"动"，即要有师生共同参与的教育活动，在活动中达到手动、脑动、情动，使学生体悟、理解和内化所学的理论，在实践活动中去应用，达到理论与实际的结合，提高理论认识和实践相结合的能力。

"动"，就要创设多种教育情境。例如在教学活动中设置师生角色互换、情景模拟、小组讨论、案例分析、游戏活动、课外实践等，在教育活动中设置心理情景剧的自编自演、心理电影赏析、心理沙龙等。这种互动能够促进学生理论和实践的有效结合，激发学生的创新精神。相对于传统的教育来讲，互动式教育是多种构成因素的多元互动，它包括教师与学生之间的互动、学生与学生之间的互动、人与情境的互动等。这彼此的多元互动，使师生获得了多方面的信息，相互教育、相互触动、相互启发、相互学习，从而获得个人能力的提升。

（二）体验

大学生心理素质教育的各项内容都要坚持体验式的教育方法。体验式的教育方法与传统的说教方法不同，它强调学生在体验中学习。

体验式学习，即从个人经验中感悟和理解，它既是学习过程，又是学习的结果。体验中的"体"，是强调运用我们的大脑、眼耳鼻舌等身体的各部分，参与学习过程。通过身体的感官获得充分的"亲身体验"，然后再上升为理性知识。体验式学习的"验"，指经验，既包括经验的过程又包括获得的结果。

体验式学习重视让学生亲历，让学生在参与中去经历、去接触，产生即时的感受，在此基础上，再去思考、理解、运用，这是自主的学习、内化的学习，而非像旁观者那样机械地记忆。

体验式学习注重感受，激发情感。传统教育教学中，主要是大脑的认知教育，所调动的主要是大脑左半球的逻辑认知活动，体验式学习是让学生先感受而后用语言表达，或边感受边促使内部语言的积极活动，激发学生的情感，以此推动学生认知活动的进行。这样就调动了大脑右脑和左脑协同工作，大大挖掘了大脑的潜在能量，使学生在轻松愉快的气氛中学习。

体验式学习注重团体合作分享。在团体的讨论分享中，每个人走出自己封闭的思维空间，接收团体成员多方面的信息，对自我进行反思与完善，获得自我成长，同时也向团体贡献自己的力量，促进他人的改变与团队的成长。这不仅仅是一个学习知识的过程，更是一个迈向成熟的过程。

体验式学习注重师生共同成长。在体验式学习中，师生是共同的参与者。学生在体验学习中的感悟与思考不仅使学生自身获得了新的学习，还使教师受到了启发，丰富了教师原有的认识和教育资源。体验式学习是师生共同成长的学习过程。

（三）实践

大学生心理素质教育的最终目的在于转化学生的自我心理适应、自我发展能力。而能力的培养，只有经过实践，才能转化为个人的自觉行动。因此在心理生态环境建设的各项工作中，都要安排实践环节，都要让学生"在学中做，在做中学"，在实践中把所学的心理学调解的理论和方法应用于实践，学会自助——解决自己的心理困惑，提高自己的心理素质，学会助人——帮助周围的同学或其他需要帮助的人，给别人带来快乐。在心理健康课上，教师应创设情境，进行训练，如宿舍人际冲突的解决，提升学生处理人际冲突的能力；课下布置实践作业，让学生参与班级团体辅导等活动，让学生在实践中深化对课上所学知识的理解和运用。

第四节 心理素质教育与思想政治教育

在我国，心理素质教育和思想政治教育是高校培养大学生整体素质的两项重要工作，二者有着密不可分的联系，将心理素质教育与思想政治教育有机结合，既可以提升心理素质教育的效果，也能使思想政治教育开展得更加深入。

一、二者的相同点与不同点

心理素质教育与思想政治教育都是教育整体中有机的组成部分，二者在总的目标上是一致的，都是促进大学生的全面发展和健康成长，都是为了培养高素质的人才，使大学生成为社会主义的合格建设者和可靠接班人。现代观点认为，"全面发展的人"不仅仅是指有知识、有能力的人，还必须是有社会责任感和历史使命感、有良好心理素养和适应能力及健全人格的人。这是心理素质教育的终极目标，也是思想政治教育的最终目标。但是，心理素质教育和思想政治教育是从不同的侧面来影响人的全面发展的。二者在具体的教育目标、学科体系和教育内容上又有许多不同。

心理素质教育重点关注的是在心理层面个体的成长与潜能开发、人格的发展和完善；主要是帮助学生认识自己，认识自己与社会的关系，发挥个人的潜能，更好地适应学校、家庭和社会。心理素质教育侧重于对学生个体良好心理素质的培养，其功能更多地体现在学生心理健康的发展性、预防性和矫正性上。心理素质教育的内容包括对学生进行心理指导、智力训练、情感教育、意志教育及人际关系指导，包括各种心理问题的咨询，如学习、生活、工作、恋爱，等等；还包括各种心理危机干预。心理素质教育解决的是心理健康发展问题，以健全受教育者的心智为宗旨。它只存在健康与否、正常与否的问题，不存在对与错、是与非的道德评价问题。

思想政治教育重点关注个体的思想层面，帮助学生树立科学的世界观、人生观和价值观，逐步提高大学生的思想政治素质。思想政治教育是教育者根据一定的社会要求和受教育者的个体需要及身心发展的特点和规律，有目的、有计划、系统地对受教育者施加影响，并通过受教育者积极主动地内化与外化，逐步提高思想政治素质的过程。思想政治教育的内容包括对学生进行马克思主义、毛泽东思想和中国特色社会主义理论教育，使学生拥有坚定的理想信念和良好的道德规范，确立科学的世界观、人生观、价值观。思想政治教育最鲜明的特点是具有阶级性和时代性，具有鲜明的价值取向和道德评价标准。

二、相辅相成

心理素质教育与思想政治教育的相辅相成是由心理素质和思想政治素质之间的关系决定的。首先，心理素质是思想政治素质的基础。因为心理素质是在先天的生理基础上形成的，是先天和后天的"合金"，相对比较稳固，而思想政治素质是后天培养的，要使思想政治素质稳固，就应当以心理素质为基础。其次，心理素质和思想政治素质相互渗透，即心理素质渗透在思想政治素质当中，思想政治素质中又含有心理素质。学生在接受思想政治教育时离不开他们的知、情、意，而思想政治教育也会促进他们知、情、意的发展。

心理素质和思想政治素质之间的关系决定了心理素质教育和思想政治教育在其内容上相互联系、相辅相成。高校在对学生进行思想政治教育时，要研究学生的心理发展特点和规律，激发学生的情感，由情感体验到认知内化，再转化为良好的行为表现，使他们成为有正确的理想信念和正确思想认识的人。而心理素质教育中也必然包括理想、信念、价值观的引导，因为每个人深层的心理都是在探寻"我是谁""我活着的意义是什么""我有无价值"。这些人生的信念、价值观问题与思想政治教育的内容是一致的，只不过教育的途径和方法不同罢了。从现实层面来看，在实践过程中，学生表现出的思想认识问题往往源于内在的心理，本质上是心理问题；有些表面上是心理问题，实际上是思想认识的问题；还有些问题往往既有内在的心理原因又有思想原因。因此，心理素质教育与思想政治教育紧密相连，在解决问题时，需要把两者结合起来，多角度分析和解决实践中遇到的问题，增强解决问题的针对性和实效性。心理素质教育与思想政治教育在解决问题上的交互作用也体现了两者在作用和效果上的相互促进，提高学生的心理健康水平，有助于思想政治教育的落实，而学生正确的世界观、人生观的确立也可以促进心理素质教育的开展。

心理素质教育与思想政治教育在教育途径上是相通的。二者都要通过课程、集体活动、课外实践活动、家长配合等来实施。学生的某些心理问题只依靠心理素质教育是无法彻底解决的，还需要借助思想政治教育。学生的某些思想问题光靠思想政治教育也无法彻底解决，还必须依靠心理素质教育来协助解决。心理素质教育与思想政治教育之间的关系是相互制约、相互促进的，因此，它们两者不可能完全分割开来。在具体的实施方法上可以互相借鉴，各展其长，相互配合，共同为培养学生成为具有良好思想品德和健全人格的人而努力。应该明确的是，思想政治教育与心理素质教育在不少方面存在相似及关联之处，并常常在实际教育工作中互相渗透、交织融合。因此，我们"不能用思想政治教育来代替心理素质教育,也不能用心理素质教育来取代思想政治教育"。高校心理素质教育的主要内容包括向大学生普及心理科学知识,对其进行自我认知教育、情绪稳定教育、意志品质教育、个性健全教育、人际交往教育、积极适应教育。在大学生的生活和学习中,通常会把心理问题和思想问题混合在一起,因此高校必须将思想政治教育和心理素质教育联合起来解决大学生的综合问题。很多学生在形成心理问题之前,往往是因为缺乏正确的世界观、人生观和道德观的积极引领。比如有些学生通常以自我为中心,从而不利于良好人际关系的有效构建,还有些大学生对人生的奋斗目标没有规划或者就没有具体的奋斗目标,从而陷入抑郁的状态等。因此,只有把思想政治教育和心理素质教育结合起来进行考虑,才能有效地解决问题。

三、相互结合

由于我国高校思想政治教育开展的时间比心理素质教育开展的时间长,积累了许多丰富的实践经验,又由于心理素质教育和思想政治教育之间有着许多相关性,因此,我国高校开展心理素质教育,可以汲取思想政治教育的成功经验,使心理素质教育和思想政治教育有机结合,共同促进大学生的健康发展。

第一,科学地认识心理素质教育的重要性和必要性是搞好心理素质教育的重要前提,在认识上存在误区则会严重影响心理素质教育在我国高校的深入开展。高校应该把大学生的心理素质教育纳入高校素质教育,加强人文关怀和心理疏导,引导学生正确对待自己、他人和社会,正确对待困难、挫折和荣誉。

第二,加强目标的相互渗透。高校心理素质教育与思想政治教育虽有一致的根本目标,但在具体目标上各有侧重。目标是行为的方向,要实现高校心理素质教育与思想政治教育的整合,首先要加强两者目标上的相互渗透。学生的思想对行为有指导作用,科学的世界观、人生观和价值观对大学生健康心理的形成和发展有重要的作用。科学的世界观、人生观和价值观是大学生心理健康发展的重要条件,学生的世界观、人生观和价值观指导着个体的行为。因此,在心理素质教育过程中应注意培养学生正确的世界观、人生观和价值观,在思想政治教育过程中同时注意培养学生良好的个性特征和坚强的意志等。

第三,整合有效的教育形式。从教育方法上说,心理素质教育与思想政治教育在手段上有共同之处,应在共同的基础上充分发挥二者的优势。在实施的过程中注重方式的相互渗透和有机整合。心理素质教育在注重个体教育的同时,也要选择恰当的时期进行心理健康知识的普及教育。在心理素质教育过程中也可引用思想政治教育的一些方法,来提高心理素质教育的实效性。

大学生思想政治教育的方式有课堂教学、宣传教育等，心理素质教育的方式有课堂教育和个别咨询等，要加强两者的整合，除了在课堂教学过程中相互渗透外，也可以将以下几个方面相互整合。

1. 在素质教育过程中用思想政治教育的宣传方式，加强心理素质教育的宣传

宣传教育是思想政治教育的常用形式，在心理素质教育中引用宣传教育形式，开展心理健康知识的宣传，有利于强化学生的心理健康意识，提高学生的自我认识，弥补心理素质教育中的不足，扩大心理素质教育的范围。例如，可运用专题讲座、宣传橱窗、报刊、广播和网络等，针对特定时期大学生的心理问题、心理现象进行分析，提出解答方案。另外，也可通过校园报刊、校园网络等宣传教育的形式加强宣传，提高学生的心理健康意识和保健意识。

2. 通过校园文化建设加强心理素质教育和思想政治教育的整合

积极、健康的校园文化，对于促进大学生心理的健康发展和情操的陶冶、良好思想品质的形成有重要作用。在校园文化建设过程中，重视心理素质教育与思想政治教育的共同作用，有利于形成积极、健康的校园文化；同时，积极、健康的校园文化的形成将促进心理素质教育与思想政治教育的有效整合。

3. 通过网络教育形式促进心理素质教育与思想政治教育的整合

网络的产生和发展促进了社会的发展，同时也会对学生产生一些负面影响，相应地出现了一些心理和思想方面的问题。运用网络教育形式开展心理素质教育和思想政治教育的必要性越来越突出。教师应充分利用网络与学生进行交流，了解学生的思想和心理状况，积极引导，实现思想政治教育与心理素质教育的紧密结合，促进大学生健康成长。

第五节　构建高校心理素质教育模式的策略

（一）领导重视

培养学生良好的心理素质是学校培养现代化人才目标的要求，是学生成才发展的需要。因此，高校领导应当进一步提高认识，切实加强大学生的心理健康教育，重视心理素质教育工作，完善工作机制，各部门之间形成合力，将提升大学生心理素质的工作落到实处。

1. 完善心理素质教育工作领导机构

学校领导要高度重视大学生的心理素质教育工作，成立以校党委书记为组长，以相关职能部门负责人、院系党政领导、有关专家为成员的心理健康教育工作领导小组，加强领导小组对心理素质教育工作的领导。

完善院系心理素质教育工作领导机构，成立院系心理素质教育工作领导小组。院系党政领导要重视心理素质教育工作，定期研究学生的心理健康状况，并长期有效地开展心理健康教育活动，为院系心理健康教育提供支持和保障。

2. 重视制度建设

制度建设是心理素质教育实施的制度保障。学校领导要建立和完善相应的制度，如心理素质教育工作的规章制度、师资队伍建设制度、危机预防及干预制度等，将心理健康教育工作纳入学校日常工作中去，使学校的心理素质教育规范化、制度化。通过制度的有效实施，加强心理健康课程建设，为担任心理健康课程的专兼职教师提供良好的政策支持；加强心理危机的筛查、危机预防及干预工作，重视对院系教师进行心理危机培训，注重发挥全体教师在心理危机干预及预防中的作用等。通过建立与完善相应的制度，及时了解学生的心理健康状况，了解各院系的心理健康教育工作效果，为做好心理健康教育工作提供制度保障。

3. 加强对心理素质教育的督导评估

为了更好地落实心理素质教育工作，学校心理素质教育工作领导小组要加强对学校各部门心理素质教育工作的督导评估，及时发现心理素质教育工作落实过程中遇到的问题并予以解决。

（二）队伍建设

为了保障高校心理素质教育工作的可持续发展，需要建立一支高素质、有能力的心理素质教育工作队伍，不断加强高校心理健康教育的师资队伍建设。

1. 设置配备专职教师

心理健康教育工作是一项科学性、专业性较强的工作，必须由具备较强专业能力的专职教师来承担。学校要设置心理素质教育教师岗，解决心理素质教育教师的编制，并按照学校师生比不低于 1∶3 000 的要求配备心理素质教育专职教师。

2. 保障教师的专业化发展

由于学校心理咨询中心大多隶属于学生处，因此有些学校的心理素质教育教师属于行政编制，评职称只能走行政系列，不利于心理素质教育教师的专业发展和他们获得职业归属感。因此，有必要将专职教师纳入思想政治教育专业技术职务系列，根据工作特点制定相应的评聘标准，科学设置专业技术职务结构比例，为教师队伍持续发展创造条件。

3. 加强专业培训

为了提升心理健康教育效果，有必要建立一支由专职教师、心理学相关专业教师、校外相关专家以及各院系负责学生心理工作的辅导员所组成的专兼职教师团队。学校要创造条件为这些教师提供参与专业培训或研讨会的机会，使专兼职教师能够根据心理健康教育工作的需要及自己的实际需求接受不同类型的培训，得到不断提升自己、学习充电的机会，从而培养一支既有较扎实的心理健康教育专业知识，又有较强科研能力的专兼职教师队伍。

学校要定期召开专兼职教师的心理素质教育工作交流会，及时总结推广各院系的好经验、好做法，或围绕教师在工作实践中遇到的困扰，进行讨论和分享，不断提升心理健康教育工作的水平，从而提升广大学生的心理健康水平。

（三）整体协调

学校要加强工作统筹，将心理素质教育纳入高校人才培养体系，与大学生的思想政治教育、文化素质教育相融合，努力把工作做深、做细、做实，增强心理健康教育效果。

1. 开展深度辅导

充分发挥院系辅导员、班主任的作用，对学生开展深入细致的访谈工作，形成学生全面覆盖、重点精细处理的工作网络，确保每名学生每年至少得到一次有针对性的深度辅导，为学生健康成长成才提供良好的服务。教师在进行访谈工作时，要了解学生当前的学习、思想及心理健康状况，精心设计访谈主题和目标，根据学生的性格特点，选取合适的交流方式有针对性地与学生谈心。通过深入访谈，解决学生的心理困扰，帮助学生解决学习生活中遇到的困难，及时发现学生存在的问题。

2. 心理疏导与思想政治教育相结合

人的心理是客观现实的反映。大学生在学习和生活中，如果不能适应，遇到学业压力大、家庭贫困或就业困难的问题，而自己又没有足够的能力解决时，就会产生心理波动和情绪困扰。如果大学生存在人生目标缺失、没有上进心等问题时，会有学业发展不顺利、求职就业困难、人际关系不良等情况出现，进而产生心理困扰。可见，生活中的实际困难、思想问题、心理困扰之间密切相关，都会影响大学生的心理健康。

因此，教师要努力帮助学生解决实际困难，如扎实开展深度辅导和学业辅导工作，提升学生的学习能力；做好学生资助工作，切实减轻大学生的经济压力；开展就业指导服务，给大学生提供更多的就业机会和就业信息等，解决学生存在的实际困难和问题。建立校领导接待日制度，经常召开各种学生代表座谈会，及时发现和解决学生遇到的各种问题；解决学生的思想问题，充分利用大学生的党课、班级主题活动等机会，发挥党员学生、班干部的积极带头作用，发挥班级心理委员的朋辈辅导作用，利用学生的积极力量去帮助学生，从而实现共同成长。

3. 整合教育资源

完善全员参与的工作体系，加强统筹，充分发挥学校各方力量，形成心理素质教育的合力。第一，辅导员、班主任是心理素质教育的骨干力量，要主动开展工作，对有心理困扰的学生进行疏导，或者建议去心理咨询中心接受心理咨询，及时筛查心理危机。第二，发挥任课教师的育人作用，关心学生的心理健康，重视学生的心灵成长。第三，充分发挥心理骨干的作用，开展院系、班级、宿舍的心理知识宣传和心理危机排查工作，形成心理危机预防及干预工作网络。第四，完善专任教师、管理干部、后勤人员参与心理素质教育的工作机制，形成人人关注学生心理健康的生态环境。

（四）物质条件保障

心理健康教育的开展离不开必备的物质条件保障，包括心理咨询室的软硬件保障、心理健康教育工作的经费保障等。

1. 硬件保障

心理咨询中心的硬件建设包括场地建设、环境要求、基础设施等。目前，各高校根据自己工作中的实际需求配备基本的设施及仪器，尚没有统一的国家标准。因此，有必要对高校心理咨询中心建设设置国家标准，规范心理咨询中心的建设工作。一方面，心理咨询中心应有专用场地，选址适当，心理咨询室的使用面积要与在校生人数相匹配，根据各校实际情况设置个体、团体心理咨询区等。此外，心理咨询室的周围环境应整洁、幽雅，内部环境温馨、舒适，让来访者有足够的安全感。另一方面，心理咨询室要配备电脑、录音笔、电话机、摄像设备、隔音设备等基础设备，以及根据需要配备音乐治疗椅等心理学硬件设备。

2. 软件保障

心理咨询中心的软件包括心理测评和档案管理软件、心理咨询教师资质要求等。

第一，心理咨询室要配备科学的心理测评系统和档案管理软件，建立学生心理健康信息库及心理危机信息库，动态监控学生心理健康状况的变化，以便及时帮助有心理困扰及陷于心理危机的学生。心理咨询中心要有规范的档案管理制度及配套软件，以便对心理咨询面谈记录、热线咨询记录、心理危机信息库及危机干预记录、心理咨询效果反馈等档案资料进行及时的整理归档。

第二，教育行政部门应明确规定心理咨询教师的任职资格。为了促进高校专职心理素质教育教师队伍的科学化和专业化发展，教育行政部门要针对心理素质教育教师制定从业标准和资格认定标准，包括对从业人员分别从基本资质、人格特质、专业基础、基本技能等方面进行评定，对已经从业的心理素质教育教师进行初级、中级和高级资格认定，这样才能建设一支高素质的高校专职心理素质教育教师队伍，保障高校心理素质教育工作的顺利进行。

3. 经费保障

根据教育部和北京市心理素质教育工作的建设标准，要按照每年每个学生不少于 20 元的标准设立专项经费，纳入经费预算，确保专款专用。学校要落实各项工作，逐年增加心理健康教育专项资金，统筹继续教育经费，支持教师心理健康教育培训和学校心理辅导师认证培训等。此外，教育行政部门要按时对各高校的心理素质教育经费进行审核评估，以确保经费专款专用。

第十三章 高校心理素质教育活动研究

第一节 心理素质教育活动与大学生心理素质培养

什么是心理素质教育活动？心理素质教育活动对大学生心理素质培养有什么作用？研究这些问题对于我们科学运用心理素质教育活动，开展大学生心理素质教育具有重要的意义。

一、心理素质教育活动的内涵和特点

把握高校心理素质教育活动的内涵，了解心理素质教育活动的特点，是开展心理素质教育的前提。

（一）心理素质教育活动的内涵

心理素质教育活动是学校心理健康教育的重要环节和常见组织形式，是以增进学生心理健康、提高大学生心理素质为目的，以校园文化活动为形式，针对不同群体大学生的心理发展需要，开展的不同主题的活动。心理素质教育活动与心理健康课程教育、心理咨询、心理危机预防干预、学生心理骨干队伍建设等方面相互融合、相互作用、相互促进，构成了一个促进大学生心理健康发展的校园心理生态环境。

（二）心理素质教育活动的特点

心理素质教育活动具有贴近学生、注重体验、关注发展、广泛参与、不断创新等特点，成为心理健康体系中不可或缺的一部分。

1. 贴近学生

心理素质教育活动是以学生为主体设计和开展的活动，在内容、形式及实施上均以学生的需求为出发点，使学生乐于参加。

在内容上，心理素质教育活动以能引起学生关注与兴趣的主题为切入点。学生对发生在自己身上、生活周围的事往往十分关心，因此，在开展心理素质教育活动时，以大学生普遍关心的、在自己发展中已遇到或可能会遇到的主题为依托，如新生适应、人际交往、情绪管理、恋爱与性、专业定向、求职就业等主题，将贴近学生学习、生活实际的典型事例作为心理素质教育活动的内容，极大地调动学生的兴奋点，从而引起他们深刻的心理体验。

在形式上，心理素质教育活动有别于正规的课程教育方式，既具备专业性，也带有休闲与娱乐性，博采众长、形式多样，有单向宣传也有双向互动，有纯粹知识传递也有参与体验性活动，有丰富多彩的大型活动也有隐性的日常渗透。如目前高校普遍采用的心理素质教育活动有橱窗、板报、报纸、手册、电台与广播的宣传，有讲座、座谈、影评等主题对话，有借助多媒体的网上对话、心理情景剧、心理游戏与心理素质拓展训练等。

在实施上，大部分心理素质教育活动是在教师指导下，由心理委员、班干部、心理社团等自行操作进行的，从活动主题的确定、方案的设计到操作的实施全部过程都以学生为主。学生是主要的活动设计与组织者，也是主要的参与者，他们在实践中体验，不断提高认识，从而提升自我的心理素养。这个过程充分体现了大学生的自我教育过程。在这个过程中，教师的主要作用是专业指导、行政审核、工作协调与支持。当然，教师也能在与学生的互动中接受心理教育或是反哺教育。

2. 注重体验

体验在心理学中的一般意义，是指一种由诸多心理因素共同参与的心理活动。体验这种心理活动是与主体的情感、态度、想象、直觉、理解、感悟等心理功能密切结合在一起的。在体验中，主体不但去认知、理解事物，而且因发现事物与自我的关联而产生情感反应，并由此生发丰富的联想和深刻的领悟。

体验在心理健康教育中的应用是在真实或模拟环境中的具体活动，促进学生获得亲身体验和感受，并通过与团队成员之间的分享和交流达成共识，然后通过反思、总结，最后积累为自己的认知理念并把它运用到学习和生活之中。它由五个密切关联的环节组成，即体验、分享、交流、整合和应用。心理素质教育活动大多数都会运用这五个环节，首先创设一定的情境让学生对某些心理主题产生体验，然后促进学生之间的互动、分享和交流，从而促进学生的整合和应用。比如心理剧的表演，就是通过让学生在表演和观看的过程中再次体验现实生活中的问题情境，然后在交流和互动中学习到新的有效的应对方式。

3. 关注发展

心理发展是心理健康教育的主要目标，也是实施素质教育的重要目标。在大学期间，所有的学生都会不断经历发展性课题的考验，如各种适应问题、情绪问题、人际关系问题、恋爱问题及各种应激问题等，这些发展性课题既是一种挑战也是一种机遇，如果得到有效的解决，会促进大学生的心理成长，提高大学生的心理素质，如果没有解决好就可能会导致严重的心理问题。

开展心理素质教育活动就是通过丰富多彩的形式，培养学生具有正确的自我概念，树立自信心，能对学习、人际关系和社会环境做出积极的适应，以积极的、健康的心态来对待学习和生活，在遇到考验的时候，可以将困难变为机遇，从而获得更好的成长。

4. 广泛参与

心理健康课程通常需要选修才能参加，心理咨询通常需要预约才能进行，而心理健康教育活动既不需要选修也不需要预约，几乎很少限制参与的条件，每个学生只要有意愿都有机会参加，这使得心理健康教育活动有着广泛的参与性。各项活动的参与人数少则几十人，如心理专题讲座、心理情景剧表演、心理团体辅导等；多则可能达到几百人甚至几千人，如全校性的心理知识竞赛、心理班会评选等。广泛的参与性让学生在活动中互相启发、互相促进，在单位时间里接受良好的心理健康教育。

5. 不断创新

大学生是充满好奇、不断追求创新的群体，因此，以大学生为主题的心理健康教育活动也与时俱进、不断创新。比如，随着智能手机的普及，对心理健康知识的宣传方式，也启用了手机 App 应用程序；心理微电影、心理微博短故事评选等也是新兴的心理健康教育活动形式。

二、心理素质教育活动对大学生心理素质培养的作用

对于心理素质教育活动对大学生心理素质培养的作用，高校心理素质教育工作者做过许多研究。笔者概括了他们的观点，主要有以下几点。

（一）让全体学生受到教育

翏冉等认为，应通过多渠道宣传心理知识，使用学生喜闻乐见的媒介（诸如校报、学生心理刊物、学校的心理网站、校内人人网、微博、微信等）来提高学生对心理健康的认识；邀请知名的心理学专家和精神科医师来校开展主题

讲座，这些都是对大学生进行心理素质教育的重要方式。

在参加的心理健康活动中，70.09%的大学生参加过心理健康知识讲座，31.05%的大学生参加过拓展训练，22.51%的大学生参加过团体心理辅导活动，这些数据反映了高校对心理健康教育的重视。

为满足大学生的需要，高校举办多种多样、活动内容丰富的心理素质教育活动，极大地扩展了心理素质教育的时空，解决了心理素质教育课程教学时数不足的问题，而且能够使学生在心理素质教育课堂上学到的知识，在课外活动中得到丰富与拓展，并且在组织参与活动中得到实践和运用，实现课内外的相互结合和补充。心理素质教育活动向广大学生宣传普及心理健康知识，将心理素质教育覆盖了全体学生。

（二）提升心理健康意识

长期以来，由于学校、家庭、社会过于关注学生的学习成绩，关注知识的学习，忽视心理素质的培养，使得学生本人在成长过程中，欠缺心理健康意识，不重视自己的心理发展，当出现心理冲突时，毫无察觉；甚至出现心理异常时，也不求助。心理健康活动的广泛开展，使学生学习到了心理健康知识，能够拥有心理健康意识，学会主动关注自我的心理状态，自觉维护自身的心理健康。

（三）培养能力

心理素质教育活动为学生提供了培养各种能力的机会。他们在参与各种活动中展示着自我，提升了自信；他们在组织各种活动中和同学相互合作与交流，培养了与人合作的能力；他们在准备和参与活动过程中克服困难，迎接挑战，在比赛类活动失利时面对失败的结果，培养了他们应对挫折的意志品质；他们在参与活动设计中，开发智慧与潜能，培养了创新能力；他们通过参与社会志愿者活动，如到打工子弟学校服务，慰问孤寡老人，为临终老人服务，参与各种社会公益活动，培养了关爱他人的能力，实现了自我价值。高校心理素质教育活动是培养学生各种能力的重要途径。

（四）预防心理危机

北京高校心理危机干预专家组对自杀学生的追踪调查表明，大学生自杀与他们不经常参加团体活动有密切关系。高校心理素质教育活动的开展，让学生接受了心理健康知识，拥有了心理健康意识，学会主动调节自己的情绪；在心理素质教育活动中学生锻炼培养了自身适应环境的能力；当发现自己有了心理问题时主动寻求心理咨询的帮助，就可以从根本上预防心理危机的发生。

三、澄清认识，高度重视

对于高校开展心理素质教育活动，一直以来，在高校心理素质教育专业人员中有着不同的认识。多数人认为开展心理素质教育活动，是向大学生普及心理健康知识，让学生提升心理健康意识，学习心理调节，提升自我认识，培养人际交往与合作能力，学会管理情绪的重要途径。这是高校心理素质教育专业人员的一种主流认识，是一种积极的心理素质教育理念。持这种认识的出发点是以学生为中心，以促进全体学生的心理健康发展为本。他们认为，只有通过开展形式多样的心理素质教育活动，广泛深入地普及心理健康知识，让每个学生都健康成长，才能预防心理障碍和心理疾病，预防心理危机，因此，高校开展心理素质教育活动是非常必要的，是高校心理素质教育工作的一项必不可少的工作。而也有少数人认为高校开展心理素质教育活动不太必要，他们认为这些工作的专业技术含量低，自己把精力投入这方面来不值得，因此更愿意把精力投放在心理咨询工作上，认为心理咨询是更专业的工作。心理咨询固然很重要，专业能力要求也确实很高，但是，毕竟在高校寻求心理咨询的学生相对于全体大学生来说是少数，很多大学生不会主动去寻求心理咨询。因此在高校开展心理素质教育活动不太重要的认识背后，存在着传统的"以问题解决为中心"的心理素质教育理念，这种教育理念是一种受传统医学模式影响的消极教育理念，不符合以学生为中心，以促进全体学生心理健康发展为本的教育目标。在心理层面，也许会有一种以咨询师自我为中心，关注自己专业技能提高，而非关注大多数学生成长的价值理念。因此，明确高校开展心理素质教育活动的目的及指导思想尤为重要。

第二节 高校心理素质教育活动设计原则

要使高校心理素质教育活动开展得更有效，使活动更能切合大学生的心理特点，满足大学生的心理成长需要，发挥心理素质教育的功能，在设计及实施心理健康教育活动时应注意以下五个原则。

一、尊重主体需要

心理健康教育活动的目的是提升学生的心理素质，是以学生为主体的，在设计及实施心理健康教育活动时，一定要尊重学生主体的需要。

（一）活动设计贴近学生需求

活动的设计贴近学生的需求，主要体现在三个方面。

一是活动内容应符合学生心理发展水平和特征。学生心理素质的发展必须以他们已有的身心发展水平为依托；同时，每个学生对主客观世界的认识方式和作用方式，均受到其已形成的思维模式和行为习惯的影响，表现出个体的特征。因此，在开展心理健康教育活动时，活动内容必须适合不同年龄阶段学生的心理发展水平。只有这样，才能调动他们的主动性和参与性。

二是活动设计必须适合主体的需要。心理健康教育活动只有满足了学生的需要，才能有效地激发学生的内部动机，促使他们积极主动地参与到活动中。要实现心理健康教育活动适合学生的需要，要求我们设计的活动内容一定要贴近学生的生活和学习。活动内容一定要有时代感，触及学生所熟知、所关心的领域，只有结合学生的兴趣，才能使心理健康教育活动收到预期的效果。

三是活动难度适合。难度过高或者过低的活动均不能有效调动学生参与的积极性。只有那些高于个体现有发展水平，而他们又有能力进行的活动，才能有效地激发其参与动机。因此，活动设计者应该认真研究学生的发展状况、最近发展区，有序地安排心理健康教育活动的内容。

（二）让每个学生都成为积极参与者

教师应充分调动学生参与活动的独立性、能动性和创造性，让每一个学生都成为活动的积极参与者。在活动过程中，教师只能起指导作用，不能包办代替，要注意防止以下两种倾向。

一是对活动插手过多，学生失去了自主性，只能按教师意图行事，最终失去对活动的兴趣。

二是将活动看成学生自己的事而袖手旁观，这实质上是一种不负责任的表现。教师既要确定学生在活动中的主体地位，又不能放弃自己的主导作用。

（三）充分体现学生的自主性

学生在心理健康教育活动中的自主性主要表现在两个方面。

一是活动方式选择的自主性。教师要允许学生凭自己的经验、兴趣去选择自己认为最好的活动方式；或者在主动参与中获得成功，从而积累经验；或者在协同参与中获得兴趣，从而认识了探索的价值；或者在被动参与中得到启发，从而获得某种情感体验。教师的主要任务是让每一个学生都能自主地参与活动。

二是活动过程中主体的自主性。心理健康教育活动是一种由下而上的活动，所以，教师应将那些自上而下的指令更多地转化为与学生平等参与。只有当学生感到教师也在与他们一起平等参与，没有压力时，才能从活动中获得最大的情感体验，才能最大限度地发挥自己的潜能。

二、坚持开放性

心理健康教育活动的开放性表现在形式和内容两个方面。

（一）形式上的开放

在形式上，可以向不同的对象开放，尽可能地将能够促进大学生心理素质提升的资源整合起来。

一是向校内开放。以班级集体活动为例，既向同年级开放，又向其他年级开放，这样既可加强班际联系，又可促进集体活动质量的提高。

二是向家庭开放。活动可以延伸至家庭，请家长也来参加。有时家长忙，不便参加活动，则可请家长献计献策，指导学生搞好活动，这样做，既得到了家长的帮助和指导，又提高了家长对心理健康教育的认识。

三是向社会开放、走向社会，既能提高学生参与活动的兴趣，又可引导学生正确地认识社会。因此，在设计争取社会力量配合的活动时，可采取"请进来""走出去"的方法；或者请先进人物来校开展座谈；或走出去调查、参观、访问、提供社会服务等。

（二）内容上的开放

内容上的开放是指在设计活动时要善于从学生的学习、生活实践中选材。

一是从平凡的生活中挖掘活动素材。生活尽管平凡，但并不枯燥，因为我们周围的世界每时每刻都在发生变化。作为活动设计者，应注意独具慧眼，对生活中的凡人小事"小题大做"，深入开掘，巧妙策划，设计出相应的活动。比如，"寻找最美的笑容"摄影活动，就是通过收集笑容的照片，促进学生发现生活中的美好。

二是从周围的环境中寻找活动素材。学生总是生活在一定的社会空间里。每一个社区都有自己独特的自然风光、风土人情和悠久历史，个中蕴含着丰富的教育资源，只要能因地制宜、有的放矢地选择，也可以找出相应的活动内容。比如，"寻找 Corner"活动，就是将校园的不同角落都拍成照片，让学生组成小组去寻找这些角落，在活动过程中，既促进彼此交流，也增强对学校的认同感和归属感。

三是从重大节日中选择活动素材，一年365天中有许多节日、纪念日、节气，可以将这些特殊的日子和心理健康教育活动结合在一起，会达到特殊的效果。

三、倡导多样性

多样性是指设计活动时要以丰富多彩、生动活泼的形式赢得学生的欢迎，调动他们参与活动的积极性，力求让他们在欢歌笑语中陶冶情操、接受教育。设计活动要体现多样性，要求设计者必须不断创新，通过"加""变""改""移"等思路来变换形式。比如，在传统的班会中加入心理小活动，这样，活动不断以新面孔出现，使学生感到新颖有趣，增强了活动的吸引力。

四、保证有效性

为了使活动有效，在设计心理健康教育活动时，一方面要能针对学生的实际来设计活动。例如，针对刚入学的大学生，开展新生班级辅导活动，促进学生更快融入大学校园。另一方面，设计时要考虑所设计活动的可操作性。为此，要注意活动规模不宜太大，活动节奏要适度，比如针对失恋者的团体辅导应以8～10人的小团体连续多次的活动为宜；而新生班级辅导则可以在几十人的班级中开展，并且一次2个小时的活动效果较好。

五、注重系统性

学生心理素质的提升不是一朝一夕可以实现的，是一个系统工程。在设计心理健康教育活动时，要注意内容的系统性，使单个活动组成系列活动，具有指向集中、主题鲜明、内容丰富的特点，从而使全体学生都受到深刻的心理健康教育，也注重学生知、情、意、行诸方面的全面发展。例如，在入学时开展新生班级辅导活动；在大二、大三时开展自我探索、确定职业发展的活动；在大四时开展求职辅导，适应社会的活动。

第三节　高校心理素质教育活动的类型

高校心理素质教育活动的类型很多，为了方便使用，我们从四个不同维度进行划分。

一、从活动的组织时间划分

从活动的组织时间划分，高校心理素质教育活动有日常性的活动和集中性的活动两种。

（一）日常性的心理素质教育活动

日常性的心理素质教育活动，指不受时间限制的心理素质教育宣传活动。其主要有心理报刊、心理橱窗、心理网页的宣传、心理讲座、团体辅导活动、各种志愿者活动的开展等。这些活动没有时间限制，根据学生需要，随时开展。日常性的心理素质教育活动，可以随时让学生学习到心理健康知识，起到对学生的心理教育不断重复、不断强化的作用，日积月累，润物无声，学生逐渐增强心理健康意识，学会关心自我和他人的心理健康，学会自助与助人。

（二）集中性的心理素质教育活动

集中性的心理素质教育活动，指高校在限定的时间内，集中组织的系列心理素质教育活动。最有代表性的是5·25首都高校大学生心理健康节。每年在4～5月举行，每年一个主题，设计10余项活动集中对大学生进行心理素质教育。近年来北京高校已经举办了十几届首都大学生心理健康节。每一项活动主题紧紧配合当年的社会心理环境及大学生的心理特点。

各高校也在这期间举办本校的"5.25心理健康节"或"心理健康月"活动。集中性教育活动的好处是能够造成一种宣传教育的强大影响力，丰富多彩的心理教育活动在同一时间段进行，能够引起学生更大的关注，引发学生积极参与的兴趣。

二、从活动的人群范围划分

从活动的人群范围来划分，高校心理素质教育活动可分为在个人、宿舍、班级及全校不同层面开展的心理健康教育活动。

（一）在个人层面开展的活动

在个人层面开展的心理健康教育活动主要是面向个体开展的，注重个体在活动中的体验及参与，旨在提高个体的心理健康意识，增强个体对自我的理解，提升心理适应能力。例如，开展心理专题讲座、现场心理咨询、心理测试、心理电影赏析、心理读书会、微博短故事征集大赛等活动。

（二）在宿舍层面开展的活动

宿舍是大学生学习、生活、休息、社交的重要场所。大学生宿舍具有以下特点。

1. 宿舍是大学生社会生活的实验场

人们在社会生活中既要有正式的群体生活，又要有非正式的群体生活。而大学生的宿舍群体具有正式群体和非正式群体两重性。作为正式群体，大学生宿舍首先是高校组织管理系统的最小单位，每个宿舍成员都必须遵守组织纪律或约定俗成的规范；而作为非正式的群体，大学生可以在宿舍中没有目的地共同活动，可以自由支配时间和选择活动方式，不受他人干扰。大学生在宿舍生活中学习与他人相处，学习处理各种人际冲突，学习遵守各种规范，他们从不适应到适应，为未来适应社会做准备。

2. 宿舍是非正式的交际场合

宿舍是大学生休息、生活的场所。大学生宿舍氛围一般比较自由轻松，没有其他场合常有的严肃、紧张的气氛，所以宿舍成员的个性在宿舍中能得到充分表现。个体的行为习惯、人格特征在这个空间充分暴露出来，在这些方面存在较大差异的学生就有可能产生矛盾和冲突。宿舍可能是大学生相互了解最充分、矛盾冲突最频繁的场所。

正是由于大学生宿舍的以上特点，大学生宿舍人际关系与大学生其他人际关系的区别如下。

（1）高度集中

宿舍把各地的大学生聚在一个较为狭小的空间内共同生活、学习、交往，人际关系高度集中。

（2）交错复杂性

大学生与宿舍成员呈现网状结构交往，如果其中某两位成员发生人际冲突，很有可能影响整个宿舍的人际关系格局。

（3）易冲突性

大学生在经济情况、文化背景、性格特点、兴趣爱好、生活习惯等方面都存在着或大或小的差异，当他们共处一室时，容易产生矛盾甚至引发宿舍成员之间的人际冲突。

（4）影响的深远性

与其他人际关系相比，宿舍人际关系对大学生身心方面的影响更为深远。

由此可见，宿舍人际关系是大学生的一种特殊的人际关系，一个宿舍的成员大多是同一个班级或年级的同学。一方面，距离的优势为大学生之间的交往创造了频繁接触、相互熟悉的环境；另一方面，距离的邻近也影响着相互之间的利害关系。由宿舍成员共同营造的宿舍文化氛围潜移默化地影响着大学生人生观、世界观、价值观的形成。据统计，大学生在宿舍中的生活时间除去睡眠，每天有 5.72 小时在宿舍活动。大学宿舍人际关系如何直接影响着大学生的心理健康与成长。以宿舍为单位开展心理健康教育活动对大学生的个性塑造、心理健康具有深远的意义。它不仅可以减少宿舍矛盾和冲突，促进宿舍成员之间的理解和接纳，而且可以营造温馨和睦的宿舍氛围，增强归属感，从而促进大学生情绪管理能力、人际交往能力的提升。在宿舍层面开展的心理健康教育活动主要有幸福宿舍评比、宿舍团体活动、宿舍心理微电影等活动。

（三）在班级层面开展的活动

大学中的班级是大学生活的基本单位，是学校、学院开展工作的终端，是大学生共同学习、共同生活的基础，因此，在班级中开展心理健康教育活动，可以促进班级凝聚力的提升，增强学生的归属感。在班级层面开展的心理素质教育活动主要有心理班会、班级心理健康知识竞赛、优秀班级活动评选等。例如，北京高教学会心理咨询研究会组织的"我的微成功"优秀班级活动评选活动，就是让各个班级组织学生用多种方式从微小之处展示自己的成功，提升自信，并加深彼此的了解，增强人际沟通能力。"班级微电影大赛"活动，则是让学生用自编、自创、自拍的微电影方式，展示班级学生相互关爱、共同成长的生活。在电影中，每个人物都是班上的学生，每个班级都有感人的故事。电影反映的内容不仅对每个学生具有教育意义，而且在拍摄、制作过程中，大家相互合作，也是一个增强班级凝聚力的过程。

（四）在校园层面开展的活动

校园文化是一种社会亚文化，是社会文化的有机组成部分，校园文化具有育人功能、导向功能、娱乐功能和辐射功能。心理素质教育活动是高校校园文化的重要组成部分。在全校层面开展心理健康教育宣传及实践活动对于构建良好的心理生态环境非常重要。一方面，充分利用报刊、网络、电台、电视等宣传手段，在全校宣传心理健康知识，营造积极、健康的文化氛围；另一方面，在全校层面开展心理素质拓展、心理情景剧表演、心理团体辅导等活动，营造特定的校园心理氛围与特定的环境。由于渗透面广，能够让更多的学生了解、知晓心理健康理念，让学生在有意或无意中受到教育，对学生积极心态的形成，乐观向上生活态度的培养，和谐人际关系的建立，都产生着影响。高校日常的心理健康知识的普及宣传教育，集中的"5.25心理健康节"活动，都有助于营造一种良好的校园心理文化氛围，帮助学生健康成长。

三、从活动的形式划分

在实践中，高校教师和大学生创新了许多高校心理素质教育活动形式，以下仅是近年来各高校经常使用的几种。

（一）心理讲座

心理讲座是高校常用的最普遍的心理素质活动。开展心理讲座，一般由教师调查大学生的需求，根据学生的需要，邀请校内外专家就大学生最关注的话题，讲解相关的心理健康知识，对学生的心理发展进行指导。此外，也会有心理危机的识别与预防等专题。许多高校都有"心理大讲堂"活动，每月举办一次专家讲座，从而促进大学生的心理健康发展。

（二）心理健康知识竞赛

心理健康知识竞赛是普及心理健康知识的一项活动。这项活动的重点并不在于比赛的结果，而是学生在准备比赛过程中学习心理健康知识。在比赛前，教师把大学生应知应会的心理健康知识和最常用的心理调节方法编制成小册子，发给学生学习，如心理健康的标准、认识自我的方法、情绪的种类和情绪调解的方法、人际交往的作用与人际交往的原则和方法等。在此基础上，教师编写出竞赛题目。通常竞赛题分为基本知识理解题和实际应用题。实际应用题是让学生运用心理学的理论与方法解决其常见的心理问题。实际应用题目既考查了大学生对心理调节方法的掌握，也让他们学会用这些方法帮助自己和他人维护心理健康。竞赛题中还会有大学生常见的心理疾病、心理危机的识别及心理危机预防干预程序，以普及心理危机预防干预知识。通常也会有一些宣传学校心理咨询机构的题目，如学校心理咨询中心所在的位置、电话等。通过这样的方式，让学生知晓这些信息，学会主动运用学校心理咨询的资源，在充分学习、准备的基础上，再举行初赛、复赛和决赛。这个层层比赛的过程是进一步强化对心理健康知识学习的过程。心理健康知识竞赛是一项集学习、竞争、趣味为一体的普及心理健康知识的活动，大学生参与热情很高，成为各高校大学生心理素质教育的传统活动。

（三）心理情景剧

心理情景剧是广受大学生欢迎的一种新型的心理素质教育活动形式。心理情景剧是大学生在教师的指导下，运用心理剧的基本原理和方法，将大学生自己在学习、生活中遇到的一些心理冲突及其解决方案，自编、自导、自演成为情景剧，再现校园生活中类似的情景和经历。例如，大学生活中常见的宿舍人际冲突的解决，恋爱中各种情感矛盾的处理，大学新生不适应的解决等。由于心理情景剧由大学生自编自导，心理剧的素材来源于校园现实生活，内容反映的是大学生的生活实际,更容易引起学生的共鸣,也更易于被学生接受。

在心理情景剧的编排过程中,学生不断地再现情景和体验各角色的感受,尝试运用不同的解决办法,同时与同伴交流、分享,形成解决方案。舞台上的投入表演,使他们展示了个性及表演才能,提升了自信。在排演的过程中,学生不断调整着个人与他人的关系,相互合作、相互配合,增进了彼此的了解和交往;排演过程中的反复训练,磨炼了他们的意志;尤其是许多高校举办的班级心理情景剧比赛,把班级建设和心理情景剧的编排、演出结合在一起,调动了全班学生的积极性,增进了学生的相互了解,增强了班级的凝聚力。

作为广大观看者来说,他们从剧中角色的演出中,反思着自己,学习如何面对类似剧中的问题,获得了领悟和成长。心理剧将心理调解的知识与方法融于轻松、活泼、愉快的表演当中,让学生在表演或观看之中,学习了心理知识,掌握了解决心理问题的方法。这种教育方式相比直接对学生的教育,更易于被学生喜爱和接受。

高校在运用心理情景剧进行心理素质教育中,要注意正确处理教育性和艺术性的关系。与专业的演出相比,大学生情景剧更注重内容的教育性,注重反映大学生常见的心理冲突,而非表演技巧本身。自然,教师对学生进行表演技巧指导,能够提高学生的表演能力,能够更好地表现教育内容本身,会收到更好的教育效果,但是,从心理素质教育的目的来看教育内容是最重要的,表演才能是第二位的。

(四)团体辅导活动

团体辅导活动,是指以活动为载体,通过在团体活动中团体成员的互动,促使成员在交往中通过观察、学习、体验,认识自我、探讨自我、接纳自我,调整和改善与他人的关系,学习新的态度与行为方式,以良好地适应生活。

团体辅导活动的作用是将活动作为情景,让学生在参与活动中获得体验、感悟、理解,从而实现心理成长。活动本身的趣味性、新鲜感,能够吸引学生参加,激发他们积极参加的兴趣。参与游戏的过程中,学生远离了成人式的逻辑思维,回到了儿童的自然状态,凭兴趣、直觉去行动,往往可以进入无意识状态,从而能认识自己内心真实的需要和自己的心理特点,对自己有更深入的了解。学生在参与活动的过程中,又会通过对别人的观察、了解,透过别人的反馈,学习别人的积极品质和能力,完善自己的不足,获得自我的完善和提升。

活动选择宜精不宜多。开展团体辅导活动不是单纯为了激发学生的兴趣,重要的是让学生在游戏活动中体验,活动后的分享讨论是重点。教师要充分挖掘游戏中蕴含的心理教育因素，结合学生的讨论，教授相关的心理学理论，使学生在玩、做、乐中理解和掌握心理学的理论与方法。

（五）心理素质拓展训练

心理素质拓展训练是体验式学习的一种，它是借助教育学、心理学、组织行为学等相关学科成果，针对社会的需求和学生身心特点设计出来的一种体验式培训活动方案，旨在通过模拟自然的环境，让学生体验经过设计的活动项目，接受个人潜力激发的挑战，然后经过回顾反思和交流分享，加深对自我和团队合作的认识与领悟，并将活动中的认知和积极体验迁移到生活中去的一种训练活动。

高校开展素质拓展训练活动，首先要对大学生进行调查，找出他们需要解决的问题，以及对心理拓展训练的期望，然后根据他们的心理需求，设计训练主题和训练方案。

借助于拓展训练的设施，由专业的素质拓展培训师带领，运用团体心理辅导技术、心理素质拓展训练技术，设计各种形式的富有挑战性和探索性的素质拓展训练课程和活动项目，对学生进行素质拓展训练，学生在训练中通过体验式的培训，激发潜能、提高团体的凝聚力；学会相互信任、分享情感、与人合作和相处；学习认识自我和接纳自我，提升自信；学习解决问题和正确决策的技巧、学会承担责任；开发个人潜能、增强协调意识。素质拓展训练让学生在轻松快乐的氛围中提高心理素质。

高校在组织素质拓展训练中，要注意运用团体心理辅导的理论和方法，不能仅仅是组织学生进行体育活动，如果把素质拓展训练等同于体育锻炼和娱乐活动，就会失去心理素质教育的目的。

四、从教育的途径划分

从教育的途径来划分，心理素质教育的宣传活动可分为实体的宣传教育活动和网络宣传教育活动。

实体的宣传教育途径包括创办心理健康教育宣传报刊等。各高校都有自己的心理健康教育宣传刊物或报纸，如北京师范大学的"雪绒花"、北京航空航天大学的"心理导航"等。这些报刊一般都由学生自己编写，内容主要是宣传心理健康知识，介绍大学生心理调解的方法、大学生常见的心理问题、心理危机识别知识等。由于这些刊物由学生自己编写，内容贴近大学生的心理需求，编写形式图文并茂，很受大学生的欢迎。

网络宣传包括学校或大学生心理社团建立的心理健康网站或网页、微博、QQ、手机微信平台，通过这些网络媒体宣传心理健康知识，搭建学生心理沟通平台，能够有效疏导大学生的情绪，发展健康心理。随着现代网络技术的发展，网络被大学生广泛使用，运用网络途径进行心理宣传教育越来越成为高校广泛采用的教育形式。

第四节 高校心理素质教育活动的实施

如何实施心理素质教育活动，是提高活动质量、保证教育效果的重要环节。为了提高学校心理健康教育活动的实施效果，综合国内学者的研究成果，结合实践经验，我们认为应该注意以下五个方面的问题。

一、把握时机

俗语说："机不可失，时不再来。"对于开展学校心理健康教育活动来说，也有一个捕捉时机的问题。实践表明，在最佳的时机开展活动，可以使学生在活动中保持饱满的情绪、浓厚的兴趣和高度集中的注意力。因此，当时机未到时，要善于等待；当时机出现时，要及时捕捉；面对错过的时机，要善于迂回。只有这样，心理健康教育活动才能在质上得到保证。所谓把握时机，主要是指以下时机。

（一）新的生活开始时

大学生的感知易受外界事物的暗示。当新生活开始时，作为一种强烈的刺激，会使他们产生好奇心和求知欲。利用这一特点，当新学期开始，学生与新教师、新同学接触交往时，教师可相机开展心理健康教育活动，以帮助学生适应新生活，增强自信心。

（二）享受成功的喜悦时

"人逢喜事精神爽。"当学生经过不懈的努力取得成功时，心情格外激动，自信心也大大增强。如果教师能因势利导地在这一时机开展恰当的心理健康教育活动，让学生在享受成功的快乐时提出更高的奋斗目标，引导他们为取得更大的成绩而继续进取，必将如快马加鞭，事半功倍。

（三）遭遇困难和失败时

人生之挫折十有八九，人在此时也最需要别人的理解和支持。教师抓住这一时机开展心理健康教育活动，教育学生正确地面对困难和失败，帮助他们树立信心，鼓励他们以实际行动去战胜困难，必将有助于他们战胜挫折、走向成功。

（四）产生浓厚的兴趣时

当学生对某种事物或某项活动产生兴趣时，就会产生一种积极探求的内驱力，主动、自觉地投入其中，直至取得成功。所以，当学生产生浓厚兴趣时，教师要抓住机遇，及时组织活动，使学生能长久地保持兴趣，并使学生的兴趣循着有趣—乐趣—志趣的轨道发展。

（五）不良倾向萌芽时

由于受年龄、知识、经验等条件的限制，大学生的辨别力和自控能力都还不太成熟。因而，在学习、生活中，时常会有一些学生犯这样或那样的错误。当个别学生有了过错时，其他同学不一定都去制止，有些学生甚至会去仿效，或出于"义气"而去"助纣为虐"。为此，教师要注意把握学生的思想，及时组织有针对性的活动，以把这种不良倾向消灭在萌芽状态之中。

二、激发动机

在把握好时机、开展心理健康教育活动时，教师首先应思考的问题是为了使学生对即将开展的活动产生由衷的追求和向往，应怎样激发学生积极的活动动机？学生的活动动机源于其自身的学习、交往、发展等需要，并以兴趣的形式表现出来。为了有效地引起学生积极参加活动的动机，教师可考虑运用以下方法：①提出诱人的、振奋人心的奋斗目标，使学生知道活动的目标、价值，激发他们全力以赴参加活动的兴趣；②形象地描述即将开展的活动过程的种种趣味，引起学生参加活动的兴趣；③设置问题情境，使学生的活动动机从潜伏状态转入活跃状态，激发学生去探索答案；④树立亲切感人的、具体实在的榜样，引起学生学习、模仿的需要；⑤实行兴趣转移，将学生对其他活动的兴趣迁移过来；⑥创设良好的心理氛围，让学生产生参加活动、接受教育的需要；⑦利用学生的自尊心、好胜心、渴望赞许等特点，引起其参加活动的动机。

三、精心准备

除应有较好的设计方案外，还必须认真准备，准备得越充分、细致，就越能取得预期的效果。准备工作包括心理准备和物质准备。

（一）心理准备

心理健康教育活动的成功开展有赖于学生参与人数的多寡及参与的程度。参与的人数越多，程度越深，成功率越高；反之，活动的失败率越大。参与不等于参加。参与是全身心投入，而参加可能是"人在曹营心在汉"。因此，教师的首要工作是使学生做好心理准备，激发其参与意识。教师在指导学生做好参与活动准备时，要注意留心观察，仔细分析，把握每个学生对活动所持的态度，有针对性地激发那些持消极观望态度或有不满情绪学生的参与意识。对于那些没有被分配到活动具体事务而作壁上观的学生，应设法使之有事可做（如让他们参谋、评价某些准备工作）；对于那些因没有得到自己想做的活动具体事务而心怀不满的学生，应使他们体验到其所做工作的重要性。

（二）物质准备

物质准备主要是指把活动要用的东西及时准备好。由于活动所需的物质条件在设计方案时已周密考虑过并交代学生去具体落实，因此，教师此时应按其重要程度和困难程度逐一检查落实，诸如活动的具体地点、活动的环境布置、活动所需的器材、活动所需的技能技巧等，都要逐一过问。总之，在活动准备阶段，教师要善于把自己的要求，转化为每一个学生自我教育的愿望与要求。教师要通过启发、引导，充分调动和发挥每一个学生投身于准备工作的主动性和积极性。

四、认真实施

经过精心准备，心理健康教育活动可以说是"万事俱备，只欠东风"。但是"行百里者半九十"。正如一台好戏，不管排练得如何成功，如果临场出乱，仍然会使观众喝倒彩，演员也灰溜溜的。因此，作为"导演"，教师在具体开展活动时要做到以下几点。

（一）再次检查准备工作

再次检查准备工作的目的是当发现有不足之处时能及时弥补。值得注意的是，即使发现有不足之处，教师万不可在活动"开演"之前责怪学生，这样做会给满怀热情准备上场的"演员"泼上一盆冷水，从而影响"演出"效果。此时，教师应本着"气可鼓不可泄"的精神，尽量帮助和鼓励学生克服困难，争取把活动搞好。

（二）亲临活动现场指导

教师要自始至终亲临活动现场，不能以任何理由缺席。教师亲自参与活动，表明了对活动的重视，对学生也是一种鼓舞。当然，教师只能以普通参与者身份出现，不能干预主持人的工作，不应随意改变活动主题、进程，不应随便插话和打断学生的讨论与发言，不可于活动中途发表评论。教师如要发言，必须得到主持人准许；如活动走题，只能通过主持人以建议的方式加以引导。总之，教师要明了其在学生中的特殊地位，要谨言慎行，以免对学生的心理产生不良影响，干扰活动的正常进行。

（三）辅导学生主持活动

在学生主持活动前，教师要帮助其认真细致地进行准备，并鼓励其大胆主持和学会临场应变。在活动过程中，教师要通过自己的口头语言和体势语言对主持学生进行点拨、提示、鼓励。但这一切不可太多，太多会使主持人无所适从，从而影响活动效果。

（四）慎重处理突发事件

尽管事前考虑十分周密，但临时不免有意外事情发生，如突然停电、音响失灵、学生突然患病、主持人语塞、活动地点使用上发生冲突等。出现了意外，教师应处变不惊，切不可大惊小怪、怨天尤人。这既能显示教师的机智，也可以对学生进行现场的心理健康教育。总之，对意外事件处理应及时、彻底，不留后遗症，以确保活动继续进行。

（五）坚持全程有效指导

在活动过程中，教师在指导活动全程方面要做到以下几点。

①充分发挥学生干部和骨干分子的积极性和创造性，把他们推到主人翁地位，自己组织、自己主持，教师只是从旁参谋、辅导，帮助他们取得成功。②要充分发挥每一个学生的个性，使学生在活动过程中人人有岗位，个个有任务；人人有角色，个个做贡献。要注意协助学生机动灵活地安排活动顺序，把握活动进程。③要充分发挥教师本人的主导作用，注意引导每个学生紧紧围绕活动主题，用自己的语言来表达自己的所思、所想。④要仔细观察和记录活动的过程，包括细枝末节。对学生的情绪、意志、兴趣、爱好、性格等都要清清楚楚地记录，以便发现教育的某些契机。

五、总结工作

总结是对活动进行一次认真的回顾，肯定成功方面，找出问题和不足，吸取教训，明确今后努力方向，找出规律性的认识。总结的要求主要有以下几点。

（一）明确目的，端正态度

总结的目的是更好地教育学生，因此，总结者应坚持实事求是、认真负责的态度。只有这样，才能在客观、实际的基础上寻到规律性的认识。

（二）语言准确、行文简明

总结是一种应用文体，语言表达一定要准确，不能模棱两可、似是而非。总结的结构要严密，层次要清楚，例证要确凿，行文要简明。

总结撰写的格式是：

1. 标题

标题即总结的名称，主要包括活动的名称、总结类别（全部活动总结或专题活动总结）、时限。

2. 正文

正文即总结的内容，一般分为下列四个部分。

①活动的基本情况。简要叙述开展某项活动的情况，要求重点突出，有数据资料，避免空话与套话。②经验体会。这是总结的中心部分，是全文的主体。经验体会不要泛泛而谈，要抓住主要经验体会来写；在写作方法上可先叙后议或夹叙夹议。其中成绩指在活动中取得的物质成果和精神成果，经验指取得优良成绩的原因和条件。③存在的问题和教训。存在的问题是指在实践中感到应当解决而暂时没有解决或无法解决的问题。教训是指由种种原因造成的错误、失利，亦即反面经验。④今后打算。今后打算要切实可行，指明努力方向。

3. 具名

具名在总结末后右下方，具名下面注明总结日期。

活动总结除了上述书面总结外，还有以下几种形式：

（1）评述

对活动各方面加以评论。

（2）办刊

将活动中的心得、体会、感受等形成文字，办成墙报。

（3）座谈

以小组为单位或全班座谈，谈自己的收获和体会。

（4）训练

将学到的技能训练成熟。

（5）锻炼

提出行为规范和行为准则，加以实践。

第五节 大学生朋辈辅导在心理素质教育活动中的运用

在高校心理素质教育活动中要发挥学生自我教育的作用，而朋辈辅导则是大学生相互帮助、共同成长的一种方式。

一、什么是朋辈辅导

朋辈指处于相同或相近的社会生活背景，具有共同的价值观念和生活方式，年龄相当的关注共同问题的个体。朋辈心理辅导是在朋辈之间进行的一种互助式的心理辅导活动，是经过一定培训的朋辈咨询员向需要帮助的同学提供的心理咨询活动。朋辈心理辅导不等于同伴间的互助行为，带有一定的专业色彩，但由于求助者和助人者都来自同一群体，助人者的专业能力和水平受到一定限制，所以，朋辈咨询又被称为"准心理咨询"或"非专业心理咨询"。

多罗辛认为，朋辈辅导是指以只愿参与辅导训练课程与活动的高年级学生为朋辈辅导员，在专业人员的督导之下，担负着校园危机处理、支持、信息提供及转介等服务。苏斯曼将朋辈辅导定义为由受过半专业训练并处在督导下的学生，运用语言或非语言的互动交流，对需要帮助的同辈提供倾诉、支持或咨询的服务。宋振韶、徐蕾在《朋辈辅导在高校心理健康教育的实践与展望》一文中认为，朋辈辅导，也称同辈辅导、同侪辅导，是指受训或受督导过的非专业人员（朋辈辅导员）在周围年龄相当的同学中开展具有心理咨询功能的服务，在学生的日常学习、生活中，自觉开展心理知识普及、心理问题探讨、矛盾化解、危机干预、情感沟通等工作，帮助同学解决日常遇到的实际情况和心理困扰，提高学生的自我管理能力，推动学生群体的互助、关怀和支持，实现学生"自助"成长模式。

二、朋辈辅导的人员构成

在我国高校心理素质教育中，朋辈辅导是一个比较宽泛的概念，它涵盖了在学校心理素质教育中起到助人作用的所有学生骨干。总体来说包括以下几点。

（一）朋辈心理咨询师

朋辈心理咨询师指的是，在学校心理健康教育中心或咨询中心，为大学生做个体心理咨询或团体辅导的学生。他们用所学的心理咨询专业知识为同学提供心理帮助。由于朋辈心理咨询师为同学提供的是专业的心理咨询，因此对他们的专业基础和专业技能要求比较高。他们一般是经过学校心理健康教育中心或咨询中心严格选拔的心理咨询专业或社会工作专业的研究生，也有经过严格的专业培训的心理社团中的骨干学生。

（二）心理委员

心理委员是指在班级设立专门负责开展心理健康教育工作的班委会成员。心理委员是当前大学中每个班级的一名班委，在心理健康教育中，起到联结咨询中心、院系教师和学生的作用，主要任务是开展班级心理健康教育，帮助同学疏导心理困扰，协助教师做好心理危机排查和危机干预工作。

（三）心理社团

心理社团是指学校学生社团中专门负责开展心理健康教育普及宣传工作的社团组织。他们组织大学生的心理健康教育活动，创办心理健康报纸、杂志和心理网站，举办主题讲座和各种心理培训。一般来说，心理社团会拥有双重角色，行政上由院团委、院学生会管理，业务上由学校心理健康教育中心或心理咨询中心指导。从工作性质上来说，起着承上启下、上传下达的桥梁作用。

（四）宿舍长

宿舍长承担开展宿舍心理活动，关注同学心理健康，开展心理危机识别和预防等工作。

三、朋辈辅导的特点

与专业辅导相比，朋辈辅导的特点突出表现在以下几个方面。

（一）接纳度高

在校大学生由于年龄相似，学习和成长经历相仿，相互之间更容易获得理解和共鸣，所以彼此之间有着朋辈互助的天然优势。

（二）说服力强

青年学生认识事物，往往以感性认知为主，对于身边的同学，会在不自觉的亲近的过程中受其影响、学习模仿，因此朋辈之间往往有着比师长更强的说服力。

（三）覆盖面广

朋辈辅导员通常是志愿参与辅导训练课程与活动的高年级学生，他们来源的广泛性使得朋辈辅导的覆盖面大大拓宽，无论身边同学的学习、生活、工作、个人感情以及心理危机等各个方面都能成为朋辈互助的主要内容。

（四）及时自然

朋辈辅导员与身边同学共同学习生活，对彼此最为熟悉和了解，也最有可能第一时间发现彼此的问题，利用有效的沟通技巧和心理知识，倾听和引导同辈之间的问题和冲突，在非常自然的状态下发挥积极作用。

（五）利于自身成长

朋辈辅导员在开展朋辈互助的过程中，不仅在心理学等专业知识和技能方面得到很大的提升，而且在助人实践的过程中得到了更多的历练和成长，因此，朋辈辅导是一个助人自助的过程，有利于朋辈辅导员自身的健康成长。

四、朋辈辅导在高校心理素质教育中的作用

朋辈辅导由于其自身的特性，在高校心理素质教育中起着教师不可替代的作用。

（一）补充高校心理健康教育资源

大多数高校的心理咨询中心配备的专业教师数量很少，而心理咨询和辅导这项工作往往又需要投入大量的时间和精力深度开展，尤其是随着学生心理健康观念的改变和心理问题的增多，高校心理健康教育供需之间的矛盾日益突出。辅导员因未受过专业训练，加之日常大量烦琐的学生事务和活动的干扰，以思想政治教育的工作模式去解决心理问题，收不到预期的效果。此外，大学里的心理协会等学生社团主要是配合教师开展宣传教育活动，并不能独立解决学生的一些问题。而朋辈辅导员一般有着浓厚的兴趣并参加了较长时间的培训，自身又具有较强的感染力、积极性高、乐于助人等，经过严格的选拔和专业培训后在很大程度上保证了朋辈辅导员的专业水平与素质。况且，大学生日常遇到的所谓心理问题在大多数情况下都属于发展性问题，如果这些问题能够通过朋辈辅导的形式消解其中一大部分，把难度较大的问题留给咨询中心的专职教师，则可以有效缓解这一矛盾。

（二）心理相似，容易沟通

通常情况下，学生对教师难免有着天然的敬畏之情和距离感，尤其涉及心理方面的隐私更是不愿与教师过多交流，即使是与教师交流，有些时候的表现和言语也是失真的，从而影响到教师对学生心理状况的判断，降低辅导效果。相反，朋辈辅导员本身就是一名普通的学生，同龄人的他们由于相同的生活环境、相近的成长经历以及相似的知识背景，对于心理困扰和生活烦恼在很多时候有着相似的体会和感受，与问题学生有着更多的共同语言，能够很快并且较深地与学生产生共情。而且，朋辈辅导员通过与问题学生更多的朝夕相处，不但能通过语言对学生进行辅导，还能通过生活中或者活动中的互动，让学生受到感染，从而更容易解决学生的心理问题。

（三）带动学生整体心理素质提高

朋辈辅导是介于专业与非专业的"半专业"辅导，朋辈辅导员必须经过专业的培训才能上岗，必须具备一定的心理咨询和辅导的专业知识和技术才能更加有效地开展工作。因此，对于朋辈辅导员来讲，能够参与并胜任这份工作本身就是对自身心理素质和能力的提升。同时，这批具有基本专业素养的学生通过在日常的学习生活中，及时调节同学情绪，主动化解心理困惑，积极协调同学关系，主动帮助有心理需要的同学，对于可能遇到的突发事件，力所能及地给予紧急干预，并及时报告学校，避免恶性事件的发生，在助人、自助的过程中带动了学生整体心理素质的提高，营造了更加健康和谐的校园心理氛围。

（四）有利于心理问题的预防和及早干预

随着经济全球化、文化多元化和信息网络化的深入发展，社会变革和矛盾冲突日益突出，大学生面临的心理压力不断加大，存在的心理问题越来越复杂。按照心理学的规律来讲，任何心理问题和障碍往往都有一个累积的过程，每一个将要出现问题的学生在平时的生活和学习中都可能有一些具体的异常表现。对于这些散落在生活中的点滴异常，辅导员和心理咨询中心的专业教师很难及时发现，而朋辈辅导员恰恰能弥补这一不足，凭借他们与身边同学共同学习生活的天然优势，能够自然、全面并及时地发现问题。从这个意义上讲，朋辈辅导能在很大程度上做到"防患于未然"，做到早发现、多发现，防止各种心理问题引起的意外事件的发生。

五、加强朋辈辅导队伍的建设

为了更好地发挥大学生朋辈辅导在心理素质教育中自助、助人的作用，许多高校在实践中都对加强朋辈辅导队伍的建设做了深入的探索和研究，综合他们的研究成果，笔者提出了以下几点建议。

（一）加强选拔，提高素质

朋辈辅导员是学生心灵的守护者，他们需要具有良好的个性品质，如正确的自我意识、积极的人生态度、完善的人格特征、强烈的责任感和爱心等。心理咨询中心通过心理测试、面试、笔试等环节，严格从学生中选出不同层次的朋辈心理辅导员。

（二）建章立制，规范管理

学校应制定各类朋辈辅导的管理制度，如朋辈咨询员的工作职责、接待、转介、督导制度，心理委员的工作手册，心理社团的招新、管理、考勤奖励、干部考核、换届等制度。完备的规章制度使得朋辈辅导的各项工作有章可依。制定朋辈辅导的规章制度，不仅能对朋辈团队进行规范管理，而且这本身也是对学生社会管理能力的一种培养。

（三）加强培训，提升能力

朋辈辅导员从事专业性很强的心理助人工作，其工作的特殊性对朋辈辅导员的专业素养和专业能力提出了更高的要求。因此加强对朋辈辅导员的专业培训和督导是培养朋辈辅导员的重要环节。

每年要根据不同类型、不同年级的朋辈辅导员制订适合他们工作要求的培训计划，编印培训教材，确定培训内容。培训内容包括各类朋辈团体及朋辈辅导员的工作职责、自我成长心理学基本知识、心理辅导的倾听、谈话技巧、心理危机的识别及心理危机的预防等。培训方式采用体验式，注重学生实操能力的训练。

（四）完善考核与奖惩，激发内在动力

为确保学生朋辈辅导队伍的质量，建立一套完善的考核、奖罚制度进行激励，建立评选优秀朋辈辅导员机制，每年经考核评选为优秀的同学，给予荣誉和物质奖励。对于没有达到考核要求的人，则对其提出批评，或者取消其朋辈辅导员资格。通过考核和奖惩，激发学生朋辈辅导的内在动力。

(五) 搭建平台，全面支持

学校心理素质教育中心要为各类朋辈团体搭建工作平台，如建立心理网站、创建微信平台、创办宣传刊物、组织拓展训练、举办社团交流研讨会等。同时学校在活动经费、工作场地、硬件条件及与各部门协调等方面给予大力支持，为其个人成长和团队建设、开展工作创造良好的环境。

加强学生朋辈辅导的建设，有助于发挥朋辈咨询员、心理委员、心理社团、宿舍长等的各类朋辈组织在高校心理素质教育活动中自助、助人、互助的作用，将心理素质教育深入每位学生。

参考文献

[1] 王祥君. 大学生心理卫生与发展 [M]. 重庆：重庆大学出版社，2019.

[2] 李雯. 心灵培育：大学生心理健康问题研究 [M]. 北京：中国水利水电出版社，2019.

[3] 郑航月，夏小林. 大学生心理健康教育 [M]. 重庆：重庆大学出版社，2018.

[4] 肖少北. 大学生心理健康教育 [M]. 广州：暨南大学出版社，2010.

[5] 王极盛. 健康心理与幸福心理研究 [M]. 成都：四川科学技术出版社，2018.

[6] 杨志春，杨道建. 大学生文化引领与素质教育实践创新 [M]. 北京：光明日报出版社，2018.

[7] 吴开俊. 我们的大学：大学生文化素质发展日志年编（2017）[M]. 广州：暨南大学出版社，2019.

[8] 杨娉. 新媒体视角下大学生思政教育创新探索 [M]. 北京：中国纺织出版社，2018.

[9] 彭华，黄惠. 与你同行，伴你成长：大学生朋辈心理辅导 [M]. 长春：东北师范大学出版社，2018.

[10] 计荣. 高职大学生成长辅导 [M]. 长春：东北师范大学出版社，2018.

[11] 李淑娜，郭洪波. 接受视域下大学生全面发展的理论与实证研究 [M]. 青岛：中国海洋大学出版社，2018.

[12] 林学军，郑慧娟. 大学生职业规划与就业指导教程 [M]. 广州：暨南大学出版社，2018.

[13] 武光路. 多维视角下的大学生心理健康教育探索与实践研究 [M]. 沈阳：东北财经大学出版社，2017.

[14] 龙海霞. 大学生生命教育研究 [M]. 成都：四川大学出版社，2017.

[15] 马建青. 高校心理健康教育与思想政治教育结合 30 年的研究 [M]. 杭州：浙江大学出版社，2017.